广视角·全方位·多品种

权威·前沿·原创

皮书系列为
"十二五"国家重点图书出版规划项目

中国社会科学院创新工程学术出版项目

广州蓝皮书

BLUE BOOK OF GUANGZHOU

广州市社会科学院／编

广州经济发展报告 （2014）

ANNUAL REPORT ON ECONOMIC DEVELOPMENT OF GUANGZHOU (2014)

主　编／李江涛　朱名宏
副主编／欧江波　唐碧海

社会科学文献出版社
SOCIAL SCIENCES ACADEMIC PRESS (CHINA)

图书在版编目（CIP）数据

广州经济发展报告. 2014/李江涛，朱名宏主编. —北京：社会
科学文献出版社，2014.5
（广州蓝皮书）
ISBN 978 - 7 - 5097 - 5977 - 6

Ⅰ.①广… Ⅱ.①李… ②朱… Ⅲ.①区域经济发展 - 研究
报告 - 广州市 - 2014 Ⅳ.①F127.651

中国版本图书馆 CIP 数据核字（2014）第 083431 号

广州蓝皮书
广州经济发展报告（2014）

主　　编／李江涛　朱名宏
副 主 编／欧江波　唐碧海

出 版 人／谢寿光
出 版 者／社会科学文献出版社
地　　　址／北京市西城区北三环中路甲 29 号院 3 号楼华龙大厦
邮政编码／100029

责任部门／皮书出版分社（010）59367127　　　责任编辑／丁　凡
电子信箱／pishubu@ ssap. cn　　　　　　　　责任校对／王雅洁
项目统筹／丁　凡　　　　　　　　　　　　　责任印制／岳　阳
经　　　销／社会科学文献出版社市场营销中心（010）59367081　59367089
读者服务／读者服务中心（010）59367028

印　　　装／北京季蜂印刷有限公司
开　　　本／787mm×1092mm　1/16　　　　印　　张／19.75
版　　　次／2014 年 5 月第 1 版　　　　　　字　　数／318 千字
印　　　次／2014 年 5 月第 1 次印刷
书　　　号／ISBN 978 - 7 - 5097 - 5977 - 6
定　　　价／69.00 元

广州经济蓝皮书编辑委员会

主要编撰者简介

李江涛　男，1954 年生，河北滦南人。现任广州市社会科学院党组书记、研究员。广东省政府决策咨询顾问委员会专家委员，广东省社会学会副会长，广州市政府决策咨询专家。出版专著《变革社会中的人际关系》《民主的根基》等 8 本；发表论文 200 余篇。先后获得"享受国务院政府特殊津贴专家""广州市优秀专家"和"广州市优秀哲学社会科学家"等荣誉称号。

朱名宏　男，1960 年出生，广西藤县人。毕业于复旦大学，获经济学博士学位，为美国加州州立大学访问学者。现任广州市社会科学院副院长、研究员，广东省政府决策咨询顾问委员会专家委员，广州市政府决策咨询专家，广州市优秀中青年社会科学工作者。主要从事区域经济学和产业经济学研究，以区域经济社会发展规划和人力资源研究见长。先后出版多部著作，发表论文 100 余篇，主持和独立完成研究课题 120 多项，获得人力资源和社会保障部、广东省和广州市优秀成果奖等奖项 5 项。

欧江波　男，1968 年出生，湖南临武人，广州市社会科学院数量经济研究所（经济决策仿真实验室）所长、副研究员、经济学博士。主要从事应用经济和决策咨询研究，研究领域包括：宏观经济分析、城市发展战略、房地产经济等。主持完成国家、省、市 100 余项课题研究；出版专著 3 本，公开发表论文 40 余篇；研究成果获国家、省、市奖励 20 余项。

唐碧海　男，1966 年出生，广东湛江人，广州市社会科学院数量经济研究所（经济决策仿真实验室）副所长、副研究员、理学博士。公开发表论文 60 多篇，出版专著 3 本。先后获国家计委科技进步二等奖、国家发改委优秀成果二等奖、广州市哲学社会科学优秀成果一等奖等 20 多个奖项。2007 年 5 月获评为广州市优秀专家。

摘　要

　　《广州经济发展报告（2014）》是"广州蓝皮书"系列之一，是由广州市社会科学院主持编写，由科研团体、高等院校和政府部门的专家学者共同完成的关于广州经济分析预测及相关重要专题研究的最新成果。本书分为总报告、产业经济、区域经济、其他专题研究等四部分，共收录研究报告或论文 17 篇。

　　2013 年广州经济实现较快增长，完成地区生产总值 15420.14 亿元，增长 11.6%。从三次产业看，服务业取得较快发展，工业和农业保持平稳增长；从三大需求看，内需是增长的主要动力，投资和消费表现强劲，外贸出口保持低速增长。展望 2014 年，全球经济谨慎乐观，可望实现 3.7% 左右的增长，但仍面临着一些风险；我国将继续实施积极的财政政策和稳健的货币政策，把改革创新贯穿于经济社会发展各个领域、各个环节，经济有望保持平稳增长，但也面临着经济稳中向好基础还不牢固，财政、金融等领域的风险隐患仍存，部分行业产能严重过剩，就业结构性矛盾较大等困难。综合考虑各方面因素影响，经课题组模型测算，预计 2014 年广州地区生产总值增长 10.1% 左右。

目 录

B Ⅰ　总报告

B.1　2013 年广州经济分析与 2014 年预测

　　………………………………… 广州市社会科学院课题组 / 001

　　一　2013 年广州经济运行情况分析 ……………………… / 002

　　二　2014 年国内外发展环境分析 ………………………… / 020

　　三　2014 年广州经济展望 ………………………………… / 033

　　四　相关对策建议 ………………………………………… / 036

B Ⅱ　产业经济

B.2　广州汽车产业发展现状分析与对策研究 ………… 郭海彬 / 039

B.3　建设"广州光谷"的战略与对策研究

　　……………………… "广州光谷"主体研究报告工作小组 / 048

B.4　做强做大广州国资金融业的思路与对策研究

　　………………………………… 广州市国资委课题组 / 068

B.5　2013 年广州住宅市场情况分析及 2014 年展望

　　………………………… 欧江波　范宝珠　张云霞 / 083

B.6　推进越秀区产业转型升级发展研究 …………… 刘纪耀 / 104

B.7　荔湾区文化创意产业发展现状及对策研究 ……… 陈丹凤 / 119

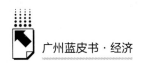

B Ⅲ　区域经济

B.8　"北上广"发展比较及广州的追赶策略 ············· 张　强　周晓津 / 133

B.9　广州与周边城市的区域经济关系研究 ············· 丁焕峰　刘心怡 / 155

B.10　广州推进珠江——西江经济带建设的战略思考

············· 章旺平　肖　翎　刘湘霞 / 173

B.11　加快推进广州两个新城区创新发展研究

············· 白国强　陈来卿　葛志专 / 188

B.12　进一步发挥广州国家级开发区功能优势的对策研究 ······ 胡彩屏 / 202

B.13　加快广州"智慧港口"发展的对策研究

············· 周亦兵　胡　敏　郭凌峰 / 215

B.14　天河区产业用地集约化评价与优化配置

对策研究 ············· 叶昌东　郑延敏 / 231

B Ⅳ　其他专题研究

B.15　关于加强人大对政府全口径预算决算审查监督的

调查研究 ············· 广州市人大常委会专题调研组 / 248

B.16　2013年暨2014年春节后广州市人力资源市场供求信息

调查分析报告 ············· 张宝颖　李汉章　刘伟贤　李欣茵 / 259

B.17　番禺区实施标准化战略的实践与思考 ············· 楼旭逵 / 279

Abstract ············· / 293

Contents ············· / 294

皮书数据库阅读**使用指南**

总 报 告

General Report

B.1

2013 年广州经济分析与 2014 年预测

广州市社会科学院课题组 *

摘 要:

2013 年广州经济实现较快增长,完成地区生产总值 15420.14 亿元,增长 11.6%。其中,从三次产业看,服务业取得较快发展,工业和农业保持平稳增长;从三大需求看,内需是增长的主要动力,投资和消费表现强劲,外贸出口保持低速增长。展望 2014 年,全球经济谨慎乐观,可望实现 3.7% 左右的增长,但仍面临着不少风险;我国将继续实施积极的财政政策和稳健的货币政策,把改革创新贯穿于经济社会发展各个领域、各个环节,经济有望保持平稳增长,但也面临着经济稳中向好基础还不牢固,财政和金融等领域的风险隐患仍存,部分行业产能严重过剩,就业结构性矛盾较大等困难。综合考虑各方面因素

---

* 课题组组长:欧江波、唐碧海,广州市社会科学院数量经济研究所(经济决策仿真实验室)所长、副所长;课题组成员:范宝珠、张云霞、邓晓雷、江彩霞、伍晶、周兆钿、伍庆。

影响，课题组经模型测算，预计 2014 年广州地区生产总值增长
10.1% 左右。

关键词：

经济增长　城市经济　广州经济

一　2013 年广州经济运行情况分析

（一）总体情况

2013 年，在全球需求较疲软、国内经济降速转型的大背景下，广州经济
仍实现了平稳较快增长。全年实现地区生产总值 15420.14 亿元，比上年增长
11.6%，略高于上年课题组预测结果。第一、第二、第三产业分别完成增加值
228.87 亿元、5227.38 亿元和 9963.89 亿元，分别增长 2.7%、9.2% 和
13.3%（见图 1）。2013 年广州 GDP 增速低于天津和重庆，高于苏州、深圳、
北京、上海，也高于全国和全省增速（见图 2）。

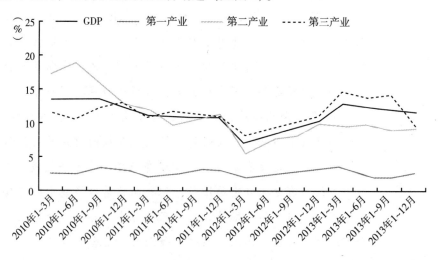

图 1　2010 年以来广州 GDP 及三次产业增加值同比增长情况

资料来源：广州市统计局，课题组做了相应整理分析。本报告后续图表中未特别标注
数据来源的，均同此。

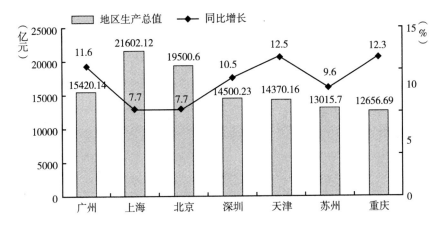

图 2　2013 年国内主要城市经济总量及增长情况

（二）主要特征

1. 服务业取得较快发展, 新兴业态表现突出

2013 年, 广州服务业实现增加值 9963.89 亿元, 比上年增长 13.3%, 增速高于同期 GDP 增速 1.7 个百分点, 较 2012 年提高 2.2 个百分点。商贸、房地产、金融、软件和信息服务等现代服务业发展较快, 新兴业态增长迅猛。

商贸业保持活跃。2013 年广州批发和零售业实现增加值 2274.96 亿元, 比上年增长 17.2%, 增速较 2012 年加快 3.4 个百分点。商贸业总量规模稳步增长。全年批发和零售业实现商品销售总额 41334.90 亿元, 比上年增长 30.0%, 增速较 2012 年加快 3.4 个百分点。消费市场持续畅旺。全年实现社会消费品零售总额 6882.85 亿元, 增长 15.2%, 增速与 2012 年持平（见图 3）。从限额以上批发和零售企业各类商品的销售情况看, 自 7 月起实施的汽车限购新政推动了汽车置换消费, 全年汽车类商品销售增长 30.2%, 增速较 2012 年提高 19.8 个百分点; 新兴消费快速崛起, 全年智能手机、平板电脑热销带动通信器材类销售增长 61.4%; 楼盘热销拉动相关商品销售实现较快增长, 其中, 家用电器和音像器材类销售同比增长 51%。在全国经济规模最大的 7 个城市中, 2013 年广州社会消费品零售总额增速高于其他城市（见图 4）。

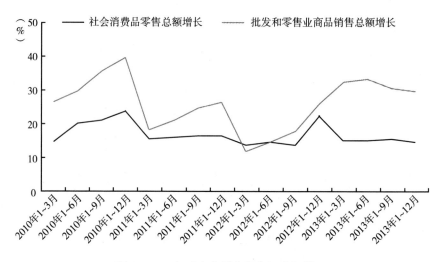

图3 2010年以来广州消费市场增长情况

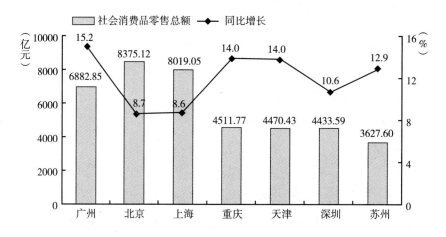

图4 2013年全国七大城市社会消费品零售总额情况

说明:上海和深圳为限额以上企业口径。

物流业稳定发展。2013年广州交通运输、仓储和邮政业实现增加值996.25亿元,比上年增长6.9%。全年完成货运量89252.56万吨,货物周转量6662.52亿吨千米,分别增长19.6%和41.2%。值得注意的是,货运量较快增长存在不可比因素,2012年7月中海运属下的中海散货运输有限公司在广州注册,相关指标纳入广州统计范畴,其月均水路货运量及周转量占全市总量的40%以上,直接拉动广州水路货运量和周转量两项指标同比分别大幅增长 40.2% 和 48.0%。随着公路线网的进一步优化，公路运输保持良好发展态势，全年完成货运量 59142.31 万吨，增长 15.2%。空港和海港运输保持基本稳定，全年完成机场货邮吞吐量 172.77 万吨，比上年增长 5.7%；完成港口货物吞吐量 47266.86 万吨，增长 4.8%（见图 5）。

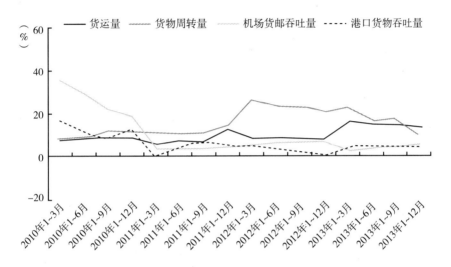

图 5　2010 年以来广州货物运输主要指标增长情况

说明：2012 年 9 月之后的货运量及货物周转量的增长率为剔除中海运新增运量后估算的可比增长率。

金融业加快发展。2013 年广州金融业实现增加值 1146.37 亿元，比上年增长 15.6%，增速较 2012 年加快 7.3 个百分点。2013 年新增小贷款公司 30家，总数达 57 家。资本市场利用工作稳步推进。2013 年广州市已上报上市材料企业和辅导备案企业各 26 家，9 月末全市共有境内外上市公司 92 家；创业及股权投资机构超过 170 家，管理资金超过 500 亿元；广州股权交易中心挂牌企业超 500 家，南方联合产权交易中心年交易额已达万亿元能级。民间金融街第二期顺利开业运营，目前金融街共进驻机构 102 家，全年累计提供融资服务120 亿元。广州国际金融城建设稳步推进，起步区 7 宗土地成功出让。广州碳排放权交易所正式开业，标志着广东省碳排放权交易正式启动。

旅游业增长趋缓。受全球经济持续低迷、中日关系紧张、国内经济增长放缓以及后"亚运"效应减弱的共同影响，2013 年广州实现旅游业总收入

2202.39 亿元，实现旅游外汇收入 51.69 亿美元，比上年分别增长 15.2% 和 0.5%，增速较 2012 年回落 2.0 个和 5.5 个百分点。接待过夜旅游者 5041.92 万人次，同比增长 4.8%；其中海外旅游者 768.2 万人次，同比减少 3.0%。住宿餐饮消费增长放缓，全年住宿餐饮业实现零售额 896.98 亿元，增长 10.9%，增速较 2012 年回落 6.2 个百分点（见图 6）。

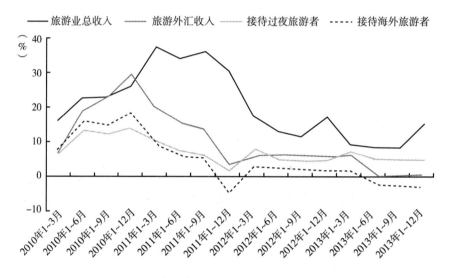

图 6　2010 年以来广州旅游业主要指标增长情况

新型业态和新兴产业表现突出。电子商务高速发展，广州成功获批华南地区第一个"跨境贸易电子商务试点城市"，黄埔、荔湾等电子商务基地加速壮大，广交会电子商务中心、广东省贵金属交易中心等电子交易平台年交易额均达万亿元能级。网络购物快速发展，2013 年限额以上网上商店零售额达到 316.85 亿元，比上年增长 61.4%。以信息技术为支撑的移动互联网产业正在聚集成长，目前广州汇聚了优视动景、酷狗科技、手游娱乐等 52 家产值超亿元的移动互联网企业，全年仅天河移动互联网产业营收就超过 700 亿元。

2. 工业生产稳定增长，农业生产保持平稳

工业生产稳定增长。2013 年全市规模以上工业企业完成工业总产值 17310.24 亿元，首次突破 17000 亿元整数关口，比上年增长 12.9%，增速较

2012 年加快 1.4 个百分点；实现工业增加值 4430.88 亿元，增长 10.2%，增速较 2012 年回落 0.7 个百分点。高新技术产品产值增长较快，全年完成产值 7443.40 亿元，增长 14.6%，占全市规模以上工业总产值的 43.0%，增速较 2012 年提高 1.8 个百分点（见图 7）。与其他主要城市相比，2013 年广州规模以上工业总产值增速高于上海、北京、深圳和苏州，低于重庆和天津（见图 8）。

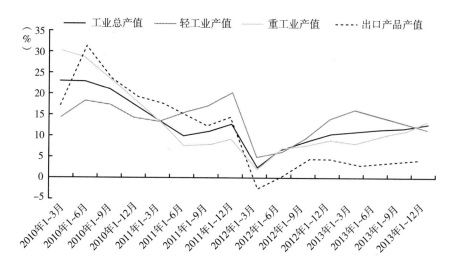

图 7　2010 年以来广州规模以上工业生产及出口增长情况

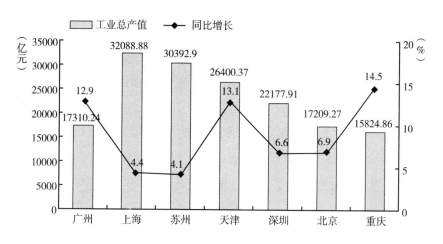

图 8　2013 年全国七大城市规模以上工业生产情况

三大支柱产业增长较快。2013年广州三大支柱产业实现工业总产值8089.49亿元,比上年增长16.3%,增速较2012年加快10.0个百分点,高于全市规模以上工业平均增速3.4个百分点,拉动全市规模以上工业增速7.4个百分点。其中,受产能恢复及上年同期基数较低影响,汽车制造业生产增长较快,全年实现产值3346.84亿元,增长24.0%,增速较2012年加快30.3个百分点;石油化工制造业增长放缓,全年实现产值2541.63亿元,增长7.3%,增速较2012年回落3.3个百分点;电子产品制造业增长较快,全年实现产值2201.02亿元,增长16.6%,增速较2012年提高0.5个百分点(见图9)。

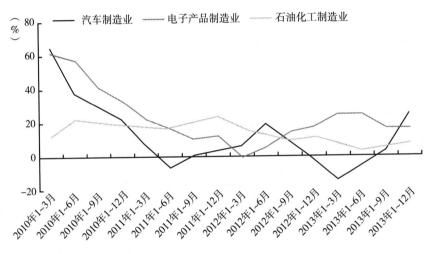

图9　2010年以来广州三大支柱产业产值增长情况

工业企业效益有所好转。2013年广州规模以上工业企业实现主营业务收入16327.89亿元,比上年增长12.0%;实现利润总额1043.54亿元,增长32.9%,连续9个月保持正增长(见图10)。工业总产值超百亿企业是广州规模以上工业利润总额大幅增长的关键所在,全年18家产值超百亿企业共实现利润490.55亿元,占全市规模以上工业企业利润总额的47.0%,其中16家企业利润实现增长。企业赢利止亏能力有所增强,全市4387家规模以上工业企业中,2013年有699家亏损,比2012年减少46家,亏损面为15.9%;亏损企业亏损额为67.23亿元,比2012年减少68.93亿元。

工业用电量呈现积极变化。2013年广州全社会用电量增长2.5%,其中工

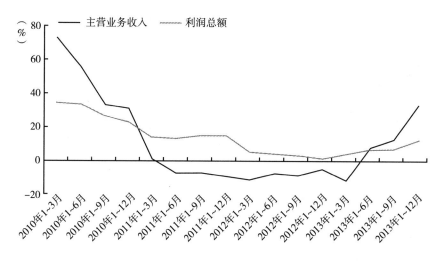

图 10　2010 年以来广州规模以上工业企业收入和利润增长情况

业用电量增长 2.3%，增速较 2012 年提高 1.0 个百分点，各月累计增速自 1 ~ 9 月转降为升后连续 4 个月保持正增长，且增幅呈逐月回升态势。

农业生产保持平稳。2013 年广州实现农林牧渔业总产值 390.51 亿元，比上年增长 2.7%。种植业、畜牧业平稳增长，花卉产值增长 3.8%，蔬菜、水果产量分别增长 3.1% 和 0.3%；禽蛋、牛奶、海水产品、淡水产品产量分别增长 14.6%、7.0%、5.1% 和 4.2%，肉类总产量增长 2.1%。

3. 商品出口低速增长，使用外资保持稳定

商品出口低速增长。2013 年广州实现商品进出口总值 1188.88 亿美元，比上年增长 1.5%，增幅较 2012 年提高 0.6 个百分点。其中，出口总值为 628.06 亿美元，增长 6.6%，增速较 2012 年提高 2.3 个百分点（见图 11）。从出口模式来看，一般贸易出口有所回暖，达到 292.16 亿美元，增长 12.3%；加工贸易出口有所下降，出口额为 289.73 亿美元，下降 3.1%。从出口产品来看，全年机电产品出口 311.48 亿美元，增长 0.7%；高新技术产品出口 107.20 亿美元，下降 4.9%；大部分劳动密集型产品出口保持增长。从出口主体情况看，民营企业出口保持快速增长，全年出口 169.70 亿美元，比上年增长 29.5%；国有企业出口 127.55 亿美元，增长 8.5%；外资企业出口 329.88 亿美元，下降 2.8%。

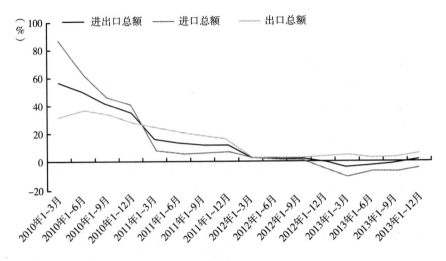

图11 2010年以来广州商品进出口增长情况

对各市场的出口景气差异较大。2013年广州对香港出口增长3.8%，增速较2012年提高6.8个百分点；对欧盟出口同比下降0.4%，降幅较2012年收窄0.9个百分点；对日本出口下降0.1%，降幅较2012年扩大3.2个百分点；对美国出口增长0.8%，增幅较2012年回落11.3个百分点。对新兴市场出口保持快速增长态势，对非洲、俄罗斯、中东和东盟出口分别增长16.7%、21.2%、21.5%和30.9%，增幅较2012年分别加快13.6个、0.7个、18.3个和21.8个百分点。

服务贸易大幅提升。2013年广州服务贸易进出口596.2亿美元，比上年增长48.4%，与货物贸易之比从上年的1∶2.9提高至1∶2；服务外包合同额60.5亿美元，增长22%，连续三年居全省首位。

使用外资保持稳定。2013年广州外商直接投资合同外资金额71.14亿美元，比上年增长4.6%；外商直接投资实际金额48.04亿美元，增长5.0%（见图12）。服务业实际利用外资较快增长，全年服务业实际利用外资31.46亿美元，同比增长25.5%，占全市总量的65.5%，其中金融实际利用外资金额5.90亿美元，同比增长261.2%。

4. 固定资产投资增长较快，实业投资有所走强

固定资产投资增长较快。2013年广州完成固定资产投资4454.55亿元，

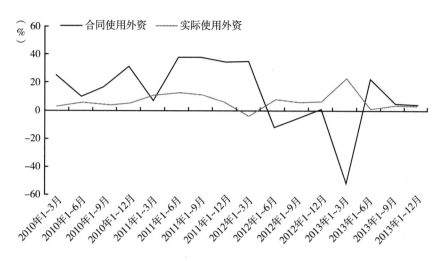

图 12   2010 年以来广州外商直接投资增长情况

增长 18.5%，增幅较 2012 年加快 8.4 个百分点（见图 13）。从投资主体看，随着"三个重大突破"等重要领域项目向民资开放，民间投资活跃，全年完成投资 1512.92 亿元，增长 31.6%，对全市投资增长的贡献率达到 52.2%，拉动投资增长 9.7 个百分点；国有投资恢复正增长，全年完成投资 1246.81 亿元，增长 1.1%，扭转了 2011 年、2012 年负增长的情况。重大项目发挥带动投资作用，282 个重大项目顺利推进，全年共完成投资 1205 亿元。在全国经济规

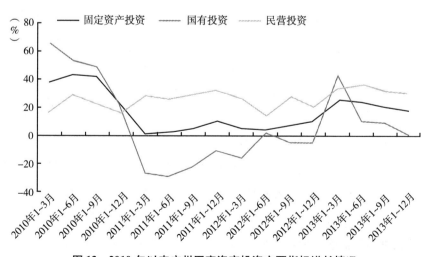

图 13   2010 年以来广州固定资产投资主要指标增长情况

模最大的 7 个城市中，2013 年广州投资增速仅低于重庆，高于其他城市，但投资额远低于重庆、天津和北京，也低于苏州和上海，仅高于深圳（见图 14）。

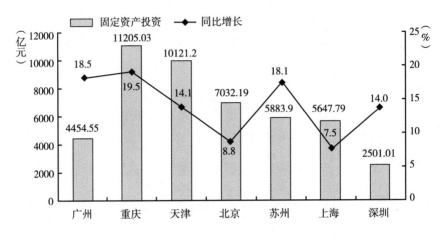

图14　2013 年全国七大城市固定资产投资情况

实业投资有所走强。在乐金显示 8.5 代液晶面板和汽车扩建等大项目投资的带动下，2013 年，广州完成工业投资 682.86 亿元，比上年增长 18.2%，其中汽车、电子、石化三大支柱产业投资分别增长 19.8%、105.2% 和 24.8%。剔除房地产产业后，2013 年，广州第三产业完成投资 1758.74 亿元，增长 19.7%（见图 15），其中卫生社会保障和社会福利业、住宿和餐饮业、文化体育和娱乐业、批发和零售业、交通运输仓储和邮政业分别增长 52.4%、51.1%、42.6%、41.6% 和 30.5%。

房地产开发投资较快增长。在市场销售持续向好的带动下，2013 年，广州房地产开发完成投资 1579.68 亿元，增长 15.3%，增速较 2012 年加快 10.3个百分点。施工量处于历史最高水平，2013 年末全市施工面积达到 8939.06 万平方米，比上年末增长 13.9%，增速较 2012 年加快 11.9 个百分点（见图 16），其中商品住宅施工面积 5473.50 万平方米，增长 11.3%。新开工量大幅增长，2013 年累计新开工面积 2202.36 万平方米，增长 41.7%，增速较 2012 年（-26.7%）加快 68.4 个百分点，其中商品住宅新开工面积达到 1376.09 万平方米，增长 40.4%。竣工量有所减少，全年累计竣工面积 1141.30 万平方米，比上年减少 11.6%，其中商品住宅竣工面积 709.60 万平方米，减少 11.4%。

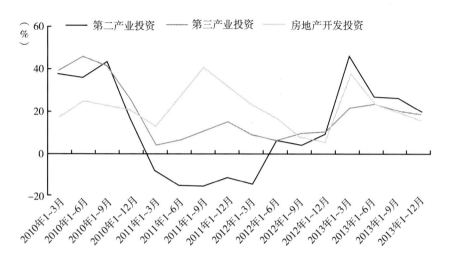

图 15　2010 年以来主要产业投资增长情况

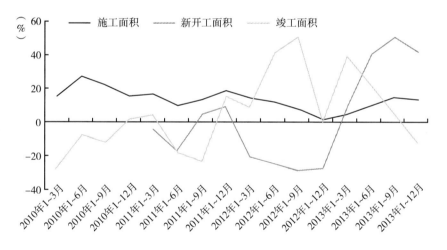

图 16　2010 年以来房地产开发施工、新开工、竣工面积增长情况

5. 房地产市场比较活跃，资金市场平稳运行

房地产市场比较活跃。2013 年，广州房地产市场延续了去年下半年的较好发展态势，成交量保持较高水平。全年广州 10 区的商品住宅网上签约面积 709.46 万平方米，比上年减少 7.6%；签约均价 15730 元/平方米，上升 12.0%（见图 17）。从成交情况看，1 季度市场成交活跃，签约面积达 233.07 万平方米，同比大幅增长40.3%；第2、第3、第4季度受调控政策影响，成交量有所回落，签约面积分别为160.44万、159.45万和156.49万平方米，仅为1季度的68.8%、68.4%和67.1%。从价格变动情况看，在高端项目成交活跃的带动下，1月、2月和3月签约均价不断刷新历史新高，分别达到15946、16398和16817元/平方米，4月开始调控政策起效，高端项目成交减少，第2、第3季度签约均价为15800元/平方米，第4季度价格管控力度进一步加大，签约均价回落至14754元/平方米。存量住宅市场量价齐升，全年广州10区交易登记面积727.22万平方米，比上年大幅增长47.1%；登记均价11624元/平方米，上升18.9%。

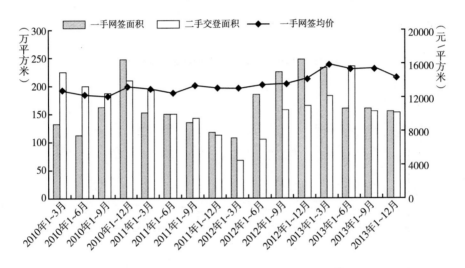

图17 2010年以来广州10区一手住宅市场情况

资料来源：广州市国土资源与房屋管理局。

资金市场平稳运行。存款增长有所加快，2013年末广州地区金融机构人民币存款余额32850.57亿元，比年初增长12.9%，增速较2012年提高0.4个百分点（见图18）。其中，企业存款增长提速，年末余额为16664.72亿元，比年初增长11.4%，增速较2012年提高3.2个百分点；受互联网金融冲击，城乡居民储蓄存款增长放缓，12月末余额为12253.98亿元，比年初增长8.6%，增速较2012年回落4.1个百分点。贷款保持稳定增长，2013年末人民币贷款余额20172.97亿元，比年初增加10.4%（见图18），增速较2012年回落0.1个百分点；全年新增人民币贷款1900.91亿元，较2012年多增

211.32 亿元。从贷款的期限结构看，中长期贷款增长加快，年末中长期人民币贷款余额 13766.25 亿元，比年初增长 8.3%，增速较 2012 年提高 3.1 个百分点；短期贷款增长放缓，年末短期贷款余额 5926.79 亿元，比年初增长 19.4%，增速较 2012 年回落 3.1 个百分点。在全国经济规模最大的 7 个城市中，2013 年末广州地区金融机构存款余额低于北京、上海，存款增速低于深圳、天津、重庆和苏州（见图 19）；金融机构贷款余额低于北京、上海和深圳，贷款增速低于北京、深圳、天津、重庆和苏州（见图 20）。

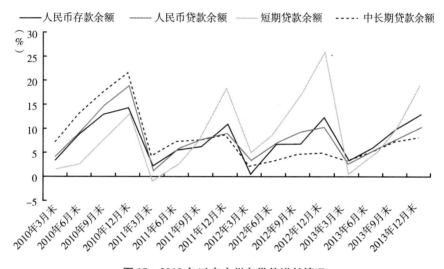

图 18　2010 年以来广州存贷款增长情况

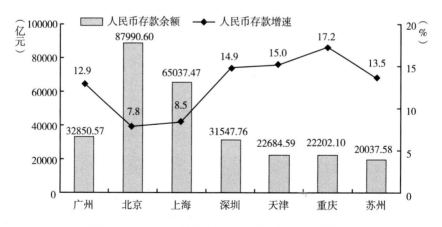

图 19　2013 年 12 月末全国七大城市人民币存款情况

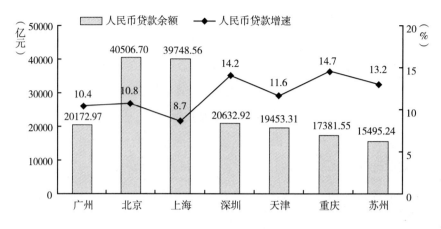

图20　2013年12月末全国七大城市人民币贷款情况

6. 国税地税增长情况各异，财政收支趋于平衡

国税收入增长放缓。2013年广州完成国税收入2582.20亿元，增长1.8%，增速较2012年回落4.9个百分点（见图21）。其中，来源于国内经济活动的国内税收收入1780.7亿元，比上年增长9.1%，增收148.1亿元；海关代征收入801.5亿元，下降11.3%，减收101.9亿元，是国税收入放缓的主要原因。其他影响国税收入增长的原因包括：一是经济滞后效应。2012年经济持续低位运行导致企业所得税收入增长较慢，其中汽车制造业受日本购岛事件、欧美高端品牌汽车对日系汽车的冲击以及自主品牌汽车价格不断走低等因素影响，销售较为疲软，售价持续走低，利润大幅减少。二是经济或税收政策的影响。汽车限牌政策、中央"八项规定"、银根收紧和利率市场化等因素均对相关行业税收产生负面影响。三是重点税源流失现象日趋严重。2012年宝洁在上海成立销售中心，导致该公司1～9月税收收入同比下降56%，减收21.1亿元。

地税收入平稳增长。2013年广州地税部门组织各项收入1256.75亿元，比2012年增长9.3%，增速较2012年提高3.5个百分点（见图21）。从各行业的税收情况看，得益于市场销售情况良好，房地产业税收增长较快；在全市加大投资力度和金融业薪酬水平稳步提高的带动下，建筑业和金融业税收实现平稳增长；制造业、批发零售业和租赁商务服务业受"营改增"试点的影响，税收增长放缓。

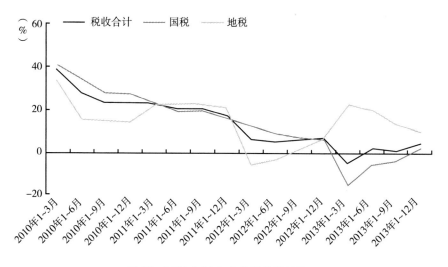

图 21　2010 年以来广州税收增长情况

财政收支趋于平衡。2013 年全市公共财政预算收入 1141.79 亿元，比上年增长 10.8%，增速较 2012 年回落 1.7 个百分点（见图 22）。收入质量有所提高。2013 年税收收入 905.70 亿元，比上年增长 9.7%，增幅较 2012 年提高 1.1 个百分点，占财政收入总量的 79.3%，占比较 2012 年提高 4.4 个百分点。财政支出增长放缓。2013 年全市公共财政预算支出 1384.72 亿元，比上年增长 8.9%，增速较 2012 年回落 4.4 个百分点。

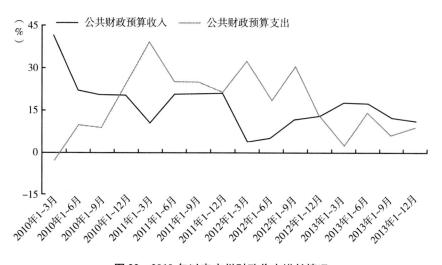

图 22　2010 年以来广州财政收支增长情况

7. 消费价格比较稳定，生产价格继续下降

消费价格比较稳定。2013 年城市居民消费价格总指数（CPI）上升 2.6%，升幅比上年回落 0.4 个百分点。从结构看，2013 年广州消费品价格上升 2.1%，服务项目价格上涨 3.7%，涨幅比上年分别回落 2.2 个和提高 3.5 个百分点，较高的服务项目价格涨幅反映了劳动力成本和租金价格的较快上涨。2013 年广州 CPI（2.6%）高于全省（2.5%），与全国（2.6%）持平，走势与全国、全省基本一致（见图 23）。国内七大城市相比，广州 CPI 低于天津（3.1%）、北京（3.3%）、深圳（2.7%）和重庆（2.7%），高于上海（2.3%）和苏州（2.1%）。

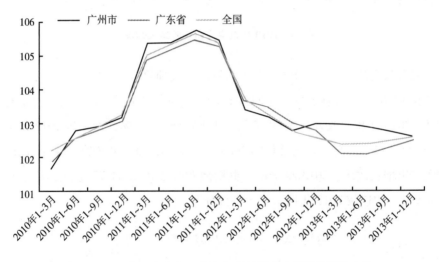

图 23　2010 年以来全国、广东和广州居民消费价格指数走势

居住类和食品类价格是拉动广州 CPI 上涨的主要动力。从居民消费价格的结构看，八大类价格中，2013 年居住类（5.9%）和食品类（4.1%）涨幅最大，下降的有交通和通信类（－1.2%）、医疗保健和个人用品类（－0.5%），其他四大类价格有小幅上升（见图 24）。食品类价格上涨主要由于流通服务成本上升和天气季节因素导致的生鲜食品供应趋紧，居住类价格上涨主要由于房租上涨以及水电和燃料价格调整等因素。

生产者价格继续下降。2013 年广州工业生产者出厂价格指数和购进价格指数分别下降了 2.0% 和 1.7%，降幅比上年同期分别扩大 1.7 个和 0.2 个百

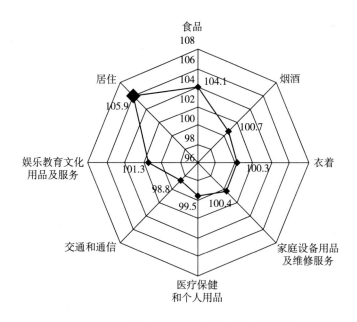

图 24　2013 年广州城市居民消费价格分类指数

分点（见图 25）。工业生产者出厂价格的回落，主要由市场有效需求依然不足导致，企业扩大生产的积极性还较低。工业生产者购进价格的回落，主要由燃料动力类（-3.3%）、有色金属材料及电线类（-4.1%）和黑色金属材料类（-3.8%）的购进价格下降导致。

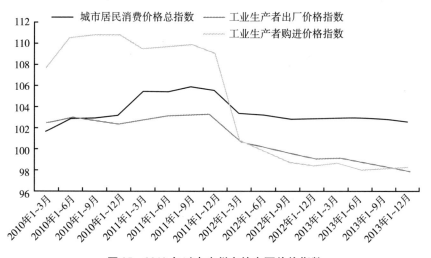

图 25　2010 年以来广州市的主要价格指数

二 2014年国内外发展环境分析

（一）国际发展环境分析

1. 全球经济增长谨慎乐观

2013年全球经济延续弱复苏的格局，发达经济体复苏动力有所增强（见图26），新兴经济体增速有所放缓，全球经济总体保持低速增长。美国经济虽然受到财政紧缩的拖累，但私人消费继续回暖，私人投资和房地产市场较快增长，失业率逐步回落，总体经济持续缓慢回升。欧元区核心经济体已出现复苏迹象，金融和财政风险趋于下降，经济运行稳定性明显增强，但南部边缘国家仍处困境。英国通过实施宽松信贷政策、改革金融体系、削减财政赤字、实施住房改革以及投资基础设施等措施，使经济呈现出平衡、全面和可持续复苏迹象。日本经济在"安倍新政"刺激下取得了较强的短期复苏效果，但结构失衡和财政恶化等重大挑战远未缓解。随着全球商品价格趋稳、金融条件趋紧，以及面临结构调整挑战，新兴市场经济体增速较前几年有所放缓（见图27），但仍远高于发达经济体。

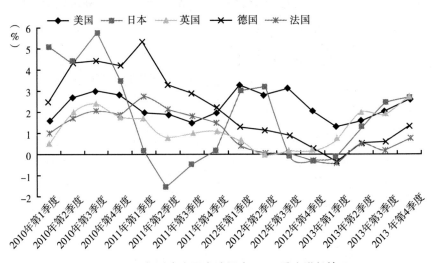

图26 2010年以来主要发达国家GDP季度增长情况

说明：数据为比上年同季度增长率；指标经过季节调整和工作日调整。

资料来源：世界银行。

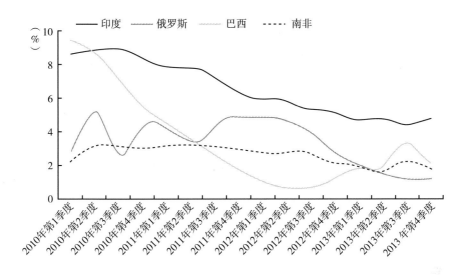

图 27　主要发展中国家 GDP 季度增长情况

说明：数据为比上年同季度增长率。

资料来源：《中国经济景气分析月报》。

展望 2014 年，全球经济增长动力有望缓慢增强。美国经济增长将有所强化，主要得益于高度宽松的货币政策、财政紧缩效应的减轻以及私人需求的持续增长等因素；欧元区核心国家经济明显趋好，但受累于极其疲弱的边缘经济体，欧元区经济增长动力仍较疲弱；日本超宽松货币政策有益于延续"安倍新政"的刺激作用，但随着财政政策的紧缩以及消费税率的提高，短线刺激作用将可能大打折扣；新兴经济体发展在美国退出第三轮量化宽松货币政策（QE3）的背景下面临不确定性，经济增长将维持在较低速度区间，但仍将领先全球经济。

主要机构对 2014 年全球经济增长持谨慎乐观态度。2014 年 1 月 IMF 发布的《世界经济展望》预计，2014 年发达经济体总体增速在 2.2% 左右，比2013 年提高约 0.9 个百分点，新兴经济体将有 5.1% 左右的增长，全球经济可望实现 3.7% 左右的增长（见表1）。

2. 全球贸易增速有望继续回升

发达经济体需求扩张将推动全球贸易开始回升。全球贸易在 2013 年中开始回升（见图28），主要得益于美国等发达经济体最终需求的扩张。2014 年

表1　主要机构近期对2013~2014年世界及主要国家经济的预测

单位：%

类　别	IMF (2014年1月)		世界银行 (2014年1月)		联合国经社理事会 (2014年1月)	
	2013年	2014年	2013年	2014年	2013年	2014年
世界经济增长率	3.0	3.7	2.2	3	2.1	3.0
发达国家	1.3	2.2	1.2	2.0	1.0	1.9
美　国	1.9	2.8	2.0	2.8	1.6	2.5
日　本	1.7	1.7	1.4	1.4	1.9	1.5
欧元区	-0.4	1.0	-0.6	0.9	-0.5	1.1
德　国	0.5	1.6	—	—	—	—
法　国	0.2	0.9	—	—	—	—
英　国	1.7	2.4	—	—	—	—
发展中国家	4.7	5.1	5.1	5.6	4.6	5.1
中　国	7.7	7.5	7.7	8.0	7.7	7.5
俄罗斯	1.5	2.0	2.3	3.5	1.5	2.9
印　度	4.4	5.4	5.7	6.5	4.8	5.3
巴　西	2.3	2.3	2.9	4.0	2.5	3.0
南　非	1.8	2.8	2.5	3.2	2.7	3.3

资料来源：国际货币基金组织《世界经济展望》（2014年1月），世界银行《全球经济展望》（2014年1月），联合国《世界经济形势与展望》（2014年1月）。

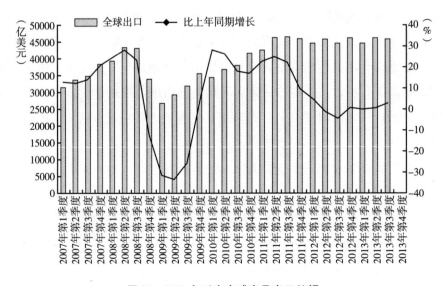

图28　2007年以来全球商品出口总额

资料来源：世界贸易组织。

发达国家经济增长逐步恢复，将带动对发展中国家出口产品需求的增长。但新兴经济体国内需求依然普遍较弱，大宗商品价格的下降还会继续影响出口国的贸易收入。世界银行在 2014 年 1 月预测，全球贸易增长率将从 2013 年的3.1%上升到 2014 年的 4.6%。

全球大宗商品价格有望稳中有降。2013 年除了能源价格基本保持稳定之外，主要大宗商品价格都有了明显下降（见图 29）。展望 2014 年，由于全球经济总需求增长偏弱、产能过剩，加上美元因 QE 政策退出而走强，全球大宗商品价格将保持总体平稳并趋于下降。能源价格方面，由于近年美国通过开采页岩气实施能源独立战略，欧洲鼓励能源清洁发展，加上近期日本开始推动重启核电，预计发达经济体对石油等传统能源的依赖将有所减弱；而发展中国家由于经济增速趋缓，对能源需求上升的动力仍较弱，预计全球能源价格可望保持平稳。农产品价格由于生产条件改善，预计 2014 年会有所下降。金属及矿产价格由于产能过剩且需求难有较大增长，预计 2014 年将稳中略有下降。

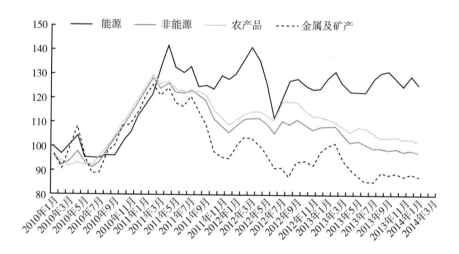

图 29　2010 年以来全球主要商品价格指数

说明：a. 资料来源于世界银行；b. 价格基数按美元计价，2005 年为 100。

主要监测指标趋向好转，为全球贸易提供良好支撑。从发达经济体消费者信心指数看，2014 年 2 月，美国密歇根大学消费者信心指数初值为 81.2，高于市场预期值；欧盟消费者信心指数为 - 9.3，仍高于长期平均水平。美国供应商协会

（ISM）发布的 2014 年 2 月 20 日美国制造业采购经理人指数初值为 56.7（见图 30），达到近 4 年来的最高值。欧洲的市场研究机构（Markit）发布的 2014 年 2 月欧元区制造业采购经理人指数也达到 53.0。月均波罗的海干散货运价指数（BDI）从 2013 年上半年的不足 1000 点上涨到 2013 年 12 月的 2000 多点（见图 31）。

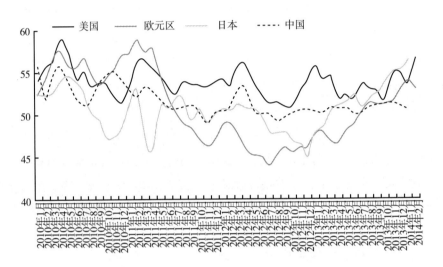

图 30　2010 年以来主要经济体制造业采购经理人指数（PMI）

资料来源：美国、欧元区、日本的数据来自 Markit 公司，中国的数据来自国家统计局。

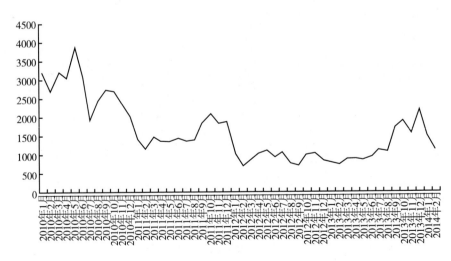

图 31　2010 年以来波罗的海干散货运价格指数

资料来源：课题组根据 Exchange Information Services Ltd 公布的日交易数据计算得到。

区域贸易协定继续较快发展。WTO 在 2014 年 2 月 17 日发布的《全球贸易监测报告》显示，报告期内各成员知会 WTO 新签的区域贸易协定共有 23 份，累计达到 250 份，多项新的区域贸易协定谈判正在不断推进，其中 TPP、TTIP、TISA、RCEP 覆盖的经济体规模占全球 GDP 比重分别达到 38.3%、44.9%、56.5 和 28%，占全球贸易的比重分别达到 26.3%、43.6%、69.3% 和 24.2%。

3. 全球经济仍存在一定的风险

发达经济体仍然面临公共债务较重的问题。据 2013 年 10 月 IMF 的预测（见图 32），2013 年日本政府债务与 GDP 比率已高达 243.5%，"安倍新政"的大规模财政支出，将进一步加重政府债务负担；欧元区主权债务危机虽然有所平复，但重债国银行业不良贷款仍在增加，欧债危机的尾部风险依然存在；美国财政状况虽然明显好转，但共和党与民主党在政府预算和债务上限等问题上的激烈博弈，仍将对经济增长形成拖累。

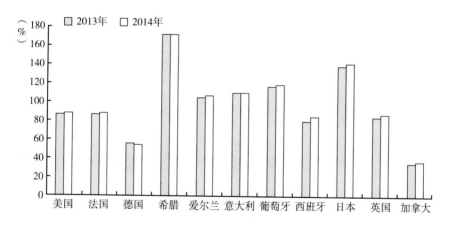

图 32　IMF 预测主要发达国家政府净债务占 GDP 比重

资料来源：2013 年 10 月 IMF 发布的 "Fiscal Monitor"。

部分发达经济体失业率仍然较高。虽然近 1～2 年发达经济体失业率总体有所下降，但失业率高企仍是挥之不去的噩梦（见图 33），特别是青年失业问题尤为严重（见图 34）。美国 25 岁以下青年失业率仍在 13% 左右，英国在 20% 左右，部分国家如法国等的就业形势仍趋于恶化。

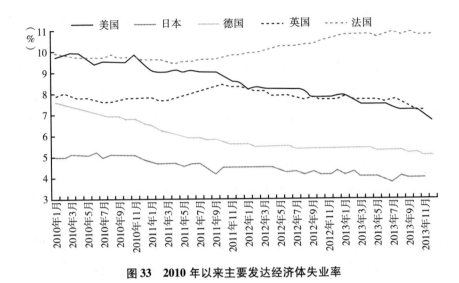

图33　2010年以来主要发达经济体失业率

资料来源：欧盟统计局。

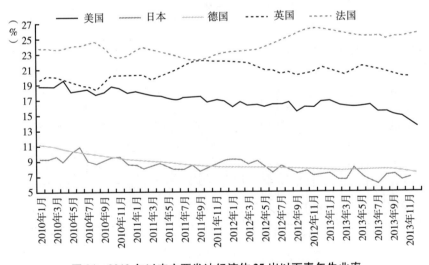

图34　2010年以来主要发达经济体25岁以下青年失业率

资料来源：欧盟统计局。

发展中经济体可能面临资本外流、金融市场动荡的风险。2013年6月，美联储关于减少量化宽松措施的言论导致全球股市、债市、汇市出现动荡，国际资本大量流出新兴经济体。2014年，随着美国退出量化宽松货币政策的实质推进，全球金融市场难免波动，发展中经济体资本外流是否加剧（见图35），将是十分重要的看点。

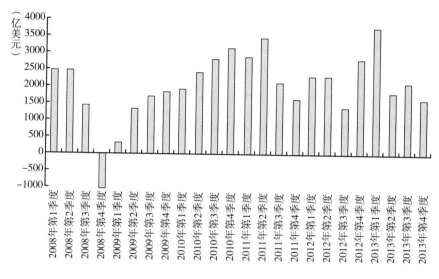

图 35　2008 年以来主要新兴经济体每季外国资本流入

说明：主要新兴经济体包括金砖五国、土耳其、墨西哥、智利、波兰和印尼。

资料来源：IIF（Institute of International Finance），2013 年第 3、第 4 季度为 IIF 预估计值。

贸易保护倾向仍难降低，各国滥用贸易救济措施趋向增加。随着经济全球化的进一步深化，国际政治经济格局进一步调整，各国间产业竞争有所加剧，加上部分国家国内政治因素影响，国际贸易摩擦频繁发生。WTO 在 2014 年 2 月 17 日发布的《全球贸易监测报告》显示，当前各国滥用贸易救济措施趋于增加，贸易限制和扭曲措施正在不断累积。在报告期内（2012 年 10 月中至 2013 年 11 月中），WTO 成员报告了 407 项新的贸易限制措施（上年度为 308 项），影响到世界商品进口价值的 1.3%（2400 亿美元）；与之相反，WTO 成员报告的新贸易便利措施则从上年度的 162 项下降到 107 项。

（二）国内发展环境分析

1. 我国经济增长动力有所弱化但有望基本保持平稳

2013 年我国一系列稳增长、调结构、促改革、惠民生的综合举措取得明显实效，经济增长动力虽有所弱化但基本保持平稳。全年实现国内生产总值 56.88 万亿元，增长 7.7%，略高于 7.5% 的年度目标（见图 36）。内需是拉动经济增长的主力，社会消费品零售总额、全社会固定资产投资、货物进出口总额分别增长 13.1%、19.3%、7.6%（见图37）。经济效益稳步提高，城镇居民人均可支配收入、农村居民人均纯收入和公共财政收入分别增长 9.7%、12.4%和10.1%，劳动力供求大致平衡。金融运行总体稳健，年末广义货币供应量（M2）余额 110.7 万亿元，增长 13.6%。物价形势基本稳定，全年居

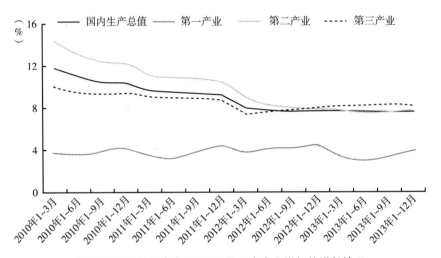

图36 2010 年以来中国 GDP 及三次产业增加值增长情况

资料来源：国家统计局。

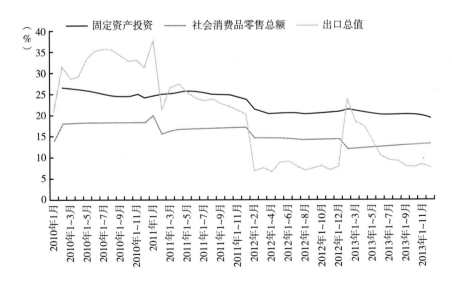

图37 2010 年以来中国三大需求增长情况

资料来源：国家统计局。

民消费价格总水平上涨 2.6%，工业生产者购进价格和出厂价格分别下降 2.0% 和 1.9%。但是我国经济仍面临不少问题和困难，主要有：经济稳中向好基础还不牢固，内生动力尚待增强；财政、金融等领域的风险隐患仍存，部分行业产能严重过剩，宏观调控难度大；就业结构性矛盾较大，农业增产、农民增收难度加大，节能、减排、治污、防腐和治安等任务艰巨。

展望 2014 年，我国经济有望保持稳定增长。近期 PMI 等先行指标基本稳定，12 月份制造业采购经理人指数和非制造业商务活动指数分别达到 51.0% 和 54.6%（见图 38），工业增加值、用电量、企业利润等实体经济数据继续走高。主要机构预计 2014 年中国经济有望实现 7.5% 左右的增长（见表 2）。

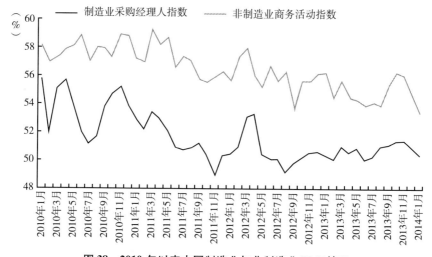

图 38　2010 年以来中国制造业与非制造业 PMI 情况

资料来源：国家统计局。

表 2　主要机构近期对 2013～2014 年中国经济增长预测

单位：%

预测机构名称	2014 年 GDP 增长	发布时间
国家发改委宏观经济研究院	7.7	2013 年 11 月
国家信息中心	7.5	2013 年 11 月
中国社会科学院	7.4	2013 年 12 月
联合国经社理事会	7.5	2014 年 1 月
IMF	7.5	2014 年 1 月
世界银行	7.7	2014 年 1 月
OECD	8.2	2013 年 11 月

说明：课题组根据相应机构资料整理。

2. 继续实行稳健的货币政策和积极的财政政策

2014 年我国经济工作和宏观调控政策将以稳中求进作为总基调，把改革创新贯穿于经济社会发展各个领域、各个环节，全面深化改革，不断扩大开放，实施创新驱动，保持宏观经济政策的连续性和稳定性，增强调控的前瞻性、针对性，守住稳增长、保就业的下限和防通胀的上限，继续实施积极的财政政策和稳健的货币政策，着力激发市场活力，着力改善民生，加快转方式调结构促升级，切实提高经济发展质量和效益，促进经济持续健康发展、社会和谐稳定。

（1）稳健的货币政策。

2014 年，我国将实施稳健的货币政策，把握好稳增长、调结构、促改革、防风险的平衡点，灵活运用各种货币政策工具组合，加强宏观审慎管理，适时适度地进行预调微调，保持政策松紧适度，引导货币信贷及社会融资规模合理增长，促进社会总供求基本平衡，为经济平稳发展和经济结构调整与转型升级创造稳定的金融环境和货币条件。同时，着力改善和优化融资结构和信贷结构，进一步改善金融资源配置，整合金融资源支持小微企业、"三农"等重点领域和薄弱环节发展，提高资金使用效率，更好地服务于转型升级和扩大内需。继续完善货币政策传导机制，增强市场机制的作用，提高直接融资比重，增强金融服务实体经济能力。稳步推进金融开放，推进利率市场化和人民币汇率形成机制改革。

（2）积极的财政政策。

2014 年，我国将实施积极的财政政策，保持财政政策的连续性，让财政赤字和国债规模随经济总量扩大而增加，赤字率稳定在 2.1%。继续完善结构性减税政策，把"营改增"试点扩大到铁路运输、邮政服务、电信等行业，清费立税，推动消费税、资源税改革，进一步扩展小微企业税收优惠范围，减轻企业负担。进一步调整和优化财政支出结构，厉行节约，集中资金用于稳增长、调结构、惠民生等重点领域和关键环节，推动农业现代化和城镇化，提高资金使用效率和有效性。同时注重有效防范和化解地方债风险，切实加强地方政府性债务管理，建立规范的地方政府举债融资机制，把地方政府性债务纳入预算管理，推行政府综合财务报告制度，严格政府举债的投融资范围，推进

"阳光"融资，区分债务情况实行差别化分层次监管，尽快出台债务风险预警机制，加强对投融资平台公司风险的摸底排查和监测预警，落实偿债责任，有效防范财政金融风险。

3. 改革创新将成为促进经济增长的重要抓手

2014 年，我国将在保持经济稳定发展基础上，直面经济的深层次矛盾，着力调结构、促改革，激发市场活力，破除体制机制障碍，释放改革红利、内需潜力和创新活力，推动经济转型升级。主要改革措施包括以下几方面。

（1）深入推进行政体制改革。

进一步简政放权，全面清理非行政审批事项，取消和下放部分行政审批事项，建立权力清单制度，重点围绕生产经营领域，再取消和下放包括省际普通货物水路运输许可、基础电信和跨地区增值电信业务经营许可证备案核准、利用网络实施远程高等学历教育的网校审批、保险从业人员资格核准和会计从业资格认定等多项审批事项。深化投资审批制度改革，取消或简化前置性审批，充分落实企业投资自主权，在全国实施工商登记制度改革，推进投资创业便利化。基本完成省、市、县三级政府机构改革，继续推进事业单位改革。加强事中事后监管，坚持放管并重，建立纵横联动协同管理机制，实现责任和权力同步下放、放活和监管同步到位。推广一站式审批、一个窗口办事，探索实施统一市场监管。加快社会信用体系建设，推进政府信息共享，推动建立自然人、法人统一代码，建立针对违背市场竞争原则和侵害消费者权益企业的黑名单制度。

（2）稳步推进金融改革创新。

央行将继续推进利率市场化改革，扩大金融机构利率自主定价权；在外汇管理改革方面，将保持人民币汇率在合理均衡水平上的基本稳定，扩大汇率双向浮动区间，推进人民币资本项目可兑换；在发展资本市场方面，加快建设多层次资本市场，推进股票发行注册制改革，适当放宽创新型、成长型企业的财务准入标准，探索发展并购投资基金，鼓励私募股权投资基金、风险投资基金产品创新，规范发展债券市场。继续推进民间资本进入金融业，引导民间资本参股、投资金融机构及融资中介服务机构，稳步推进由民间资本发起设立中小型银行等金融机构，促进互联网金融健康发展。实施政策性金融机构改革，积极发展农业保险，探索建立巨灾保险制度，发展普惠金融，让金融更好地服务小微企业、"三农"等实体经济。完善金融监管，健全金融机构风险处置机制，优化银行业分类监管机制，建立存款保险制度和全社会征信体系，完善监管协调机制，密切监测跨境资本流动。

（3）大力推进财税体制改革。

在财政预算制度改革方面将实施全面规范、公开透明的预算制度，着力把所有政府性收入纳入预算，实行全口径预算管理，各级政府预算和决算向社会公开，强化支出预算和政策，部门支出预算公开要逐步细化，财政"三公"经费全部公开，建立跨年度预算平衡机制，健全国有资本经营预算和收益分享制度。在财政体制改革方面，将健全中央和地方财力与事权相匹配的财政体制，抓紧研究调整中央与地方事权和支出责任，适当增加中央政府的支出责任，规范地方政府举债融资机制，逐步理顺中央与地方收入划分，保持现有财力格局总体稳定。在财政支出制度改革方面将规范财政资金的拨付、使用和监督，完善转移支付制度，提高一般性转移支付比例，减少三分之一的专项转移支付项目，加快建立健全厉行节约反对浪费长效机制。在税制改革方面，将继续完善税收制度，构建地方税体系，进一步改革消费税和资源税，做好房地产税和环境保护税立法相关工作。

（4）扩大全方位主动开放。

要构建开放型经济新体制，推动新一轮对外开放，探索准入前国民待遇加负面清单的管理模式，建设并管理好中国上海自由贸易试验区，形成可复制、可推广的体制机制，并开展若干新的试点，扩展内陆沿边开放。推动出口升级和贸易平衡发展，稳定和完善出口政策，加快通关便利化改革，扩大跨境电子商务试点，实施鼓励进口政策，引导加工贸易转型升级，支持企业打造自主品牌和国际营销网络，发展服务贸易和承接服务外包，鼓励通信、铁路、电站等大型成套设备出口。推进对外投资管理方式改革，实行以备案制为主，大幅下放审批权限，健全金融、法律、领事等服务保障，规范"走出去"秩序，促进产品出口、工程承包与劳务合作。加强国际财经合作，规划建设丝绸之路经济带、21世纪海上丝绸之路，推进孟中印缅、中巴经济走廊建设，推出一批重大支撑项目，加快基础设施互联互通，统筹多双边和区域开放合作，推动服务贸易协定、政府采购协定、信息技术协定等谈判，加快环保、电子商务等新议题谈判，积极参与高标准自贸区建设，推进中美、中欧投资协定谈判，加快与韩国、澳大利亚、海湾合作委员会等自贸区谈判进程。积极参与全球经济治理体系的变革与完善，坚持推动贸易和投资自由化、便利化，实现互利共赢。

三　2014 年广州经济展望

（一）广州经济景气分析与走势判断

1. 预警灯号和综合预警指数走势

根据课题组构建的广州经济景气监测预警系统的监测结果，2013 年 12 月广州经济景气综合预警指数为 83.00。综合预警指数在 2013 年 4 月达到景气周期的局部顶部，其后广州经济景气状况回落，2013 年 12 月预警指数位于稳定区间和偏冷区间的临界点（见图 39）。2013 年 12 月，在综合预警指数的 10 个构成指标中有 5 个指标与上月相比上升，5 个指标与上月相比下降（见表 3）；其中，有 1 个指标处于偏热区间（货运量），有 4 个指标处于稳定区间（社会消费品零售总额、全社会固定资产投资额、规模以上工业企业利润总额、城市居民消费价格总指数），有 4 个指标处于偏冷区间（规模以上工业总产值、10 区房屋交易登记金额、人民币贷款余额、商品进出口总值），有 1 个指标处于过冷区间（一般预算财政收入）。

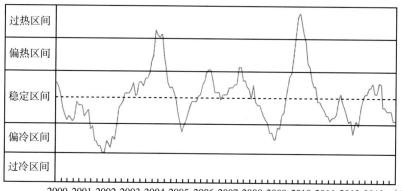

图 39　2000 年以来广州经济景气综合预警指数走势

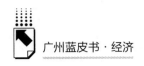

表3　2013年1～12月广州经济景气监测信号灯

类别＼时间	1月	2月	3月	4月	5月	6月	7月	8月	9月	10月	11月	12月
规模以上工业总产值	◎	◎	◎	◎	◎	◎	◎	◎	◎	◎	◎	◎
社会消费品零售总额	○	○	○	○	○	○	○	○	○	○	○	○
货运量	○	○	○	●	●	◉	◉	◉	◉	◉	◉	◉
10区房屋交易登记金额	●	●	●	●	●	○	○	○	○	○	○	○
全社会固定资产投资额	○	○	○	○	○	○	○	○	○	○	○	○
人民币贷款余额	○	○	○	○	○	○	○	○	○	○	○	○
商品进出口总值	◎	⊗	⊗	○	○	○	○	○	○	○	○	○
一般预算财政收入	●	○	○	○	○	○	○	⊗	⊗	⊗	⊗	⊗
规模以上工业企业利润总额	◎	◎	◎	◎	◎	◎	◎	◎	◎	◎	◎	◎
城市居民消费价格总指数	●	●	●	○	○	○	○	○	○	○	○	○
综合预警指数	○	○	○	○	○	○	○	○	○	○	○	○
	107.10	100.63	100.63	107.41	106.57	91.68	91.68	89.21	89.21	89.21	83.00	83.00

说明：表中●表示过热；◉表示偏热；○表示稳定；◎表示偏冷；⊗表示过冷。

2. 未来3～6个月广州经济景气判断

预计未来3～6个月广州经济景气状况继续回落或盘整的可能性较大。理由：一是从综合预警指数走势来看，虽然与2013年三季度相比，预警指数的10个构成指标中上升的指标增加了2个，景气下滑的趋势有所缓解，但2013年5月份以后呈现的持续回落趋势仍未改变；二是从国内外需求看，总体还较低迷，经济增长动力不足，中日关系走势对广州经济影响也趋于不乐观；三是从广州经济工作情况看，虽然市政府把保增长作为突出目标，但是囿于优质项目不足、土地等资源紧张等因素，短期效果还不明显。

（二）2014年广州经济主要指标预测

1. 影响经济增长的主要有利因素

一是从国际环境看，发达经济体复苏增长得到进一步确认，新兴经济体可望继续保持较快增长，有利于广州外需的稳定发展。二是从国内环境看，我国经济将继续保持平稳增长势头，积极的财政政策也有利于创造更多的国内需求，特别是党的十八届三中全会明确改革的方向和目标，各项改革措施将加快推进，有望带来"改革红利"。三是从需求情况看，随着新型城市化的推进、珠三角一体化的深入发展以及广州 136 个重点项目的实施，广州投资将继续成为拉动 2014 年广州经济增长的主要动力。同时，新兴消费的不断涌现将带动广州消费继续较快增长，出口有望保持稳定。四是从产业情况看，服务业中的金融、仓储物流、网络消费、服务外包等新兴服务业将有望实现快速发展，房地产业需求旺盛，传统服务业发展保持稳定。工业中的汽车制造业预计将基本恢复行业正常发展状态；电子信息制造业在 LG 等项目带动下将继续较快增长；石油化工行业在 2014 年可望实现较快增长；造船业目前订单已经逐步恢复，行业结构调整也在顺利推进，预计 2014 年将有较好的发展。五是从要素条件看，目前能源原材料价格相对较低、波动较小、供应条件较宽松，有助于广州经济的稳定发展。

2. 影响经济增长的主要不利因素

一是中日关系趋冷将不利于广州日系汽车的正常发展，各国贸易保护主义抬头影响广州出口增长，美国货币政策接近拐点导致资金回流可能影响广州经济的稳定。二是我国经济存在较大的下行压力，经济增长的内生动力可能弱化，此外国内消费转型升级加快虽有利于扩大新兴消费规模，但对传统消费将形成分化和替代作用，对相关税收、居民收入和就业产生一定影响。三是城市竞争日趋激烈，近期竞争城市间的税基侵蚀和利润转移问题有所凸显，如 2013 年宝洁在上海建立销售总部对广州税收产生较大冲击。四是近年来广州人工、土地成本上升较快，交通拥堵、环境污染等问题仍然突出，城乡基础设施承载力难以适应发展需要，对广州投资增长和重大项目建设形成明显的制约作用，加上目前广州经济增长的新亮点不多、产业层次不高、创新驱动能力不足、实体经济增长动力偏弱，发展潜力堪忧。五是政府管理和服务的体制机制仍存在很多问题，行政效率相比先进城市有较大差距。

3. 广州经济主要指标预测

利用课题组开发的广州宏观经济计量模型（GMEAM）进行测算，并根据 2014 年国内外经济发展环境和广州宏观经济景气状况进行小幅修订，得到了广州经济主要指标的 2014 年低、中、高三个方案的预测结果（见表 4）。

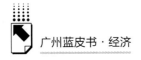

表4　2014年广州经济主要指标预测

类　别	2013年		2014年					
	全年		低方案		中方案		高方案	
	实际数	增长率（%）	预测数	增长率（%）	预测数	增长率（%）	预测数	增长率（%）
地区生产总值（亿元）	15420	11.6	17157	9.3	17346	10.1	17569	11.1
第一产业	229	2.7	240	1.4	242	1.7	243	1.9
第二产业	5227	9.2	5671	7.4	5730	8.2	5795	9.1
第三产业	9964	13.3	11246	10.4	11374	11.2	11531	12.3
一般预算财政收入（亿元）	1142	10.8	1224	7.2	1233	8.0	1245	9.0
全社会固定资产投资（亿元）	4455	18.5	5123	15.0	5212	17.0	5301	19.0
社会消费品零售总额（亿元）	6883	15.2	7860	14.2	7915	15.0	7970	15.8
城镇居民消费价格指数	103	2.6	103	2.9	104	3.5	104	3.9
海关出口总额（亿美元）	628	6.6	658	4.7	664	5.8	670	6.6

说明：地区生产总值及第一、第二、第三产业增加值增长率按可比价格预测。

　　预计2014年广州经济将实现10.1%左右的增长，略低于2013年的增长速度。从三次产业看，服务业和制造业仍是增长的主要动力，其中服务业将保持较高发展速度；从三大需求看，投资和消费等内部需求仍将保持较高增幅，外贸出口有望好于2013年但仍处于低速增长状态。此外，政府财政收入和居民人均收入将同步提高，价格水平总体稳定。

四　相关对策建议

（一）努力扩大投资规模

　　要全面落实未来四年投资倍增计划，分时段、分节点、分主体明确投资增长硬任务。一要扎实推动产业投资，加快解决工业投资提速、产业园区基础设施配套、用地和环保审批等重大问题，重点支持重大制造业项目建设，加快推进LG8.5代显示、广汽乘用车扩能、电子商务和通信导航等优质项目建设，争取新的整车项目、轨道交通装备制造项目落户广州。二要加大基础设施投资项目推进力度，做好项目建设跟踪服务工作，确保项目按期建成，突出抓好白云机场扩建工程、地铁新建和延伸工程、南沙港扩容工程、高铁和高速接入工程、市内交通完善和疏导工程等重要项目推进工作。三要加大项目引入力度，建立产业招商"对标"名册和目标库，开展专业化"靶向式"招商，按产业路线图引进国内外优势企业，加大面向行业领先企业、发达经济体、创新源头以及高铁沿线、泛珠三角经济腹地的招商引资与合作发展力度。积极衔接好上级有关部门，争取国家和省更多重大项目布局落户广州，争取上报新的地铁线获批建设，积极推进自由贸易区申报以及南沙新区后续政策申报工作。四要积极吸引社会投资，拓宽社会融资渠道。积极运用各类资金支持产业发展。加快广州基金投资运作，做强国资产业发展股权投资基金，加快政府战略性主导产业发展资金以及各项支持企业发展资金的下达，全面提升对民间投资的服务水平。

（二）积极构筑平台渠道

第一，要高规格谋划、高起点建设，合理规划"2 + 3 + 9"重大平台产业布局，建设具有合理规模的先进制造业集聚区，承接和吸纳先进制造业。要创新重大平台建设投融资模式和开发组织模式，吸引社会资金参与平台建设，加快推进市政、教育、文化、医疗等设施向 2 个新城区和 3 个副中心延伸覆盖。第二，要尽快打造多层次、功能完善、在国内外有广泛影响的人力资源服务市场，充分汇聚国内外人力资源。加快新兴产业和新型业态所需人才的培养步伐，物色和引进新金融人才。通过创新平台加强和改进与著名高校、研究机构、领先团队的合作，让全球优质人力资源为我所用。第三，充分利用广州千年商都的积淀积极打造一批立足本地服务全国和全球的电商平台，鼓励企业利用电商平台营销渠道，支持平台和企业携手走向全国、走向世界，抢占电商制高点。第四，要尽快建设金融发展平台。抓住国家支持民间金融发展的机遇，在办好广州民间金融街的同时，积极推进广州民间资本进入银行业，大力促进金融产品和服务适应实体经济需求的创新，加快推动广州国际金融城、广州金融创新服务区等金融平台建设，加快信用体系建设。第五，充分发挥中心城市作用，努力拓宽和强化广州与经济腹地的联系纽带。加大与周边城市的融合力度，加强与粤东西北地区的经济合作，深化广佛同城、广佛肇经济圈合作，加快推进广清一体化进程。充分利用泛珠三角发展平台，推进珠江－西江经济带建设，依托航空枢纽、高铁和高速公路，加强与桂、黔、湘、赣、闽等周边省区的经贸关系。要抓住国家建设 21 世纪海上丝绸之路的机会，努力把广州建设成 21 世纪海上丝绸之路合作平台。

（三）切实推进"三旧"改造

旧城镇、旧厂房和旧村庄改造是推动城市空间结构、产业结构以及人口和社会结构优化的重要手段，是广州市经济社会转型升级和新型城市化战略的重要抓手。广州"三旧"改造有着巨大潜力，潜在改造面积超过 500 平方公里。目前广州市"三旧"改造虽然取得不少成绩，但总体速度偏慢，与经济社会发展的需要还不一致，未来需要加大"三旧"改造力度，通过创新工作机制、创新改造模式，加快"三旧"改造项目进程。建议优化"三旧"改造政府服务，通过简化审批手续、下放审批权限、加快审批流程，为"三旧"改造提速扫清障碍。同时政府要转变观念，真正做到不与民争利、让利于民，汇聚社会力量促进"三旧"改造项目顺利实施。

（四）大力实施改革创新

要营造与国际接轨的营商制度环境，加快推进营商环境和做事规则的国际化，深入推进审批制度改革，使广州成为国内外企业新一轮投资热土。要创新企业和项目服务机制，建立投资项目审批代办制度，全面清理涉及企业的各项不合理收费。要建立和完善支持企业创新发展的政策制度，积极对接新兴生产力发展需求，支持企业在物联网、下一代互联网、节能设备、信息服务等领域进行技术和商业模式创新，集中支持一批半导体照明、节能环保、新能源汽车等较成熟产品和技术的推广应用。要深化地方金融改革，发展企业股权交易、金融资产交易市场、碳排放权交易和航运交易市场，形成综合性产权交易市场优势，推进企业改制上市，完善金融服务体系。要理顺要素定价机制，推进要素价格市场化改革，加快垄断行业改革，建立和完善环境污染补偿机制和公共资源公平高效利用机制。要落实好简政强区改革下放事项，理顺市、区体制机制，建立事权与支出责任相适应的制度，激发区县发展活力。

产业经济

Industrial Economy

B.2

广州汽车产业发展现状分析与对策研究

郭海彬*

摘　要：

汽车产业是先进制造业的重要组成部分。经过近15年的发展，广州的汽车产业已经成为全市最大的支柱产业，轿车产量连续多年位居全国前列，并形成了较为完整的产业链条，成为当前带动广州经济发展最重要的引擎。本文对广州汽车产业的发展情况进行了分析思考，并提出若干对策措施。

关键词：

汽车产业　转型升级　对策研究

---

* 郭海彬，广州市经济贸易委员会主任科员，经济法学硕士，主要研究产业经济、经济法学、可持续发展与工商业转型升级等问题。

汽车产业是先进制造业的重要组成部分。经过近 15 年的发展,广州的汽车产业已经成为全市最大的支柱产业,轿车产量连续多年位居全国前列,并形成了较为完整的产业链条,成为当前带动广州经济发展最重要的引擎。笔者对广州汽车产业的发展规模、品牌结构、车型品种、零部件体系、汽车服务业、技术创新、新能源汽车、产业布局和投资环境等进行了分析思考,探索推动广州汽车产业加快转型升级的对策措施,抢占产业发展制高点。

一 发展现状

(一)产业规模

2013 年,广州汽车整车产销量分别为 180.5 万辆和 177.9 万辆,同比分别增长 30.9% 和 26.3%;其中轿车产量 145 万辆,占全省轿车产量的 71%,占全国轿车市场的 12%,轿车产量居全国第三位。广州规模以上汽车制造业总产值 3346.8 亿元,同比增长 24%,占全市规模以上工业总产值的 19.3%,继续居三大支柱产业首位。汽车行业实现利润 306.8 亿元,占全市利润的 35.4%,同比增长 22.3%。

(二)品牌结构

广州整车企业以日系合资企业(广汽本田、广汽丰田、东风日产、本田中国、广汽日野)为主,其中三大企业(广汽本田、广汽丰田、东风日产)产量占全市汽车产量约 95%,产值占全市规模以上汽车制造业产值 60% 以上。此外,自主品牌有广汽乘用车、广汽客车以及建设中的北汽(广州)。

(三)车型品种

从一定意义上说,车型品种就意味着市场占有率。目前,广州本地生产的轿车产品有 20 款,其中广汽集团 14 款(传祺 3 款、广汽本田 7 款、广汽丰田 4 款)、东风日产 6 款。外地生产的轿车产品也有 20 款,其中广汽集团 16 款(广汽长丰 6 款、广汽三菱 1 款、广汽菲亚特 1 款、广汽吉奥 8 款)、东风日产 4 款。

（四）零部件体系

广州的汽车零部件已经建立起较为完整的配套体系，对珠三角地区带动较为明显，成为全国汽车及零部件出口基地之一。目前，为三大整车（广汽本田、广汽丰田、东风日产）配套的珠三角地区零部件企业超过 500 家，配套金额近千亿元。2013 年，广州规模以上汽车零部件实现工业总产值 897.5 亿元，占全市汽车制造业工业总产值的 26.8%。

（五）汽车服务业

广州市汽车制造业的迅猛发展，拉动营销、检测、维修、物流、会展、金融、研发与教育、文化等汽车服务业加速朝着产业化、专业化方向发展，形成了机场路—黄石东路—白云大道北—大金钟路、梅花园、珠江新城、广州大道南、黄埔大道东、环市东六大汽车服务业板块的格局，日益影响华南、辐射泛珠三角及全国。广州已成为辐射全国乃至全球的汽配用品集散地，中国（广州）国际汽车展成为我国第三大综合性专业汽车展览会。目前，全市已有整车销售企业约 200 家，汽车配件和用品店 2000 多家，汽车维修营业户 3300 多家，二手车经营企业 400 多家。2012 年全市汽车服务业销售收入 4005.2 亿元，从业人员达到 10 万余人，上缴利税近百亿元。

（六）技术创新

技术创新是提高市场竞争力的关键。目前，广州汽车产业已拥有省级企业技术中心 9 个、省级工程中心 2 个，有驰名商标 2 个、著名商标 4 个、广东名牌 3 个。广州汽车产业的研发能力由广汽集团独立自主研发机构（广州汽车集团股份有限公司汽车工程研究院）和各整车企业技术研发中心两个层面组成，广汽研究院已具备包括整车集成、总布置、内外造型、底盘、车身、动力总成、电子电器系统、新能源系统等设计开发及仿真分析、试制试验等在内的自主开发核心能力。广州本田、广州丰田、东风日产也相继成立了企业的技术研发机构。

（七）新能源汽车

新能源汽车是未来汽车产业发展的方向，经过 3 年的国家节能与新能源汽车示范推广试点工作，广州共示范推广各类新能源汽车 2187 辆，建设充换电站 2 座、充电桩 80 个、乘用车电池快换体验中心 1 座、燃料电池临时加氢基地 1 座，启动了 LNG 在公交领域示范应用的试点工作。形成广汽丰田混合动力、东风日产"启辰"、广汽客车纯电动、混合动力大巴等整车生产能力，广汽传祺在纯电动汽车、混合动力客车、插电式混合动力客车、增程式纯电动汽车等新能源汽车系列车型上推出样车。吸引东风日产纯电动车关键部件动力电池及其控制系统（年产能 5 万台套）落户花都；推进广州力柏能源科技有限公司等 5 家企业锂离子动力电池及其管理系统和关联新材料的研发与产业化；带动广州德尔福、惠州亿能等一批省内零部件供应商实现新能源汽车零部件的技术升级，初步奠定了新能源汽车零部件供应的产业基础。

（八）产业布局

随着广州本田、东风日产、广州丰田等项目的扩产和建设，广州汽车产业集群迅速崛起，形成了东部、北部和南部集聚区。东部千亿级汽车产业集群以黄埔、萝岗、增城为主线，聚集了广汽本田（48 万辆）、本田（中国）出口基地（5 万辆），吸引汽车零部件企业 200 多家。北部千亿级汽车产业集群主要依托以东风日产乘用车公司为龙头的花都汽车城，包括东风汽车有限公司乘用车公司（60 万辆）、广汽日野从化基地（2 万辆）、广汽集团客车有限公司（5000 辆），该组团吸引了 180 多家汽车零部件企业。南部 900 亿级汽车产业集群以南沙广汽丰田（38 万辆）和番禺广汽集团自主品牌乘用车（10 万辆）为主，落户该组团的汽车零部件企业有 130 多家。

（九）投资环境

广州是中国华南地区的中心城市，是中国经济最活跃的珠江三角洲区域的几何中心，与香港、澳门等形成大珠三角地区，依托华南地区辽阔的腹地，具有其他城市难以比拟的市场辐射力。广州拥有雄厚的工业基础，是全国重要的制造业基地，以汽车、石化、电子信息为三大支柱产业，形成门类相对齐全、综合配套能力、科技研发能力较强的现代工业体系。广州具有一流的交通基础设施，空港、海港和信息港条件优越，有国家枢纽白云国际机场、有位居世界第五的广州港以及一流的信息交换枢纽。以广州为中心的"珠三角"是目前中国最大的轿车消费市场，汽车销售量占全国的1/4，2012年广州汽车保有量超过250万辆。目前，广州家庭轿车日上牌量达600辆。

二　存在的问题及分析

（一）产业规模有待进一步扩大

近年来，广州汽车产业在发展规模上落后于上海、长春等城市。虽然2009年广州轿车产量一度超越上海居全国第一位，但2010年又被上海反超。至2012年，广州轿车产量滑至全国第三位（上海180.1万辆、长春140万辆、广州108.35万辆），但与其他城市相比（重庆103.2万辆、北京78.5万辆）仍然领先。预计到2015年，广州汽车产能达到260万辆，重庆汽车产能将超过290万辆，上海汽车产能将达到190万辆。可以看出，广州和重庆两地发展后劲较强。但从龙头企业规模比较，上汽、一汽和二汽仍将保持"三大"地位，广汽集团则"坐六望五"。

据中国汽车工业协会统计和国家信息中心的《2013年中国汽车市场展望》，未来10年我国乘用车市场仍处于平稳快速增长阶段。预计到2023年末，乘用车内需增长率为GDP增长率的1.5倍左右，保持10%左右的增长速度，即乘用车市场容量达到4200万辆。虽然一线城市汽车市场保有量已经相对饱和，一线大城市相继"限牌"，但城镇化的发展带动了二、三、四线城市等汽车市场的繁荣，使得包括小城市、城镇、农村在内的新兴市场，成为汽车产业潜力巨大的增长点，未来各大车企将加速向二、三、四线城市扩张。因此，广州汽车产业在规模上仍有较大的发展空间。

（二）品牌结构较为单一

广州以日系汽车品牌结构为主，而上海、长春、重庆等城市以欧美系为主。2012 年，销量居前 10 位轿车企业，上海占第 1、第 3 位，广州仅东风日产进入前 5 位。广汽本田、广汽丰田在 2009 年前曾排全国前 5 位，2012 年跌出前 10 位。在中高级车方面，主要是上海"荣威"和广汽"传祺"。"荣威"品牌在 2010 年恰逢国家出台扶持汽车产业政策，销量一度超过 15 万辆，但之后并没有延续这一态势。广汽"传祺"推出 2 年多，品牌效应日益显现，市场销量逐年增加，2013 年产销有望超过 7 万辆。在经济型车方面，主要是"奇瑞"。2012 年该企业乘用车销量为 55 万辆，居全国第 7 位。

广州汽车品牌结构较为单一的好处明显，使得日系车企能够抱团发展，也吸引很多日系零部件企业来广州发展。但不足之处同样明显，随着全球化生产和供应链日益普及，以日系汽车为主的品牌结构使得广州汽车产业抗市场风险能力不够稳健。如 2011 年日本地震、2012 年中日钓鱼岛事件等都给广州汽车产业带来较大冲击，对全市经济负面影响非常显著。此外日系企业相对保守稳健的经营策略使广州未能很好地把握 2009 年和 2010 年中国车市高速增长的机遇，致使广州在发展规模上落后于上海、北京、重庆等城市。

（三）零部件发展过于依赖外资方

对比国内一些城市，重庆、上海、天津、长春均建立了完善的汽车行业配套体系。重庆汽车零部件企业超过 1000 家，完成销售收入 861 亿元（2011年），汽车零部件本地配套率达到 67%。上海市零部件产业门类较齐全、规模较大，零部件及配件制造业占全部汽车行业的 45.3%。而广州由于日系配套体系以合作外方关联的日系厂家为主，供应商体系比较封闭，特别是芯片等关键零部件主要依靠日本进口，因而广州整车企业对外方的依赖程度比上海、长春等城市要高得多。

（四）技术创新能力不够高

广州汽车企业创新能力不够高，与上海、重庆等老汽车工业基地相比，研发实力还有很大差距。广州本田、广州丰田等合资企业的科研投入很少，广州仅有少量机械部件和电子部件检测能力，广州汽车集团股份有限公司汽车工程研究院也是在 2012 年才正式投入使用。相比之下，上汽集团已投资 40 亿元建设亚洲规模最大的乘用车开发中心，"十一五"期间就已获得 33 次中国汽车工业科技进步奖，上海机动车检测中心获得了国际级新能源机动车检测中心资质。重庆的关键实验室如整车环境实验室、排放实验室、NVH 实验室、碰撞实验室、转鼓试验台等指标及数量居全国领先地位。此外，重庆车辆检测研究院、中国汽车工程研究院还是国家级汽车检测机构。

（五）新能源汽车发展步伐不够快

对比国内主要城市，上海市新能源汽车发展处于国内领先水平，目前初步形成了以嘉定区安亭镇为主的新能源汽车及关键零部件产业基地和以浦东新区（金桥、临港）、金山等为主的新能源乘用车产业基地，并在加快建设闵行、松江、浦东新区等新能源商用车产业基地。重庆市以长安汽车为代表的自主品牌纯电动汽车、混合动力汽车、插电式混合动力汽车已取得一定进展，一批关键零部件配套企业正在聚集。天津已建成全球最大的纯电动汽车产业化基地，具备年产 2 万辆纯电动轿车以及 1000 辆混合动力客车的能力等等。

2012 年，国务院出台了《国务院关于印发节能与新能源汽车产业发展规划（2012－2020 年）的通知》，预计到 2020 年，纯电动汽车和插电式混合动力汽车生产能力将达 200 万辆、累计产销量将超过 500 万辆。这对作为国家节能与新能源汽车示范推广试点城市之一的广州而言，无疑又是一个政策利好。

三　对策建议

（一）进一步巩固在全国汽车产业中的前列地位

广州应抓住这一轮汽车产业快速发展的机遇期，既要注重提高广州汽车产业区域市场占有率，又要注重提高广汽集团作为龙头企业在全国的市场占有率，借助资本市场大力推进跨地域兼并重组，加快实现做强做大。必须坚定不移地加快推进广汽乘用车二期、广汽菲亚特第二工厂、北汽集团华南生产基地 30 万辆整车、广汽本田年产 24 万台汽油发动机和东风日产花都工厂乘用车 60 万辆产能扩建等重大项目建设，进一步巩固和提高广州在全国汽车产业中的规模比重及市场地位。

（二）加强与非日系汽车制造商合作，并采取短期的"非常措施"对自主品牌汽车进行强有力扶持

下一步，广州一方面要稳定日系车企，引入欧美系品牌。必须在继续稳定日系品牌汽车企业发展的同时，有针对性地加强与一些欧美系品牌汽车企业合作，着重针对在国内没有设立合资企业或只设有一家合资企业的品牌，如宝马、保时捷等。另一方面要在非常时期应用特殊措施，加快培育自主汽车品牌。参照上海、长春等地的一些创新做法，研究出台短期（3～5 年）特殊措施，如设立汽车产业发展专项资金、专项上牌指标、公务车及出租车采购、技术研发、个税优惠、人才落户、购车补贴等举措，使广汽"传祺"品牌迅速渡过"孩童期"成长为强有力的市场竞争者，从根本上确保广州汽车产业的抗风险能力得到提升。

（三）大力推进关键零部件在本地配套，拓展零部件产业集群，并加快自主品牌的零部件配套体系建设

一是要继续提高本地配套率。目前日系企业除少数关键部件外，多数零部件配套企业都已在中国布局，故在零部件招商方面应着重针对芯片等关键零部件以及本地缺项的国内其他地方的零部件配套企业，推进广州电装增产扩能等一批零部件项目落地建设。二是要进一步优化本地零部件制造的区域布局。在大力吸引关键零部件及一级、二级配套企业的同时，鼓励非关键零部件及三级、四级配套企业到市外布局，充分发挥中心城市的辐射带动作用。三是要结合新材料产业的发展，积极提高汽车轻量化及环保型新材料制造能力。四是要通过自主品牌汽车带动本土汽车零部件整体水平的提升。利用自主品牌汽车的带动，积极吸纳国内外优势企业合资合作，分层次培育一批实现规模生产并进入国际汽车零部件采购体系的本土优势企业，重点发展汽车电子产品、自动变

速箱、高效发动机等关键零部件，形成若干驰名的零部件产品自主品牌，并培育一批具有自主知识产权、自主品牌的零部件出口企业。

（四）构建汽车产业自主创新体系和公共技术平台，加快广州汽车自主品牌及关键零部件等产品的联合攻关和开发

一是要加快构建创新体系和服务平台。借鉴日韩等国家自主品牌汽车赶超发展的经验，以广州汽车集团股份有限公司汽车工程研究院为重点，加快完善汽车产业自主创新体系和公共技术平台。二是要建立广州汽车自主创新专项基金。重点支持汽车生产企业进行产品更新换代，提高节能、环保、安全等关键技术水平，开发填补国内空白的关键总成产品。三是要加大技术攻关和知识产权保护。大力吸纳国际汽车技术人才，加快广州汽车自主品牌及关键零部件产品等的联合攻关和开发，使广州在发展具有国际先进水准的自主知识产权汽车方面有新突破和赶超。

（五）加强新能源汽车产业规划，推进试点区域示范运行，加大新车型研发力度

一是加强新能源汽车产业规划。依托省、市战略性新兴产业（新能源汽车产业）基地和广汽集团、东风日产、南方电网等龙头企业，积极推进新能源产业基地规划建设，力争 2015 年建成新能源汽车产能 15 万辆。二是推进重点区域示范运行。继续积极推进 200 辆混合动力公务车、花都区 100 辆纯电动轿车和增城示范区 117 辆示范车辆项目建设，引领带动全市加快发展。积极引进比亚迪新能源客车项目落户增城。三是加大新车型研发力度。要研发推出"传祺"增程式纯电动汽车、插电式混合动力汽车、东风日产"启辰"纯电动汽车、LNG＋电混合动力客车、插电式混合动力客车和纯电动桶装垃圾车等新能源汽车系列车型。

B.3
建设"广州光谷"的战略与对策研究

"广州光谷"主体研究报告工作小组*

摘　要：

据初步测算，2011 年广州市光产业产值已经超过 1800 亿元，光技术科研能力已大幅增强，光产业基础也更加扎实。广州建设"光谷"已迎来新的历史契机和发展机遇。本报告通过调研国内外光产业发展的现状及趋势，对广州光产业发展的优劣势进行分析，提出建设"广州光谷"的内涵和外延、发展目标与任务，以及未来发展的策略。

关键词：

光技术　光产业　广州光谷　发展策略

一　国内外光产业发展的现状及趋势

"光"无处不在，无所不用，在科技、经济、军事及日常生活等各方面发挥着不可替代的作用。过去，电子产业的发展经历了：电学—电子学—电子技术—电子产业—微电子产业的过程。现在，光技术和产业的发展也将经历：光学—光子学—光子技术—光子产业—全光产业。21 世纪进入信息化的时代，也迎来"光子世纪"，光技术将成为 21 世纪高科技的制高点，成为促进新兴产业发展的加速引擎，而光产业也必将成为 21 世纪高新技术产业的新增核心。

---

* "广州光谷"主体研究报告工作小组由广州市政协、市科技和信息化局、市发改委、市经贸委、市开发区科技和信息化局、市光机电技术研究院、中山大学、华南理工大学、暨南大学、华南师范大学、广东省工业技术研究院等单位专家组成，其中包括广州地区 7 位光学领域的院士及其团队。

（一）光产业发展的国内外环境

1. 全球光产业正在新的腾飞

21 世纪伊始，光技术就开始爆发出巨大的影响力，光显示技术向超薄、柔性、高可靠性、3D 等方向发展，成为显示产业新的增长极；激光技术向全固化、超短波长、微加工、大功率和高可靠性等方面发展，不断与其他学科高度融合，应用领域不断扩大；固态照明不断提升效率、亮度、寿命；光通信向超大容量、高速率和全光网方向发展，为光产业的全面提升和整体发展提供了坚实的支撑。

进入 21 世纪，世界发达国家纷纷把发展光技术、光产业作为重要的国家科技、经济和军事发展战略。美、日、德、韩、法等国更将光电子技术和产业作为国家重大发展计划。国际巨头纷纷抢占领域制高点，形成了全球光竞争格局。

2. 我国光产业正在发展赶超

我国光电产业借助基础积累和广阔的市场应用，在全球震荡发展时期明显加速发展，近年来产业规模以超过全球光电产业 10% 左右的增速发展，在激光、光通信、光照明等领域自主技术能力显著提升，自主知识产权和产品附加值不断提高，光产业与世界先进国家的差距正在缩小。

在国家大力发展战略性新兴产业的背景下，全国各地掀起了一股由政府推进、产业资本跟进，大力发展光电子产业的浪潮，先后建立了武汉国家光电子高新技术产业化基地、长春国家光电子技术产业化基地、西安国家光电子高新技术产业化基地等一批光电子技术产业化基地和光电子信息产业基地，武汉、长春等城市也建立了光谷产业园区，加速光电子信息产业的集聚发展。国内各城市在不同的领域中形成各自的竞争优势（见表1）。

表 1　国内主要光产业集聚城市的比较

单位：亿元

城市	产值	优势领域	龙头企业
北京	1890 （2010 年）	光显示、光电子信息、光通信、光服务	京东方、清华紫光、清华同方、大唐电信、中电广通、有研半导体、中科国信、中电达通等
武汉	2503 （2010 年）	光通信、光电器件、激光	长飞光纤、华工激光、烽火科技、楚天激光、光迅科技、精伦电子、凡谷电子、迪源光电、武汉日电等

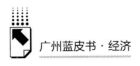

续表

城市	产值	优势领域	龙头企业
上海	598.5（2008 年）	光通信、光显示、光材料、光电仪器	上海贝尔、中芯国际、康宁（上海）、欧普斯达、上海光通信公司、团结普瑞玛、上海激光集团、上海三思等
长春	470（2010 年）	光显示、激光、光电子材料与器件、光电仪器仪表	鸿达光电子、奥普光电、希达电子、禹衡光学、吉大硕博、北方彩晶、光华微电子、方圆光电等
广州	1857（2011 年）	光显示、光照明、光稀土、光服务、光生物医学	光宝集团、乐金显示、鸿利光电、广晟有色、威创股份、京信通信、博冠科技等
深圳	2820（2011 年）	光通信、光信息、电子设备制造	华为、大族激光、中兴通讯、深圳富士康、深圳天马、雷曼光电等

（二）广州发展光产业优势

面对激烈的国内外光产业竞争格局，广州具有在光产业领域发展成为国际光枢纽的扎实基础和综合优势。

1. 国家中心城市的定位和区位突出优势

广州是广东省省会，著名的千年商都，濒临南海，毗邻香港和澳门特别行政区，是中国通往世界的南大门，是华南地区政治、经济、金融、文化、科教中心，也是物流、人流、信息流交汇的枢纽。广州 GDP 多年来一直排全国第三位，国家将广州定位为国家中心城市和现代化国际大都市，2010 年国家发改委和科技部授予广州国家创新型试点城市、2011 年广州被科技部评为国家"十城万盏"半导体照明试点示范城市、2012 年广州被国务院评为"全国创业先进城市"等。

2. 指导和推进光产业发展的政策优势

广州市大力培育战略性新兴产业的工作部署为光产业发展提供了政策保障。基于"12338"的决策部署和"1+15"系列政策文件，广州市明确提出"十二五"期间要在 12 类战略性基础设施、15 项战略性主导产业、27 个战略性发展平台建设上实现"三个重大突破"，范围覆盖三大国家级开发区、六大现代服务业功能区、九大创新型产业发展区、九大功能性发展平台。2012 年 9 月，出台了《中共广州市委、广州市人民政府关于全面推进新型城市化发展的决定》《中共广州市委、广州市人民政府关于推进"三个重大突破"实施意见》等文件，以科学发展观作为指导思想，积极推进战略性新兴产业、智慧城市的建设，并提出 2016 年实现全市生产总值突破 2 万亿元，第三产业增加值、战略新兴产业增加值占全市生产总值的比重大幅提升。

3. 市场资源雄厚和链条完整的产业优势

广州市具有良好的产业基础和应用市场，从事光技术领域的公司厂家众多，光产业的产业链条完整，体现出整体性发展优势与市场资源优势。在光照明领域，广州市形成较为完整的 LED 产业链，2011 年全市 LED 企业有 200 多家，其中应用企业约占 80%，半导体照明产业产值超过 100 亿元。在光显示领域，2011 年全市平板显示产业产值超过 300 亿元，借助广州 LG Display 公司 8.5 代液晶面板等项目的启动，2015 年产值将超过 800 亿元。在生物医药领域，2010 年广州开发区（包括广州经济技术开发区、广州高新技术产业开发区、广州出口加工区、广州保税区）内 220 家生物医药企业工业产值超过 520 亿元人民币，具有发展光生物医学的基础条件优势。整体性发展优势与深厚的市场资源为广州市发展光技术、光产业奠定了良好的基础（见表 2）。

表 2　2011 年广州市光产业相关产值情况

单位：万元

行业代码	类别名称	2011 年产值
233	记录媒介复制	23111
2664	信息化学品制造	157592
3052	光学玻璃制造	29026
3471	电影机械制造	0
3472	幻灯及投影设备制造	2687
3473	照相机及器材制造	571087
3581	医疗诊断、监护及治疗设备制造	64391
3825	光伏设备及元器件制造	128327
384	电池制造	414449
3871	电光源制造	4987
3872	照明灯具制造	323373
3879	灯用电器附件及其他照明器具制造	683452
3891	电气信号设备装置制造	260322
3912	计算机零部件制造	2859289
3913	计算机外围设备制造	

续表

行业代码	类别名称	2011 年产值
3921	通信系统设备制造	1330799
3939	应用电视设备及其他广播电视设备制造	405436
3951	电视机制造	2399667
3953	影视录放设备制造	
3961	电子真空器件制造	39857
3963	集成电路制造	643838
3969	光电子器件及其他电子器件制造	6431037
3971	电子元件及组件制造	1466106
4014	实验分析仪器制造	49870
4021	环境监测专用仪器仪表制造	21448
4023	导航、气象及海洋专用仪器制造	21414
404	光学仪器及眼镜制造	116634
4041	光学仪器制造	23914
4042	眼镜制造	92720
4390	其他机械和设备修理业	14647
总　计		18579480

资料来源：广州市统计局。

4. 集聚华南地区高等创新人才资源优势

广州市集中了全省光子学教学和科研的主要力量，拥有高等院校 32 所，其中中山大学、华南理工大学、华南师范大学、暨南大学等高校形成了完备的光电子学科本科和研究生教育与科研体系，集聚了苏锵院士、陈星旦院士、刘颂豪院士、姜中宏院士、曹镛院士、周克崧院士、许宁生院士等光领域两院院士 7 名。拥有光产业各技术领域的专家学者和拔尖人才，拥有中山大学光电材料与技术国家重点实验室、华南理工大学发光材料与器件国家重点实验室、华南师范大学光学国家重点学科等 10 多个光科学与技术国家级、省部级科研创新基地和平台，多项光领域的研究成果居国际国内领先水平。

5. 国家级开发区和特色产业园区核心优势

广州市依托高新技术产业开发区和光电子产业园区，具备形成产业聚集的资源优势，包括广州高新技术产业开发区、广州增城国家级经济技术开发区、广州南沙国家级新区、广州大学城、广州科学城、中新（广州）知识城、广州国际创新城、天河软件园、生物岛等。通过发挥开发区和产业园区优势,打造完整的光产业链和培育龙头企业,以大型龙头领军企业引领聚集大批光电企业,形成集群化、规模化发展态势。

(三)建设"广州光谷"需重视的问题

与12年前相比,国际国内的光产业竞争更加激烈,已进入白热化阶段。对比国内外光电子产业的发展,站在全球视野看,广州市的光产业发展存在一些制约,主要表现在以下几方面。

一是没有建立相对集中的发展光产业的园区,也没有提出吸引技术、人才、资金汇聚的政策,光产业布局分散,集群效应不明显,对区域光产业带的形成带动能力不足。

二是缺少光产业的龙头企业,企业规模偏小,带动能力较弱,无法产生足够的国际影响力,吸引汇聚国际创新资源能力不足,缺少产业国际化战略发展思路。

三是光产业核心技术匮乏,缺乏原始的和重大的创新,技术成果转化模式也有待创新与突破,光相关新技术、新设备的应用不及时,上游企业较少,对全产业链整体发展的带动能力较弱。

四是投向光技术、光产业的资金和经费不足,相关创新资源整合与服务能力较弱,光产业战略性基础公共技术平台建设滞后,且开放性不够,尚未形成科技资源支撑产业发展的合力。

二 "广州光谷"的发展目标与任务

(一)建设"广州光谷"的内涵和外延

光学、光子学及相关学科的理论创新及前沿探索研究,极具突破创新性,不断拓展光技术领域空间,是光产业持续发展的原动力。光技术是具有信息和能量载体的光子行为及其应用,能够不断衍生一系列新技术,包括光子技术和电子技术结合而成的光电技术,而光产业就是光技术主导的应用产业,在目前阶段,光产业与光电产业密不可分。因此,"光"概念的内涵包括光技术、光产业、光市场、光文化、光教育、光人才等，这些要素在高度融合的过程中，彼此促进与互补。

"广州光谷"是以丰富的光内涵，建立和发展广州的现代国际光产业体系。它通过光技术不断向光产业注入强大的生命力，以光产业带动光市场的开拓，以光市场创造新文化、新需求和新产业，并协同光教育聚集和培育光人才，再促进光技术和光产业发展，形成战略性新兴产业集群发展的协同创新优势。

"广州光谷"应重点发展八大技术领域和产业，包括光显示、光照明、光影像、光通信、光能量、光稀土、光生物医学和光服务，如图1所示。每个光技术领域都拥有完整的主产业链，而"广州光谷"规划的重点发展内容是这些光产业链和附加值链上的关键环节。随着不同领域光产业链的纵深延展，还

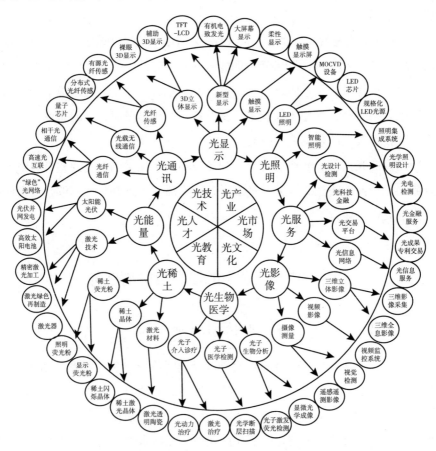

图1 "广州光谷"建立现代光产业体系的内涵和外延示意

将带动一大批关联产业，汇聚辐射效应将在建立和发展广州现代产业体系过程中全面凸显。

（二）发展目标

建设"广州光谷"，就是要抓住全球新一轮光技术、光产业的发展机遇，围绕广州建设国家中心城市、创新城市的目标，走新型城市化发展道路，建立现代光产业体系，树立"枢纽经济、低碳广州、智慧城市、幸福生活"的新广州形象；以千亿元光产业增加值为经济发展目标，按照有所为、有所不为的原则发挥产业经济发展中的企业主体地位，在光技术、光产业的八大重点发展领域中不断创新，抢占制高点；以"广州光谷"多专业集聚发展区域建设为载体，全面显现"光谷"效应，形成多行业光技术和光产业优势，加快建立光技术和光产业创新集群，带动珠江三角洲，辐射全国，服务全球，逐步将"广州光谷"建设成为国际光技术、光产业的高地和枢纽。

1. 近期目标（2013~2016 年）

2013 年"广州光谷"启动，实施多个专业集聚区协同发展布局，各专业集聚区科学发展。重点建设"广州光谷"的核心区和专业集聚区，建立"广州光谷"的组织架构，确定重点发展的产业领域和技术方向，建立光技术基础性公共研发平台、光信息平台和光产业公共服务平台，大力吸引一批具有国际水平的重点骨干企业集聚发展，形成 30 个以上光技术专业团队。建设一批光技术、光产业重点项目，引导形成国际光谷效应，光产业产值超过 3600 亿元，光产业增加值逾千亿元，初步成为广州市的支柱产业，形成集聚效应，具备带动珠江三角洲形成规模发展的能力。

2. 中期目标（2020 年）

到 2020 年，使光产业的发展成为广州新兴产业的主力军，在国内外具有较大影响力。光技术达到国际水平，创建 1 家国家实验室，扩增至少 5 家国家级实验室、工程技术中心等；光技术聚集和辐射效应明显，光产业规模发展、光人才规模聚集态势形成，形成区域光谷产业带；在广州发展完整的国际化光产业链，突出光产业高附加值链关键环节的国际地位，光产值达万亿元，光产业增加值达 3000 亿元。

3. 远期目标（2030 年）

到 2030 年，经过持续不断地推进"广州光谷"的建设，使之成为国际一流的光技术、光产业的发展高地，成为引领光产业和技术发展重要基地之一，形成国家光谷产业竞争力，占据光技术国际高端，具有重要的国际影响。光产业增加值达到地区生产总值的 10% 以上，成为国际光产业枢纽，广州全面进入光制造时代，光产业辐射全国、影响全球。

（三）重点方向与任务

根据目前全球光技术和光产业的发展趋势，珠三角的资源、技术和产业优势，以及广州市推进新型城市化发展的目标，"广州光谷"确定光显示、光照明、光影像、光通信、光能量、光稀土、光生物医学、光服务等八大重点发展的光技术和光产业领域的 20 多个专项，在发展现代光技术、光产业的同时，积极布局引领下一代光产业的光技术，占据下一代光产业的重点方向（见表3、表4 和图2）。

表3 广州重点发展的光技术和光产业领域

技术领域		重点发展方向
光显示	三维(3D)立体显示[①]	3D 立体信源
		裸眼 3D 立体显示
		辅助式 3D 立体显示
	新型显示	高世代液晶显示(TFT – LCD)[②]
		有机电致发光显示(OLED)[③]
		大屏幕拼接显示
		高密度 LED 显示
		柔性显示
	触摸显示	触摸显示屏
		触摸一体机
光照明	半导体照明	LED 外延生长技术及 MOCVD 设备[④]
		高效 LED 芯片(光芯片)
		规格化 LED 集成光源组件
	智能照明	照明系统集成
		智能照明控制
		智能照明管理

续表

技术领域		重点发展方向
光影像	三维立体影像	高分辨率三维影像采集系统
		三维全息影像
	数码视频影像	新型编解码技术⑤
		智能化视频监控
	影像测量	视觉检测技术
		遥感遥测影像
		光测量仪器
光通信	光纤传感	有源光纤传感⑥
		分布式光纤传感⑦
		光纤生物医学传感
	光载无线通信	微波光子信号处理⑧
		光载微波传输⑨
		量子芯片
		光量子通信⑩
	光纤通信	相干光通信
		高速光互联
		光网络管理
		"绿色"光网络⑪
光能量	激光技术	陶瓷激光器
		光纤激光器
		激光绿色再制造
		精密激光加工
	太阳能光伏	高效晶体硅太阳能电池
		新一代薄膜太阳能电池
		光伏并网发电
		大型光伏电站
光稀土	激光材料	激光透明陶瓷⑫
		特种光纤
		激光玻璃
	稀土晶体	稀土闪烁晶体⑬
		稀土激光晶体⑭
	稀土荧光粉	照明荧光粉
		显示荧光粉
		特种光源荧光粉

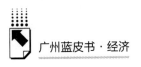

续表

技术领域	重点发展方向	
光生物医学	光子生物分析	光子激发荧光检测
		显微光学成像技术
	光子医学检测	光学断层扫描（OCT）技术
		光声功能影像技术
	光子介入诊疗	激光治疗
		光动力治疗
光服务	光设计检测	光学设计、照明设计、光电检测、光电测量仪器
	光科技金融	光金融服务、光融资平台
	光交易平台	光产品交易、光技术成果交易、光专利交易
	光信息网络	光信息服务、信息平台

①三维立体显示：基于平面立体成像的技术，通过全息技术、投影技术、眼镜式技术以及无需眼镜立体显示技术（裸眼技术）等实现。

②TFT–LCD：是使用薄膜晶体管（TFT）技术的主动式矩阵液晶显示（LCD），改善影像品质。TFT–LCD面板可视为两片玻璃基板中间夹着一层液晶，上层的玻璃基板是彩色滤光片（Color Filter）；而下层的玻璃则有晶体管镶嵌于上。

③有机电致发光显示：即有机发光二极管（OLED：Organic Light-Emitting Diode）。可制备在塑料衬底上成可卷绕的显示器。

④金属有机化学气相沉积系统（MOCVD）：是利用金属有机化合物作为源物质的一种化学气相淀积（CVD）工艺，即在气相外延生长（VPE）的基础上发展起来的一种新型气相外延生长技术。

⑤新型编解码技术：影像通过压缩编码实现传输，解码是其逆向过程。

⑥有源光纤传感：集光源和传感探头于一体，具有高信噪比、高功率输出，探测灵敏度高、响应速度快、可实现超高频微弱信号高灵敏度探测，可实现基于波分/频分网络化复用的单一光纤多点分布式传感。

⑦分布式光纤传感：分布式光纤传感中光纤本身既是传光载体又是感测介质，基于光纤非线性效应在数十公里范围内获取成千上万的环境传感数据，空间分辨率可达厘米计，在智能电网电力电缆监测、铁路与桥梁监测等重大需求领域具有重要的意义。

⑧微波光子信号处理：基于光子学方法的微波信号产生及处理技术，与传统微波信号处理技术相比，可有效克服电子瓶颈，具有强大并行处理能力及高灵活等优点。

⑨光载微波传输：利用光线链路传输微波信号，将无线微波通信的可移动性、点对点介入等优点和光纤通信的巨大带宽、高可靠性有机融合，是未来接入网的一大发展方向。

⑩量子芯片及光量子通信：以量子特性编码信息并进行处理，和通信的量子信息处理技术具有绝对保密和超高容量处理能力，是目前世界各国正在大力发展的新一代信息处理技术，量子芯片及光量子通信是量子信息处理技术的核心。

⑪"绿色"光网络：利用基于全光交换的网络技术提高传统光纤通信系统的交换速率、突破电子带宽瓶颈的限制，采用绿色节能设备降低互联网的能源消耗，提升互联网能效，构建可持续发展的"绿色"光网络。

⑫激光透明陶瓷：选用高纯、超细等轴晶系或具有高级晶轴的物质作主晶相，严格控制改性添加剂用量和烧结条件，使制品成为透明光学均质体，并作为激光工作物质的透明陶瓷材料。

⑬稀土闪烁晶体：以稀土离子作为激活剂，在X射线、α射线、β射线等高能射线激发下发出荧光的晶体材料。

⑭稀土激光晶体：以稀土离子作为激活剂，可将外界提供的能量通过光学谐振腔转化为在空间和时间上相干的具有高度平行性和单色性激光的晶体材料。

如表3所示，基于"广州光谷"确定光显示、光照明、光影像、光通信、光能量、光稀土、光生物医学、光服务八大重点发展的光技术和光产业领域和方向，通过进一步分析其产业链及价值链的布局，确定广州沿产业链整体发展光技术、光产业，突出价值链，提高产业增加值率的整体发展路线。重点发展这些光领域产业链和附加值链上的关键环节（见图2），大力吸引拥有关键技术和产业高端环节的国际先进企业集聚"广州光谷"，形成光产业发展生态和相关集群。

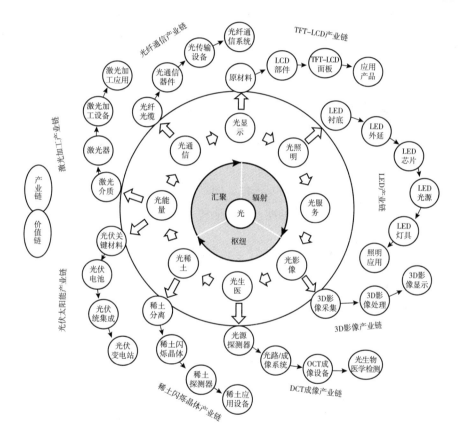

图2　"广州光谷"重点发展领域和方向的产业链布局

1. 光显示领域

下一代显示技术将走向绿色柔性触觉，重点发展新型显示、三维（3D）立体显示和触摸显示。推动市场规模最大、最成熟的 TFT - LCD（高世代液晶显示）显示产业发展，加快发展高世代 TFT - LCD 优质产业群，推进成熟的

OLED（有机电致发光）等下一代新型显示技术走向规模产业化。当今具备行业优势的企业包括韩国三星电子公司、LG－飞利浦、台湾友达、台湾奇美、日本夏普等。凭借广东省高校教育资源，吸引多家国内外光显示科研机构，共同打造国际水平的光显示技术开发平台和人才培养基地，形成以新型平板显示、3D立体显示和触摸显示为主的产业中心，引领下一代光显示产业。

2. 光照明领域

照明领域的发展潮流是"科技照明、绿色节能、安全环保"，重点发展半导体照明和智能照明，优先发展LED外延片/芯片上游产业，破解MOCVD生产设备、LED标准和检测等产业发展瓶颈，创新带动LED高端封装、LED集成光源组件、LED智能照明系统关键技术突破和LED产业链整体发展。目前，全球市场形成日本日亚化学、德国欧司朗、荷兰飞利浦、美国科锐作为全球LED产业四大巨头。广州将整合串联LED产业链上中下游，组织广州市半导体照明产业联盟，加强联合创新攻克关键技术，通过创新和应用带动LED产业链整体发展，建立产业共性技术研发平台、创意设计中心、检测平台、标准体系和服务体系，建设国家级半导体照明产业基地和国家级半导体照明应用示范城市。

3. 光影像领域

光影像为人们带来全新的世界和科学认知视角，重点发展三维立体影像、数码影像、医学影像、视频影像等技术，集中突破广光谱域、高分辨率的三维立体影像技术。通过自主发展2D\3D摄录设备、光电扫描等设备，突破低照度成像、电子变焦液晶透镜、影像处理芯片等关键技术。欧美和日本在三维影像摄影和三维内容制作环节实力雄厚，世界领先公司包括德国SeeReal、美国Provision、3DIcon、日本索尼等。广州市应着眼影像技术的未来运用，优先沿着影像采集、影像处理、影像显示的全产业链协同发展三维立体影像技术，带动数码影像、医学影像、视频影像等技术和产业全面发展，着力建设以3D立体影像为代表的光影像产业基地，加快建立广州市视频监控检测技术服务平台，拓展城市视频监控系统智能管理功能。

4. 光通信领域

光通信是现代通信的基石，使超高速、大容量数据传输成为可能，并以光波为载波连接世界。重点发展光纤接入网、高速光通信技术和下一代光网络，突破光纤传感、全光网络、高速光纤通信的关键技术。实施下一代光纤传感网络、动态可重组全光网络及 T 比特光传送、量子芯片及光量子通信、光接入系统示范平台，带动基于全光网络、高速光入网络的远程医疗、云计算和智能电网等技术和产业的发展。以"宽带中国、光网城市、智慧广州"为基础，注重以顶层芯片设计和解决方案为根本，积极与瑞典爱立信、中国华为、法国阿尔卡特—朗讯、中国中兴通讯和芬兰诺基亚—西门子等世界前列的光通信厂商展开合作，重点培育和扶持该领域的地方重点企业，加快发展下一代网络系统与设备、光纤到户（FTTH）配套产品和技术方案。

5. 光能量领域

光能量是无穷无尽的资源，而目前被认识和加以利用的还非常狭窄。重点发展激光技术和太阳能技术，重点突破先进激光介质、高端激光器等产业链发展的薄弱核心环节，优先发展激光制造高端装备、激光绿色再制造、精密激光加工、激光 3D 打印等技术。广州市应拓展激光制造技术在传统产业改造和战略新兴产业的应用，及与之配套和关联产业的发展。加快实施大型光伏电站等光伏发电推广应用，形成光伏产业集群的同时，带动与半导体照明、绿色建筑等相结合的众多相关产业。

6. 光稀土领域

稀土有工业"黄金"之称，能与其他材料组成性能各异、品种繁多的新型材料。我国富含稀土资源，占世界总储量的 23%。基于广州地区丰富的稀土资源，依托广晟有色，积极引进包钢稀土、五矿集团和稀土应用国际企业。同时以稀土在光材料中的应用研究为核心，重点开发新体系、新用途稀土功能材料，提高稀土材料的附加产值来支持光产业的发展。在广州地区院士专家团队指导下，整合科研资源建立光稀土材料基础公共技术平台，围绕照明、显示、激光、光通信等产业的需求，促进光稀土材料向高端化、规模化、集约型发展，为其他战略性新兴产业的发展提供支撑。

7. 光生物医学领域

光生物医学是光子学与生命科学的交叉，研究对象直指高等生命活体，特别是人类生活中所面临的一些重大问题。重点发展光子生物分析、光子医学检测和光子介入治疗，其中光子生物分析基于生物光子学，重点发展光子激发荧光检测、显微光学成像等先进检测技术，研究生物体发光与生命过程的内在联系，光子医学检测重点发展光学相干断层扫描（OCT）技术、光声功能影像技术、光学内窥镜等技术，光子介入治疗重点发展激光治疗、光子动力医疗等技术。发挥广州国际生物岛的产业聚集效应，建立光生物医学产业园区，吸引光生物医疗领域的国际先进技术、国际龙头企业和创新型企业汇聚发展。

8. 光服务领域

光服务是面向光技术和光产业领域的新型现代服务业。所涉及的行业和类别十分广泛（见图3）。强化光服务对于提升广州光谷的国际枢纽能力起到重要作用，以一站式综合性光服务平台的建设为重点，重点建设光产业技术服务

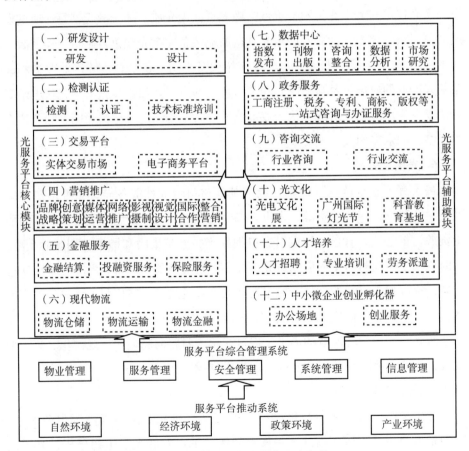

图3 "广州光谷"光服务平台架构

平台和光产业信息网络平台，全面支撑广州市光产业整体发展。同时，优化金融服务、物流管理等软环境，全面构建和完善支撑光产业发展的服务保障体系，逐步建设发展成为国际性光公共服务平台，全球化光商品商贸中心，国际光产品物流中心、价格中心和金融中心。

三 "广州光谷"的发展策略

（一）汇聚、辐射、枢纽的光谷建设策略

1. 吸引世界资源在新光谷内汇聚发展

"广州光谷"的建设思路就是改变广州市光产业无序分散发展的现状，通过建立分领域汇聚发展的多核心区的广州新光谷，围绕图1和表3所示的重点发展的八大光技术和光产业领域20多个专项，优化投资创业和产业发展环境，积聚地区技术优势和产业资源，在全球进行推介并吸引光产业各领域的佼佼者，汇聚世界创新元素和资源，以先进的光技术引领规模光产业，持续在光谷内汇聚和发展，充分用好世界资源，不断提升"广州光谷"的国际影响力。

2. 成为带动珠江三角洲、辐射全中国的光产业发展核心

"广州光谷"不但要在本地区汇聚发展光技术和光产业，还要通过发挥光谷的辐射效应，提升光谷核心区的国际引领和产业带动能力，成为带动珠江三角洲、辐射全国、影响全球的光产业整体发展核心，形成带动区域规模发展的光产业带，成为地区经济和高新技术产业发展的推动源，成为国际光技术、光产业发展的重要力量。

3. 发展成为光技术、光产业的国际枢纽

通过发挥光谷的汇聚和辐射效应，建立光技术顶端和光产业的核心地位，不但要成为国际光市场、光交易的枢纽中心，成为国际化的技术引进、研发、孵化和产业化的发展高地，而且要成为光产业相关的人才、教育、技术、资金、知识产权、服务等国内外创新元素的融合平台，通过技术基础、产业规模、市场效应吸引政策，努力打造高端光技术和光产业的国际地位，逐步发展成为光技术和光产业的国际枢纽。

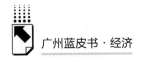

（二）多专业集聚区的"广州光谷"整体发展战略

"广州光谷"的建设立足广州，汇聚世界各方资源，带动珠江三角洲，辐射全国，影响全球。遵循汇聚、辐射、枢纽型光谷的发展思路，科学布局"广州光谷"整体发展区域和格局。

"广州光谷"要面向国际光产业、面向未来光技术，大格局布局整体发展。结合区域优势和技术产业积累进行合理布局，通过产业布局引导不同技术领域的产业集聚，逐步发展"广州光谷"的多专业集聚区，如图4所示。"广州光谷"要在全广州分区域集聚光产业的不同行业的关联企业，突出各自优势，联动发展。

首先突出目前广州光产业的优势区域。在广州科学城聚集高科技光产业，重点发展光显示、光生物医学等技术领域，基于光电产业资源积累建立"广州光谷"汇聚产业园，包括光谷孵化基地和产业基地，通过建立良好的产业环境，培育和汇聚产业资源，壮大产业发展规模。在中新（广州）知识城重点布局，面向未来光产业，占据制高点，发挥新区优势，吸引高端国际企业、研发机构集聚发展，吸引和培育地区重点企业、创新企业孵化发展，重点发展光影像、光通信技术等领域，新建国际光产业核心区1000亩以上。发挥广州大学城和重点大学的光教育和光人才等优势，建立"广州光谷"人才智库，包括光谷科研基地和人才基地，重点培训专业人才、吸引高端人才，深化光产业共性技术基础研究，开展前沿技术关键技术攻关，为"广州光谷"的建设提供基础支撑和人才支持。在广州国际创新城通过汇集国际光领域创新技术，优先定位发展光服务，吸引聚集光产业创新资源，建立光产业创新集聚区。

同时，合理布局不同技术领域的产业发展，光技术和光产业由核心区辐射配套园区。发挥广州市各开发区和产业园区资源优势，包括广州增城国家级经济技术开发区、广州南沙国家级经济技术开发区、荔湾光电子产业园、白云空港经济区、广州（花都）光电子产业基地、从化明珠工业园等，基于各自产业基础、区位资源优势，抓住1~2个重点方向集中优势定位发展，并进行统一标识、整体推介、协同发展，打造"广州光谷"的"一区一特色、一区一亮点"。通过分区域专业集聚带动地区光产业的整体发展，形成地区光产业整体发展态势，发挥光谷效应并向更宽广的珠江三角洲进行辐射，最终辐射全国。影响全球（见图4）。

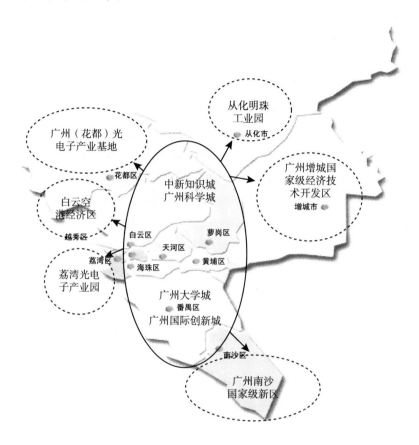

图4 "广州光谷"多专业集聚区布局示意图

（三）沿产业链、附加值链的光谷发展路线

光产业具有多学科、跨领域、高投资、高附加值、范围广阔、高度融合等特点，光产业的每一个细分行业都拥有一条完整的主产业链，而主产业链上的每个环节又衍生出关联的产业链条。光产业链的纵深延展，将在光产业基础上带动一大批关联产业、配套产业，对经济发展的拉动效应极强。

光谷科学发展路线首先是根据"广州光谷"建设规划确定重点发展的八大光技术和光产业领域和方向，明确每个重点技术和产业方向的产业链组成，以及不同方向的关联和网络，科学规划不同产业链的交叉连接，最大程度发挥产业的带动性，通过搭建完整的产业链并形成联动，实现整体发展。通过各产业链联合推动光产业整体发展，形成更强大的总体竞争力。

首先，具体分析广州在产业链的各个环节的优势和突破点。在发挥优势的同时，重点突破制约产业的关键环节，尤其是上游高端环节，通过上游来垂直拉动产业链，再通过产业链拉动产业整体发展。此外，同步发展配套产业、关联产业和公共服务平台，形成立体全面发展态势。

其次，在产业链的基础上，深化分析每个重点技术方向和产业路线的附加值链以及细分光市场的应用和发展。基于广州市的技术和资源优势，具体分析广州在产业链的各个环节的优势和突破点，选择附加值更高的产业环节重点发展，并以关键共性技术的突破为抓手，开发跨产业并具国际竞争力的产业资源创造出更高的经济价值。重点关注将产业链关键环节和高附加值产业环节的国际先进企业、龙头企业积极引进集聚光谷，以点带面，高端发展。

另外，为了进一步加强光产业整体发展的健康性和整体性，应加强行业标准体系的建设与标准制定，加强产业链中上下游产品的通用性与标准性，提升整个产业链整体发展的协调性，为产业转型升级奠定重要基础，促进行业内技术不断创新与突破。

（四）国际光枢纽的光谷发展路线

"广州光谷"的建设目标是国际光枢纽，建设过程中广州要发展全面完整的光产业链，突出光产业附加值链、物流链关键环节的国际中枢地位，强化广州在光市场、光文化、光教育、光人才等方面的国际枢纽作用，让世界高端科技资源、科技人才资源、技术服务资源在"广州光谷"绽放新活力，成为光技术的智力中枢、光产业的国际生产基地和交易中枢、光产品的国际商贸中心。一是集纳世界资源战略。吸引国际著名光产业企业的区域总部、研发中心、销售总部到广州落户，将广州融入全球光产业市场体系之中，促进广州成为光产业全球布局的重要节点。二是立足世界眼光，面向全球服务战略。加强国际化合作，大力发展光产业"飞地经济"，在全球范围内争取异地政府的支持和合作，在异地布局一批广州光产业链集群的工业园区，实现大光谷格局。

三是创新枢纽战略。发挥广州包容性强的优势,增强与世界研发网络的联系,以文化多元和技术多元吸引全球光技术高级专业人才来广州创新、创业。四是信息枢纽战略。通过建立光技术、光产业世界级海量数据库,汇聚全球光产业信息,举办国际性光技术、光产品专业展会,召开国际性的光技术发展研讨会议,争取成为光技术科研成果交流中心、光产业专利技术交易中心、光领域新产品发布中心。

我们相信,在省市领导和各级部门的推进下,"广州光谷"通过汇聚发展、辐射带动,终将建设成为光技术和光产业的国际枢纽,在未来国际科技和经济活动中展现出新广州的新形象。

做强做大广州国资
金融业的思路与对策研究

广州市国资委课题组

摘　要：

改革开放 30 多年来，广州国资金融业实现了长足发展，也具备了进一步做强做大的良好基础。本文从做强做大国资金融业的角度入手，全面分析总结国资金融业发展的成绩和经验，深刻揭示存在的资产规模偏小、市场竞争力不强、创新能力较弱、贡献度较低等问题和不足。同时，积极探讨做强做大国资金融业的必要性和可行性，前瞻性地提出做强做大的指导思想、基本目标和"突出四个强化、实施 5433 战略"的总体发展思路，并从打造国资金融"航母"、做强做大两家银行、推动非金融国企积极介入金融业等 10 个方面提出具体对策建议。

关键词：

国资金融业　做强做大　对策研究

国资金融业是广州国有经济的重要组成部分，也是广州建设区域金融中心的坚实基础和有力推动。做强做大国资金融业，对于加快广州国有经济转型发展、促进区域金融中心建设具有重大意义。近年来，在广州市委、市政府的正确领导下，广州国资金融业实现了突破性发展，成为支撑广州经济社会发展的重要力量。但是，与国内外金融业发展的先进地区相比，广州市国资金融业的发展依然存在不小的差距。为进一步谋划加快国资金融业做强做大的举措，市国资委组成专题调研组，深入企业进行调研，全面了解国资金融业的发展现状和存在问题，并在广泛参考借鉴国内外先进地区经验的基础上，就做强做大国资金融业、加快国资转型发展、推动区域金融中心建设提出对策建议。

一 广州国资金融业的发展现状

（一）国资控股和参股的金融及类金融机构覆盖面广

截至 2013 年 8 月底，广州国资金融企业共有 26 家，主要集中在越秀集团、广州金融控股集团两家大型控股集团以及广汽集团旗下的汽车金融板块内，基本覆盖各金融子行业，包括银行、证券、保险、信托、期货等。

（二）国资金融业资产经营状况总体较好

2012 年末，广州国资金融业总资产约 6408 亿元，所有者权益约 479 亿元，其中国有权益约 258 亿元；当年实现营业收入约 185 亿元，净利润约 73 亿元，其中国有净利润约 38 亿元。广州国资金融业的总资产、国有权益、当年营业收入和当年国有净利润分别约占广州市属国有企业经营总量的 45.0%、10.3%、4.6% 和 34.7%。广州国资金融业的国有权益和营业收入在市属国有企业总量中占比较小，但在总资产和国有净利润中占比较大，这反映出金融业高杠杆和高盈利的特点。

（三）国资金融资产分布向银行、证券集中

从业态分布上看，广州国资金融业结构偏重于银行和证券。2012 年末银行与证券业总资产、国有权益、营业收入和国有净利润占比分别为 97.3%、91.3%、91.5% 和 97.8%。保险行业总资产只有 11.5 亿元，在广州国资金融业中仅占 0.2%。而融资租赁、汽车金融、小额贷款和其他金融子行业在广州国资金融业中总资产均占比不到 1.5%，行业和机构发展尚处于培育阶段（见表 1）。

表1 2012年广州国资金融业内部各行业占比或者贡献比重分布情况

单位：亿元，%

业　态	总资产		国有权益		营业收入		国有净利润	
	金额	占比	金额	占比	金额	贡献比重	金额	贡献比重
银行	5993.6	93.5	184.1	71.2	155.5	84.2	34.1	89.6
证券	246.1	3.8	51.9	20.1	13.5	7.3	3.1	8.2
信托	75.1	1.2	-14.2	-5.5	4.0	2.2	0.7	1.9
保险	11.5	0.2	3.4	1.3	1.3	0.7	-0.5	-1.3
融资租赁	23.9	0.4	8.4	3.3	0.5	0.3	0.2	0.4
汽车金融	12.0	0.2	5.0	1.9	5.3	2.8	0.2	0.4
小额贷款	7.3	0.1	5.3	2.1	0.5	0.3	0.2	0.6
其他	39.0	0.6	14.5	5.6	4.0	2.2	0.2	0.4
广州金融国资	6408.4	100	258.4	100	184.7	100	38.1	100

资料来源：市国资委、公司公告、越秀集团金融研究所。

（四）近年来主要金融机构呈快速发展之势

从纵向来看，近年来广州国资金融业呈快速发展之势。2003年广州农商行存款规模为500亿元，2009年突破1500亿元，2012年达到2655亿元，2013年6月以来，各项存款余额和各类贷款余额均居广州同业第5位。在证券全行业中，广州证券净资本收益率从2009年的第69位升至2012年的第3位，净利润从第69位上升至第28位，公司债券主承销家数从第33位上升至第10位，在券商分类中由CCC级快速攀升至AA级（最高评级）。

二 广州国资金融业存在的主要问题

尽管近年来广州国资金融业取得长足发展，但是与广州经济地位及其发展水平并不适应，与北京、上海、深圳、天津等地相比也存在明显差距。

（一）资产规模偏小

2012年底，越秀金融集团和广州金融控股集团两大金融控股集团总资产分别仅有254亿元和372亿元，远落后于光大集团、中信集团等资产规模达2

万亿元以上的全国性国资金控集团，也落后于上海国际集团、重庆渝富集团等资产规模在千亿元左右的地方性国资金控集团（见表2）。2012 年末广州银行资产总量仅居全国城商行第 11 位，净利润为第 9 位（见表3）；在全国 114 家券商排名中，广州证券、万联证券的净资产规模位居中游，2012 年末分别排在第 49 名和第 72 位（见表4）；目前全国排名前 10 融资租赁公司的注册资本都在 30 亿元以上，而越秀融资租赁公司和立根融资租赁公司分别只有 15 亿港元和 3 亿元人民币，在行业排第 24 位和第 50 位之外。

表 2 2012 年底全国国资金融控股集团资产情况

单位：亿元

集团名称	总资产	集团名称	总资产
中信集团（金融板块）	29965	重庆渝富集团	960
光大集团	约 24000	广州金融控股集团	372
上海国际集团	1297	越秀金融集团	254

资料来源：公司公告、Wind 资讯、越秀集团金融研究所。

表 3 2012 年各地城商行总资产和净利润规模及排名

单位：亿元

银行名称	总资产	排名	银行名称	净利润	排名
北京银行	11199.7	1	北京银行	116.8	1
上海银行	8169.0	2	上海银行	75.2	2
江苏银行	6502.4	3	江苏银行	70.4	3
宁波银行	3735.4	4	徽商银行	43.1	4
南京银行	3437.9	5	宁波银行	40.7	5
杭州银行	3249.8	6	南京银行	40.4	6
徽商银行	3242.2	7	杭州银行	35.6	7
天津银行	3023.5	8	哈尔滨银行	28.7	8
哈尔滨银行	2704.0	9	广州银行	27.1	9
大连银行	2568.0	10	天津银行	26.4	10
广州银行	2518.0	11	吉林银行	21.6	11
吉林银行	2207.6	12	东莞银行	19.3	12
汉口银行	1623.8	13	汉口银行	18.6	13
东莞银行	1400.0	14	大连银行	17.5	14
苏州银行	1284.2	15	苏州银行	13.8	15

资料来源：公司公告、Wind 资讯、越秀集团金融研究所。

表4 各地国资证券公司历年在全行业中的净资产排名比较

地方国资	市属券商名称	2008年	2009年	2010年	2011年	2012年
广州国资	广州证券	63	49	55	60	49
	万联证券	76	77	67	68	72
上海国资	海通证券	2	2	2	2	2
	国泰君安证券	3	5	4	5	5
北京国资	中信建投证券	16	17	16	16	16
深圳国资	国信证券	6	8	8	8	8
重庆国资	西南证券	24	24	12	17	18
苏州国资	东吴证券	30	30	31	21	24
长春国资	东北证券	44	39	39	51	25

资料来源：中国证券业协会、越秀集团金融研究所。

（二）两家银行的国资股东结构不合理

目前广州银行国资股权占92.4%，几近国有独资，且仅由广州金融控股集团持有，为国内外罕见的高度集中股权结构模式；广州农商行股权结构则比较分散，股东数量达2.95万个，虽然市属国有股份合计占总股本的21.89%，但分属9家国企，每家企业持股比例都小于5%。过于集中和分散的股权结构，均不利于完善公司治理结构及企业的长远发展。同时，两家银行长期未能引进战略投资者，也不利于全面提升银行经营水平。

（三）市场竞争力不强

一是2013年一季度，广州银行和广州农商行存款份额分别为4%和8%，贷款份额分别为4%和7%，虽然两家银行均为区域性银行，但与工行、农行、中行、建行四大行广州地区存贷款市场份额相比仍有一定差距（见表5），地区性竞争优势并不明显。

二是在全国114家券商中，2012年广州证券和万联证券经纪业务分别排第55位和第60位，投资银行业务分别排第30位和第68位，均只处于行业中游位置，与上海、北京和深圳国资券商差距巨大，甚至落后于重庆、苏州和长春等地的国资券商（见表6和表7）。

表5　广州地区部分银行的存贷款市场份额比较

单位：亿元，%

银行名称	存款量	地区市场占比	贷款量	地区市场占比
中国工商银行	5045	17.29	3106	16.97
中国建设银行	3823	13.10	1614	8.82
中国农业银行	3173	10.87	1501	8.20
中国银行	3079	10.55	2187	11.95
广州农商行	2368	8.23	1391	7.57
广州银行	1301	4.46	665	3.63
其　　他	7157	24.53	5061	27.65

资料来源：大公资信评级报告、越秀集团金融研究所。

表6　各地国资证券公司历年在全行业中的经纪业务净收入排名比较

地方国资	券商名称	2010 年	2011 年	2012 年
广州国资	广州证券	66	57	55
	万联证券	59	59	60
上海国资	海通证券	5	7	8
	国泰君安证券	2	5	3
北京国资	中信建投证券	7	9	9
深圳国资	国信证券	3	3	5
重庆国资	西南证券	48	44	38
苏州国资	东吴证券	26	24	28
长春国资	东北证券	28	26	25

资料来源：中国证券业协会、越秀集团金融研究所。

表7　各地国资证券公司历年在全行业中的投行业务收入排名比较

地方国资	券商名称	2010 年	2011 年	2012 年
广州国资	广州证券	61	49	30
	万联证券	53	58	68
上海国资	海通证券	8	6	8
	国泰君安证券	12	7	6
北京国资	中信建投证券	9	10	5
深圳国资	国信证券	3	2	2
重庆国资	西南证券	19	14	18
苏州国资	东吴证券	24	21	31
长春国资	东北证券	34	61	24

资料来源：Wind 资讯、越秀集团金融研究所。

三是 2013 年上半年，众诚车险在广东产险市场的占有率仅为 0.8%，在 26 家驻粤中资产险机构中排第 15 位；珠江人寿在广东产险市场的占有率仅为 0.02%，在 30 家驻粤中资寿险机构中排第 27 位，竞争力均处于行业下游。

（四）创新能力较弱

市属金融机构创新能力总体较弱，且不具备开展多项创新业务的资质。如广州农商行在跨区域经营上受到限制，至今仍未获得债券结算代理、衍生品交易、非金融企业债务融资工具主承销等业务资格。广州证券和万联证券在行业规模最大、利润贡献最显著的创新业务——融资融券业务上开展业务较晚、行业排名靠后，而万联证券至今尚未获得转融通资格，也未涉猎直接投资、另类投资、ETF 做市和柜台交易市场等创新业务。

（五）产融结合及融融结合的协同效应不明显

一方面，市属金融机构对实体经济的支持强度和广度比较弱。2012 年广州银行和广州农商行贷存比分别只有 41.1% 和 52.1%（见表 8），说明两家银行吸收的存款有一半左右（即使扣除存款准备金和备付金等后也仍有 20 个和 30 多个百分点）未能投向实体经济。另一方面，金融控股和越秀金融内部各金融板块间的协同效应欠佳，目前还只是松散型的低层次金融集团。

表 8　2012 年底各地城商行和农商行贷存比情况

单位：%

银行名称	贷存比	银行名称	贷存比
上海银行	72.0	广东行业平均	64.0
北京银行	68.2	重庆农商行	59.0
重庆银行	67.2	北京农商行	57.0
上海农商行	66.1	广州农商行	52.1
全国行业平均	65.3	广州银行	41.1

资料来源：公司公告、Wind 资讯、越秀集团金融研究所。

（六）国资金融对广州金融业和经济发展的贡献度较低

2012 年广州金融业增加值为 955.30 亿元，占 GDP 的比重为 7%，仅为深圳的一半左右，相当于北京的36%、上海的38%。在金融业增加值中，市属主要金融机构（两行两证）贡献的份额仅为153亿元，占比近16%。另外，2012年末国资控股的2家银行贷款余额为2168亿元，只占广州地区银行贷款余额的10.9%。

此外，若干历史遗留的资产包袱亟待处置，如由金融控股承受的剥离自广州银行的170亿元不良资产、广州国际信托投资公司的重组等。

三 做强做大广州国资金融业的必要性和可行性

（一）做强做大广州国资金融业的必要性

一是建设广州区域金融中心和国家中心城市的要求。广州国资金融业是广州金融业的重要组成部分，加快广州区域金融中心建设，深化广州作为国家中心城市的内涵，离不开国资金融业的做强做大。

二是实现广州产业转型升级的要求。发展金融业并提升其在国民经济中的地位，是产业升级的重要标志，做强做大国资金融将优化国有资产结构，打造广州国资的"升级版"。同时，以广州国资金融业为抓手，还可以为广州产业转型升级提供有效的金融支持。

三是提升广州金融业整体竞争力的要求。近10年来广州金融业整体竞争力有所下降，区域金融中心地位呈弱化之势。在未来经济环境不确定因素增加、市场竞争日趋激烈的背景下，要提升广州金融业整体竞争力，打造金融强市的品牌形象，必然要求拥有庞大经济基础和市场资源的国有企业的强势参与，必然要求打造国资金融的龙头和旗舰地位。

（二）做强做大广州国资金融业的可行性

一是中央赋予珠三角地区金融改革创新先行先试的政策。近年来中央政府先后出台《内地与香港关于建立更紧密经贸关系安排》《广东省建设珠三角金融改革创新综合实验区总体方案》《广州南沙新区发展规划》等多项政策，赋予了广州强化港澳金融互动、推动金融改革创新的历史性机遇。广州国资金融业可以充分利用政策优势，积极承担改革创新"试验田"的历史使命，大胆

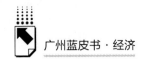

探索，先行先试，为实现金融业改革创新提供新经验、新范式。

二是广州市委、市政府高度重视广州金融业的发展。市委、市政府高度重视金融业发展，并通过顶层设计全力推动，先后出台《关于大力发展广州金融业的意见》《广州区域金融中心建设规划（2011－2020年）》《广州市金融生态环境建设实施方案》《广州市金融业发展第十二个五年规划》等政策文件，为做强做大广州国资金融业提供强有力的领导和组织保障。

三是雄厚的经济和产业依托。2013 年广州的 GDP 总量达到 1.54 万亿元，人均 GDP 为 12.1 万元，均位居国内前列；广州以汽车制造、石油化工、电子信息和高新技术产业为主的产业集中度显著，为广州国资金融业发展提供了可拓空间。同时，广州国资控股和参股的金融机构覆盖了所有的金融业态，为做强做大广州国资金融业奠定了良好的基础。

四是新的金融业态和模式为广州国资金融业拓展跨越式发展空间。近年来，随着网络和信息技术的高速发展，金融业内涵和外延不断拓展，新的金融业态和发展模式不断涌现，大量金融衍生产品应运而生，这将为广州国资金融业实现跨越式发展提供可探索的路径。

五是大国资的体制改革为做强做大广州国资金融业提供了良好的契机。国资委将金融类资产纳入监管范围，将有利于改进国有金融资本运作和优化资源配置，有利于在国资系统的产融结合和融融结合进程中，充分发挥协同效应。

六是广州具有较强的人才保障。强大的经济实力、良好的金融环境以及近年来出台的众多人才引进优惠政策，使广州对各类高端人才保持着较强的吸引力。此外，广州地区高校每年也将培养 3000 多名高素质金融人才。

四　做强做大广州国资金融业的指导思想、基本目标和总体思路

（一）指导思想

全面贯彻广州市委、市政府关于"推进新型城市化，加快发展促转型"的战略决策，充分发挥广州国资金融业在建设区域金融中心、推动产业转型升

级中的排头兵和主力军作用，以服务支持实体经济为切入点，以强化国有资产管理、优化国有资产结构、实现国资保值增值、不断增强国有资本控制力为目的，加大改革力度，按照"有所为，有所不为"原则，做强做大广州国资金融业，在市场发挥决定性作用的前提下实现更大范围、更高层次、更广领域优化配置国有资源，实现国资金融业的跨越式发展。

（二）基本目标

2013～2020 年，力争国有金融资产年均增长 20% 以上，使广州国资金融业成为金融机构类型完备、主要金融机构资本实力和市场份额位居前列、综合竞争力和服务实体经济能力显著增强、对地区经济的贡献度大幅提升的核心产业。形成 2～3 家具有全国影响力的现代金融控股集团公司；2 家银行的综合实力分别进入省会城市同类银行的前 3 位；2 家券商的投行业务、经纪业务、自营业务和创新业务分别进入全国券商的前 25% 以内；广州国资金融业增加值占全市金融业增加值的 25% 以上。

（三）总体思路

突出"四个强化"，即以推进国资统一监管为契机，强化国资运作的协同效应，强化政策引导作用，强化市场运作机制，强化广州国资对广州金融体系的渗透和介入。实施"5433 战略"，即拓展五个领域，推进四维展开，形成三轮驱动，打造三大平台。

第一，拓展五个领域。广州国资金融业发展的着力点包括五个领域：产业金融、科技金融、消费金融和财富管理、国际金融、金融租赁。

第二，推进四维展开。发展国资金融业包含国有资本、国资金融机构、国资金融业、国资金融四个维度，要推进四维展开。一是国有资本要加大介入金融领域的深度和广度；二是现有国资金融机构要做强做大；三是不断提升国资金融业对区域金融和经济的贡献度；四是市属国资金融与其他（中央、省属、外地）国资金融、民间金融以及外资金融实现良性互动。

第三，形成三轮驱动。一是资本与股权驱动。即以资本为纽带、以股权为杠杆，以最经济的持股比例实现国有资本对金融业的控制力和扩张力。二是产融结合驱动。即通过金融对实体经济的强力渗透和实体国有产业资本对金融的有效介入两个向度，驱动国有金融资本的扩张。三是境内境外两个市场驱动。即国资金融较自由地游走于境内与境外两个金融市场，特别是充分利用香港国际金融中心实现金融资源的跨境配置。

第四，打造三大平台。将越秀集团打造成为金融产业与实体产业紧密结合、境内与境外两个市场有机链接和互动的大型多元化控股集团公司，将金融控股集团打造成为各金融业态高效协同、金融创新能力不断增强、金融资产高度集约化的现代金融服务控股公司，将广州农商行打造成为机制灵活、创新活跃、特色突出的金融控股集团。最终形成广州国资金融业的三大总部金融平台。

五 做强做大广州国资金融业的对策措施

（一）以差异化战略打造国资金融"航母"

一是越秀集团重点在于拓展和提升，着力打造金融资本与产业资本紧密结合，境内与境外两个市场深度融合，具有较强的国际金融市场运作能力的多元化大型跨境（国）控股公司。

二是金融控股集团重点在于整合和优化，着力打造成为金融业态完备、各金融板块高效协同、金融创新能力不断增强、金融交易平台建设成效显著的现代金融服务控股公司。

三是广州农商行重点在于创新和转型，着力打造以服务"三农"为特色、以支持中小微企业为重点、以"身份"转型和经营资质提升为突破口、逐步扩大经营范围和地域范围的特色金融控股集团。

（二）加快做强做大广州银行、广州农商行两家银行

一是提高资本充足率。加大国有资本金注入，通过引进位居行业前列的机构作为战略投资者，实施定向募股等方式扩充资本金，提高资本充足率。

二是优化股权结构。对广州银行要在绝对控股的前提下降低国有资本控股

比例、扩大控股规模，进一步增强竞争实力；对广州农商行要增强国有资本的控制力，利用国有资本进一步增资该行，争取国资股之和达25%以上。

三是优化治理结构。两家银行应按上市公司要求构建相应的治理结构，并力争五年内实现公开上市。

四是积极"走出去"。两家银行要积极谋划对境内外金融机构的收购兼并或参股，加快异地开设分支机构步伐，谋求分支机构或控股机构的全国布局，相机在境外设立分支机构，努力实现快速扩张。

（三）推动非金融国企积极介入金融业

鼓励有条件和实力的市属大型企业集团在做好主业的同时，相机进入金融业或积极参与金融市场运作，实现良性的产融互动和稳健发展。

一是参股甚至控股银行、证券等金融机构，以及小贷公司、财务公司、租赁公司、典当公司等类金融机构。

二是推进整体或旗下子公司上市。已上市企业要积极实施兼并收购，做好再融资。

三是组建财务公司，构建集团内部资本市场。

四是积极进入债券市场，择机发行各类企业债券。

（四）大力发展产业金融

围绕广州主导产业及战略性新兴产业的金融需求，着力构建需求导向型的产业金融发展模式。

一是做强做大汽车金融。以广汽集团为依托，以广汽汇理、众诚汽车保险为基础，打造汽车金融集团公司，为产业链上下游提供与汽车购买和销售相关联的信贷、租赁、保险、融资咨询、汽车抵押贷款证券化等全方位金融服务。加大对广汽汇理、众诚汽车保险的政策支持力度，在业务规模、发行债务、存量资产盘活等方面给予政策上的指导和倾斜。

二是进一步深化房地产金融。争取设立以解决中低收入群体的住房融资为宗旨的住房储蓄银行；以越秀集团为依托，以房地产信托投资基金和房地产私募基金为平台，共同打造"地产开发＋资本运作"的房地产金融模式。

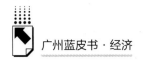

三是加快发展航运金融。由广州港集团与相关金融企业合作，建立包括航运企业融资、航运保险、航运租赁、航运产业基金，以及以运价指数期权、运费远期合约等航运金融创新为代表的航运金融业。

（五）大力发展租赁业务

进一步做大做强国资融资租赁业，打造在全国范围内具有影响力的融资租赁公司，形成良好的融资租赁发展格局。

一是支持越秀集团大力发展租赁业务，除进一步扩大越秀融资租赁公司规模和实力外，积极探索并设立金融租赁公司和经营租赁公司，形成较完整的租赁业务板块。

二是金融控股集团要利用自身各金融业态可协同推进的优势，促进旗下银行与立根融资租赁公司的业务协同，尽快做大立根租赁。

三是把握南沙新区建设的契机，以国资融资租赁公司为主导，吸引非国资融资租赁、大型金融机构、实体企业等进入，形成融资租赁业发展集聚区。

（六）深化发展科技金融

着力构建科技信贷、科技担保、创投基金和科技保险"四大功能板块"。

一是争取设立广州科技发展银行，广州银行和广州农商行可设立科技支行。

二是市属国资金融机构要积极开展知识产权质押、股权质押、订单质押、应收账款质押等业务。

三是鼓励市属国资集合发起设立创投基金。

四是市属国资积极参与新三板市场建设。

五是市属金融集团要为高新企业和战略性新兴产业企业量身定制从种子期、初创期、成长期到成熟期的一条龙融资安排，并建立这一过程的科学合理的风险分担体系，同时开展科技履约保险和科技履约担保等配套服务。

（七）积极发展国际金融

一是支持越秀集团建设跨境（国）金融集团，充分发挥该集团多家香港上市公司在境外融资和资本运作的作用。

二是市属国资金融机构要以"走出去"企业为核心,积极开展人民币跨境业务,开发跨境金融产品,支持企业的境外并购、对外投资、承包工程等。

三是国资金融企业可以南沙新区为依托,引进香港金融机构组建合资金融机构,拓展国际金融业务。

(八)推进国资金融业的创新发展

一是大力推进国有资本证券化,增强国有资本的流动性和增值能力。

二是在设立广州国资产业发展股权投资基金基础上,进一步将母基金规模扩大到200亿元,同时下设若干子基金,吸引民间资金进行"捆绑式"投资,力争撬动1000亿元的民间资金,为广州市重点产业投资提供保障。

三是根据广州地区票据结算量大的特点,由金融控股集团牵头联合人民银行广州分行,共同探索建立全国性的票据交易平台。

四是广州银行和广州农商行要积极介入互联网金融模式的探索发展过程,加快设立网络交易平台,加强与第三方支付等互联网企业的合作,增加销售渠道,拓宽业务范围。

(九)大力加强人才队伍建设

要赢得金融业竞争必先赢得金融人才竞争。

一是实施人才工程。实施广州国资金融业系统"百千万人才工程",组织选派市属金融机构部分高管、骨干人员,赴发达国家一流高校和大型金融机构深造和培训,到国内一流金融机构挂职学习和锻炼;不定期举办短期培训;以广州农商行、越秀集团2个博士后工作站和主要金融企业为载体,大力引进海内外高层次金融人才。

二是强化薪酬激励。建立和完善激励制度,支持金融机构建立市场化人才选拔机制;对高层次金融管理人才实行规范的年薪制和期权激励制度;对特殊急需的金融人才可实行协议工资制。可以采用岗位聘用、项目聘用、任务聘用和人才租赁等灵活的用人和薪酬方式。

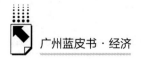
三是注重政策吸引。给予高端金融人才相应的荣誉和待遇，在医疗、保险、住房、配偶就业以及子女入托、入学和个人所得税返还等方面提供优惠政策，使其吸引力不低于国内主要金融城市类似政策。

（十）加强国资金融监管制度建设

一是国资委要增设国资金融监管职能处室，统一管理国资金融资本，并加强与金融监管机关的联系和协调。

二是建立国资金融机构的风险防控体系，金融集团要建立严格的"防火墙"制度，各金融板块之间既要加强协同又要严防风险交叉传递。

三是探索建立国资金融机构的风险补偿机制，积极推动政府政策性支持与企业市场化运作有机结合，促进金融企业可持续发展。

B.5

2013 年广州住宅市场
情况分析及 2014 年展望

欧江波　范宝珠　张云霞*

摘　要：

本文深入分析了 2013 年广州住宅市场的运行情况，展望了 2014 年房地产调控方向，预测了 2014 年住宅市场发展趋势，提出了促进广州住宅市场健康发展的对策建议。

关键词：

广州　住宅市场　分析　预测

2013 年宏观经济总体稳中趋好。从国际经济看，后金融危机的复苏进程有所加快，发达经济体复苏增长进一步确定，新兴经济体增长有所放缓但基本稳定；从国内经济看，虽然受全球经济增长乏力、宏观调控政策趋紧、人口资源环境制约作用增强等因素影响，我国经济社会发展实现了稳中有进、稳中向好，全年经济增长 7.7%；从广州经济看，广州市地区生产总值达到 15420.14 亿元，同比增长 11.6%，实现平稳较快发展。

2013 年房地产调控政策不断收紧。2 月，国务院出台新"国五条"，确定了 2013 年房价控制目标，进一步收紧了限购限贷的实施范围和标准；4 月，广州市出台了《关于落实广州市房地产市场调控政策　加强房地产市场监管的通知》，要求全面执行商品房住宅预（销）售价格网上申报制度；11 月广州

---

* 欧江波，广州市社会科学院数量经济研究所（经济决策仿真实验室）所长、副研究员、博士，主要从事宏观经济分析、城市发展战略、房地产经济研究；范宝珠、张云霞，广州市社会科学院数量经济研究所（经济决策仿真实验室）副研究员、助理研究员。

市发布"穗六条"，收紧非本市户籍居民购房条件和二套房贷首付比例。此外，行政措施也适时启用，在实施"限购限贷"基础上，采取了指导企业理性定价、控制签约规模和节奏等措施，从源头、过程和结果全面阻击房价过快上涨。

2013年广州房地产市场交投活跃，主要指标高位运行。土地市场持续畅旺，全市（包括市辖10区和从化、增城2县级市，下同）共成功挂牌出让住宅用地48宗，用地面积347.72万平方米，同比增长28.3%；合同总价款339.00亿元，同比增长134.0%。一手住宅市场量稳价升，批准预售（以下简称"预售"）面积1050.95万平方米，同比减少6.1%；网上签约（以下简称"签约"）面积1058.48万平方米，同比减少1.4%；签约均价13100元/平方米，同比上升8.07%。二手住宅市场成交量大幅增长，交易登记（以下简称"登记"）面积912.92万平方米，同比增长56.3%；登记金额925.36亿元，同比增长77.9%。房地产开发投资增长较快，全年完成投资1579.68亿元，同比增长15.3%，开发施工量处于历史最高水平。房地产相关贷款继续保持平稳较快增长，新发放个人住房贷款增长较快。

一 2013年广州住宅交易市场运行情况

（一）一手住宅交易市场分析

1. 总体情况

一手住宅市场持续畅旺。2013年，全市一手住宅预售面积1050.95万平方米，同比减少6.1%；签约面积1058.48万平方米，同比减少1.4%；签约金额1386.61亿元，同比增长6.6%；市场消化率为100.7%，基本实现供求平衡；签约均价13100元/平方米，同比上升8.07%。其中，市辖10区一手住宅预售面积710.65万平方米，同比减少12.4%；签约面积709.46万平方米，同比减少7.6%（见图1）；市场消化率为99.8%，2010年以来供过于求的情况得到改善；签约均价15730元/平方米，同比上升12.0%。

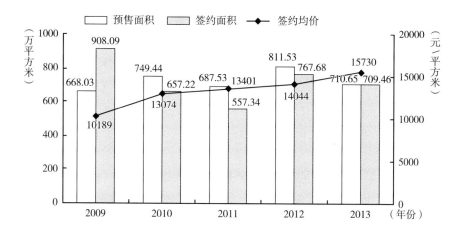

图 1　2009 年以来广州市辖 10 区一手住宅市场情况

从各季度市场情况看，一季度供求矛盾较为突出，供需缺口达到 64.12 万平方米，受供求关系影响及高端项目集中签约带动，签约均价达到 13880 元/平方米，同比上升 24.4%；第二、第三季度受调控政策影响，市场供求均有所减少，签约均价回落到 13100 元/平方米；第四季度预售面积 357.06 万平方米，为全年最高，签约面积 252.75 万平方米，受调控力度加大影响签约均价回落至 12030 元/平方米（见图 2）。

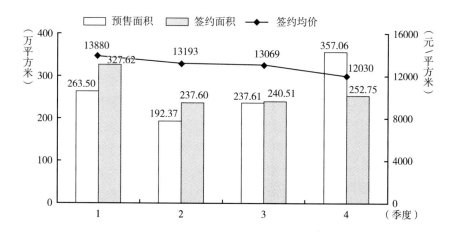

图 2　2013 年各季度广州市一手住宅市场情况

2. 不同区域市场分析

中心 6 区供求矛盾比较突出。2013 年，中心 6 区一手住宅预售面积 169.89 万平方米，同比减少 37.0%，供应量为 2006 年以来最少；签约面积 192.65 万平方米，同比减少 18.8%；供需缺口达 22.76 万平方米，市场供求矛盾较为突出；签约均价 25396 元/平方米，同比上升 18.8%，其中白云区和海珠区签约均价同比分别上升 28.8% 和 22.0%（见图 3、表 1）。

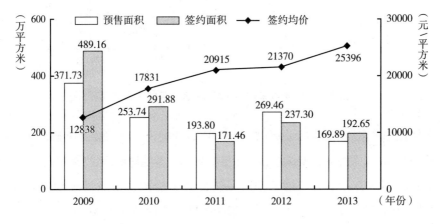

图 3 2009 年以来广州市中心 6 区一手住宅市场情况

表 1 2013 年广州市一手住宅市场情况

区 域	预售面积（万平方米）	同比增长（%）	签约面积（万平方米）	同比增长（%）	签约均价（元/平方米）	同比增长（%）	市场消化率（%）
广州市	1050.95	-6.1	1058.48	-1.4	13100	8.1	100.7
市辖10区	710.65	-12.4	709.46	-7.6	15730	12.0	99.8
中心6区	169.89	-37.0	192.65	-18.8	25396	18.8	113.4
越秀区	8.37	-2.7	8.71	-25.7	33407	16.3	104.1
海珠区	29.71	-55.5	29.37	-37.3	28882	22.0	98.9
荔湾区	35.36	-49.5	44.80	-19.0	20907	9.3	126.7
天河区	32.02	-41.8	37.83	3.4	35506	12.3	118.2
白云区	60.73	19.9	61.79	-20.2	21266	28.8	101.7
黄埔区	3.70	-79.9	10.15	7.0	15693	11.1	274.2
外围4区	540.76	-0.2	516.81	-2.6	12126	12.6	95.6
花都区	168.51	-8.0	189.19	0.4	9044	15.0	112.3
番禺区	156.71	-18.6	161.69	-18.6	15456	11.0	103.2
南沙区	123.89	21.8	99.03	-0.9	9918	15.5	79.9
萝岗区	91.65	41.8	66.90	54.0	16065	15.3	73.0
从化市	74.75	-14.6	82.76	45.2	7066	3.0	110.7
增城市	265.55	20.9	266.26	7.2	7969	7.9	100.3

外围 4 区供求基本平衡。2013 年，外围 4 区一手住宅供求保持高位，预售面积 540.76 万平方米，同比减少 0.2%，其中番禺区和花都区供应量超 150 万平方米；签约面积 516.81 万平方米，同比减少 2.6%，其中番禺区和花都区签约面积超过 160 万平方米。市场消化率为 95.6%，整体供求基本实现平衡，但各区供求情况各异：花都区供不应求较为突出，供需缺口达到 20.68 万平方米；番禺区供求基本实现平衡；南沙区和萝岗区供过于求，市场消化率仅为 79.9% 和 73.0%。签约均价为 12126 元/平方米，同比上升 12.6%（见图 4、表 1）。

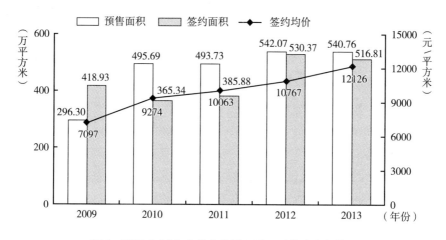

图 4　2009 年以来广州市外围 4 区一手住宅市场情况

增城和从化的房地产市场量价齐升。2013 年，增城市一手住宅市场供需两旺，预售面积 265.55 万平方米，同比增长 20.9%，占广州市总供应量的 25.3%，同比提高 5.6 个百分点；签约面积 266.26 万平方米，同比增长 7.2%，占广州市总成交量的 25.2%，同比提高 2.0 个百分点；市场消化率为 100.3%，供求基本平衡；签约均价 7969 元/平方米，同比上升 7.9%（见表 1）。从化市一手住宅供应有所减少，预售面积 74.75 万平方米，同比减少 14.6%；市场成交大幅增长，签约面积 82.76 万平方米，同比增长 45.2%，占广州市总成交量的 7.8%，同比提高 2.5 个百分点；签约均价 7066 元/平方米，同比上升 3.0%（见表 1）。

3. 各类户型市场分析

各类户型住宅签约价格均出现上升。2013 年，全市 90 平方米以下户型住宅供需均有所增长；90～144平方米户型住宅供应量有所增长，但成交量出现回落；144平方米以上住宅供应量受调控政策影响大幅减少，成交量保持基本稳定。90平方米以下、90～144平方米和144平方米以上户型住宅签约均价分别为11737元/平方米、11643元/平方米和17298元/平方米，同比分别上升7.3%、10.4%和5.0%（见表2）。市场供求存在一定程度的结构性不匹配，从各类户型住宅成交的套数占比看，90平方米以下户型住宅供应占比小于需求占比1.5个百分点，90～144平方米户型住宅供应占比大于需求占比2.5个百分点（见表3）。

表2　2013年广州市各类户型一手住宅市场情况

区域	户型	预售面积（万平方米）	同比增长（%）	签约面积（万平方米）	同比增长（%）	签约均价（元/平方米）	同比增长（%）	市场消化率（%）
广州市	90平方米以下	198.67	6.4	204.29	8.5	11737	7.3	102.8
	90～144平方米	602.28	9.3	584.89	-4.7	11643	10.4	97.1
	144平方米以上	249.66	-34.4	269.30	-0.8	17298	5.0	107.9
市辖10区	90平方米以下	126.08	-7.6	132.66	-7.2	14194	14.2	105.2
	90～144平方米	396.39	0.7	384.59	-11.7	13898	14.8	97.0
	144平方米以上	188.20	-33.6	192.21	1.5	20456	3.6	102.1

表3　2013年广州市各类户型一手住宅供求情况

单位：套，%

区域	户型	预售套数	占比	签约套数	占比	供求占比差
广州市	90平方米以下	25827	28.0	27483	29.5	供应小于需求1.5个百分点
	90～144平方米	54613	59.1	52642	56.6	供应大于需求2.5个百分点
	144平方米以上	11885	12.9	12910	13.9	供应小于需求1.0个百分点
市辖10区	90平方米以下	16217	26.5	17576	28.5	供应小于需求2.0个百分点
	90～144平方米	36080	58.9	34803	56.4	供应大于需求2.5个百分点
	144平方米以上	8977	14.6	9376	15.1	供应小于需求0.5个百分点

　　调控政策对144平方米以上户型住宅影响较大。受调控政策影响，2013年4月以来，144平方米以上户型住宅供求均大幅下降，第二、第三、第四季度预售面

积分别为第一季度的 43.4%、39.1% 和 94.9%，占全市总供应量的比重由第一季度的 34.2% 下降到 20% 左右；第二、第三、第四季度签约面积仅为第一季度的 60% 左右，占全市总成交量的比重由 1 季度的 29.0% 下降到 24% 左右（见表 4）。

表4　2013 年广州市各季度不同户型一手住宅市场情况

项　目	季　度	90 平方米以下		90～144 平方米		144 平方米以上	
		绝对值	占比（%）	绝对值	占比（%）	绝对值	占比（%）
预售面积（万平方米）	一季度	34.40	13.1	138.78	52.7	90.00	34.2
	二季度	38.91	20.2	114.35	59.5	39.03	20.3
	三季度	60.70	25.5	142.17	59.7	35.22	14.8
	四季度	64.67	18.1	206.97	58.0	85.42	23.9
签约面积（万平方米）	一季度	52.12	15.9	180.50	55.1	95.00	29.0
	二季度	46.37	19.5	132.68	55.8	58.56	24.6
	三季度	49.84	20.7	132.01	54.9	58.66	24.4
	四季度	55.97	22.1	139.70	55.3	57.08	22.6
签约均价（元/平方米）	一季度	12655	—	12042	—	18046	—
	二季度	12261	—	11901	—	16860	—
	三季度	11425	—	11668	—	17621	—
	四季度	10727	—	10859	—	16172	—

4. 市场库存量情况

市场库存量有所回升。根据阳光家缘网站的实时监测，2013 年末全市一手住宅库存量创 2012 年 2 月以来新高，可售套数 56548 套，同比增长 6.7%；可售面积 764.43 万平方米，同比增长 6.7%；平均每套可售住宅面积达到 135.20 平方米（见图 5）。以 2013 年月均销售速度计算，2013 年末全市一手住宅市场去库存周期为 8.67 个月，较 2012 年有所延长，但仍属于正常区间范围。

市场库存主要集中在外围区域。从各区域的库存情况看，番禺区和花都区可售面积超过 150 万平方米，增城市超过 120 万平方米，南沙区、萝岗区和从化市超过 50 万平方米，库存绝对量较大。越秀区和海珠区去库存周期超过 15 个月，番禺区去库存周期为 12.26 个月，去库存压力较大；荔湾区可售面积同比大幅减少 64.8%，去库存周期仅为 3.41 个月，远低于全市平均水平，未来存在供不应求的风险（见表 5）。

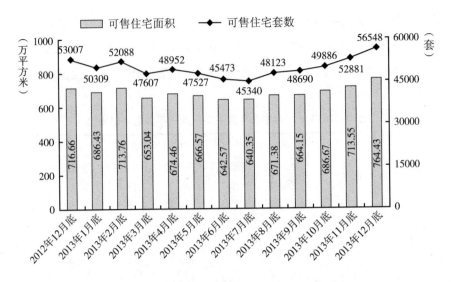

图 5　最近一年广州市一手住宅可售情况

说明：本图仅限于纳入网上签约管理的数据。可售指预售项目中可供销售（签约）的单元，以及已确权可供销售（签约）的单元，但不包括抵押、查封及未纳入网上签约管理的单元。

表 5　2012 年、2013 年末广州市各区县一手住宅市场库存情况

区　域	2012 年			2013 年		
	可售套数（套）	可售面积（万平方米）	去库存周期（月）	可售套数（套）	可售面积（万平方米）	去库存周期（月）
广州市	53007	716.66	8.01	56548	764.43	8.67
市辖 10 区	40499	547.08	8.55	42257	578.76	9.79
中心 6 区	12712	162.20	8.20	9336	124.61	7.76
越秀区	1045	11.39	11.65	997	13.59	18.72
海珠区	2516	37.66	9.65	2505	38.36	15.67
荔湾区	3154	36.20	7.86	1102	12.74	3.41
天河区	3144	41.54	13.63	1958	26.39	8.37
白云区	1791	24.31	3.77	2449	29.77	5.78
黄埔区	1062	11.10	14.05	325	3.76	4.44
外围 4 区	27787	384.88	8.71	32921	454.15	10.55
花都区	11328	149.76	9.53	11082	152.93	9.70
番禺区	11490	160.77	9.72	11573	165.16	12.26
南沙区	3439	45.07	5.41	6345	83.66	10.14
萝岗区	1530	29.28	8.09	3921	52.40	9.40
从化市	4333	60.75	12.79	4120	61.00	8.84
增城市	8175	108.83	5.26	10171	124.67	5.62

（二）二手住宅交易市场分析

1. 总体情况

二手住宅成交量大幅增长。2013 年，二手住宅登记面积 912.92 万平方米，同比分别增长 56.3%，占全市住宅市场份额的 46.3%，同比提高 11.1 个百分点；登记金额 925.36 亿元，同比增长 77.9%。其中，市辖 10 区登记面积 727.22 万平方米，为 2011 年以来最高（见图 6）。成交量增长较快的原因：一是 2012 年下半年以来一手市场持续活跃，带动二手市场增长；二是受一手市场价格较高且上涨较快影响，部分经济实力较弱的刚需买家转向二手市场；三是外围区域二手市场逐步成熟，外围 4 区和增城市二手住宅登记面积分别达到 302.96 和 150.09 万平方米，同比分别增长 49.0% 和 131.4%。

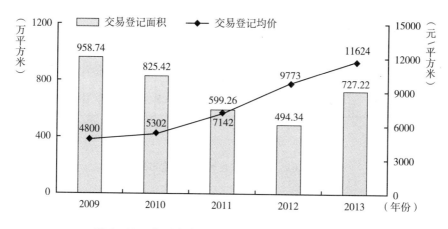

图 6　2009 年以来广州市辖 10 区二手住宅市场情况

价格上升较快。由于二手住宅登记价格与实际成交价格存在一定偏差，笔者根据重点中介公司的数据来估计市场实际成交价格的变动情况。根据满堂红地产监测，2013 年广州 8 区（不含南沙区、萝岗区、从化市和增城市，下同）二手住宅成交均价为 18276 元/平方米，同比上升 18.9%；2013 年 12 月广州合富标准二手住宅价格指数为 1809 点，同比上升 15.4%；2013 年 12 月中原地产二手住宅价格指数为 493.8 点，同比上升 24.8%。综合以上 3 家主要中介公司数据，课题组估计2013年全市二手住宅实际成交均价同比涨幅在19%左右。

调控政策对成交影响较大。新"国五条"实施细则出台后，买卖双方为了避免交易税费的大幅增加，3月、4月二手住宅市场成交迅速放大，登记面积分别达到111.13万平方米和145.41万平方米；5月以后市场逐步回归正常，5~12月各月成交量保持在70万平方米左右（见图7）。"穗六条"出台后，二手住宅市场出现一定程度的降温，12月中原地产和满堂红地产数据显示，二手住宅成交量环比分别减少15%和20%。

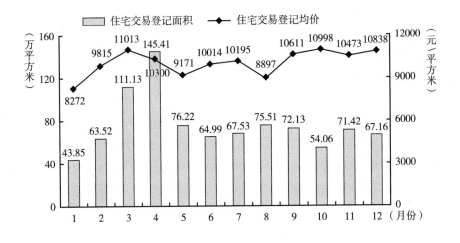

图7　2013年各月广州市二手住宅市场情况

2. 不同区域市场分析

中心和外围区域成交量均大幅增长。2013年，受一手住宅市场供应量较少和价格较高影响，部分购房者转向二手市场。中心6区住宅市场以二手住宅为主，登记面积424.26万平方米，同比增长45.8%，占中心6区住宅市场份额的68.8%，同比提高13.7个百分点。外围4区二手住宅市场发展较快，登记面积为302.96万平方米，同比增长49.0%；其中南沙区和花都区二手住宅市场快速成长，登记面积同比分别大幅增长122.9%和78.3%。增城市二手住宅登记面积150.09万平方米，同比大幅增长131.4%，占该市住宅市场份额的36.0%，同比提高15.3个百分点（见表6）。

表6　2013 年广州市二手住宅市场情况

区　域	登记套数（套）	同比增长（%）	登记面积（万平方米）	同比增长（%）	登记金额（亿元）	同比增长（%）	2013 年占该区住宅市场总成交的比重（%）	2012 年占该区住宅市场总成交的比重（%）
广州市	105092	55.7	912.92	56.3	925.36	77.9	46.3	35.3
市辖 10 区	88893	49.1	727.22	47.1	845.34	75.0	50.6	39.2
中心 6 区	58226	47.2	424.26	45.8	625.78	75.7	68.8	55.1
越秀区	10611	49.7	72.96	49.7	118.65	90.4	89.3	80.6
海珠区	14231	45.0	95.70	39.2	142.54	63.9	76.5	59.5
荔湾区	7147	53.3	49.13	63.6	57.70	80.0	52.3	35.2
天河区	13263	42.8	108.90	39.9	191.14	72.7	74.2	68.0
白云区	11183	49.6	84.96	49.6	102.62	81.7	57.9	42.3
黄埔区	1791	46.4	12.61	43.3	13.13	71.2	55.4	48.1
外围 4 区	30667	52.9	302.96	49.0	219.56	72.9	37.0	27.7
花都区	7700	77.8	75.69	78.3	38.85	139.4	28.6	18.4
番禺区	19520	39.5	191.14	35.3	160.60	57.9	54.2	41.6
南沙区	2181	122.8	24.24	122.9	10.68	166.8	19.7	9.8
萝岗区	1266	66.1	11.89	35.2	9.43	89.0	15.1	16.8
从化市	3776	52.6	35.61	42.1	14.69	49.7	30.1	30.5
增城市	12423	130.1	150.09	131.4	65.33	140.9	36.0	20.7

各区二手房价上升较快。根据满堂红地产监测，2013 年全市大部分区域二手住宅价格同比涨幅在 17% 以上；其中花都区涨幅高达 25.4%，荔湾区和番禺区涨幅接近 20.0%，而绝对价位较高的越秀区和天河区涨幅也在 17.5% 左右（见表7）。

表7　2013 年广州市 8 区二手住宅价格情况

单位：元／平方米，%

均　价	总　体	越秀区	荔湾区	海珠区	天河区	白云区	黄埔区	番禺区	花都区
2013 年	18276	24329	17611	20167	23417	14736	13429	13712	7331
2012 年	15375	20695	14702	17116	19943	12464	11786	11508	5844
同比增长	18.9	17.6	19.8	17.8	17.4	18.2	13.9	19.2	25.4

说明：表中数据不包含南沙区、萝岗区、从化市和增城市。

资料来源：满堂红地产市场研究部。

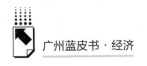

二 2013 年广州住宅用地市场情况

（一）住宅用地成交有所增加

2013 年，全市共成功挂牌出让住宅用地 48 宗，其中"三旧"改造地块 11 宗；用地面积 347.72 万平方米，同比增长 28.3%，其中"三旧"改造地块用地面积 43.60 万平方米；规划可建面积 777.15 万平方米，同比增长 35.1%；平均容积率为 2.23，高于 2012 年 2.12 的水平，土地集约节约利用水平有所提高；合同总价款 339.00 亿元，同比增长 134.0%；不需配建保障房的 39 宗住宅用地平均楼面地价为 2789 元/平方米，需配建保障房的 9 宗住宅用地平均楼面地价（扣除需配建的保障房面积计算）为 11988 元/平方米。合同总价款增长较快的主要原因：一是中心 6 区住宅用地成交大幅增加，共成功挂牌出让住宅用地 8 宗；用地面积 49.72 万平方米，同比增长 102.3%，占全市住宅用地总成交量的 14.3%，同比提高 5.2 个百分点；合同总价款 145.21 亿元，同比增长 202.9%。二是在住宅市场成交活跃的带动下，开发商拿地热情高涨，共有 25 宗住宅用地溢价成交。

（二）萝岗和增城是住宅用地成交集中区

2013 年，萝岗区和增城市共成功挂牌出让住宅用地 25 宗，用地面积 208.78 万平方米，占全市住宅用地总成交量的 60.0%。此外，南沙区、花都区和黄埔区的住宅用地成交量也比较大，都超过 20 万平方米（见表 8）。

（三）"限地价、竞配建"的供地方式为保障房增加房源支持

2013 年，全市共有 9 宗住宅用地通过"限地价、竞配建"方式出让，共配建保障房面积 38.24 万平方米，为保障房增加了房源支持。其中，黄埔南玻地块需配建保障房 15.78 万平方米，为全年最高。

表8 2012 年、2013 年广州市住宅用地成功挂牌出让情况

区　域	2012 年				2013 年			
	宗数（宗）	用地面积（万平方米）	规划可建面积（万平方米）	合同总价款（亿元）	宗数（宗）	用地面积（万平方米）	规划可建面积（万平方米）	合同总价款（亿元）
广州市	51	271.12	575.42	144.85	48	347.72	777.15	339.00
市辖 10 区	28	197.26	421.83	126.93	23	217.17	482.88	275.56
中心 6 区	6	24.58	45.20	47.94	8	49.72	123.11	145.21
越秀区	—	—	—	—	—	—	—	—
海珠区	—	—	—	—	3	5.08	13.82	28.27
荔湾区	1	3.64	7.39	10.49	—	—	—	—
天河区	1	1.73	4.55	5.26	1	7.05	16.63	21.61
白云区	4	19.20	33.26	32.19	3	17.33	34.30	49.76
黄埔区	—	—	—	—	1	20.27	58.36	45.57
外围 4 区	22	172.68	376.63	78.99	15	167.45	359.77	130.35
花都区	3	7.91	13.58	4.44	5	24.77	52.78	19.64
番禺区	1	13.11	23.61	3.99	—	—	—	—
南沙区	5	25.59	55.56	13.09	4	51.13	129.77	52.92
萝岗区	13	126.07	283.87	57.47	6	91.55	177.23	57.78
从化市	18	53.56	109.10	12.68	6	13.32	35.01	5.63
增城市	5	20.30	44.49	5.24	19	117.23	259.26	57.81

三　2013 年广州房地产投资和金融情况

（一）房地产开发投资分析

1. 房地产开发投资增长较快

2013 年，全市完成房地产开发投资 1579.68 亿元，同比增长 15.3%，增幅较 2012 年提高 10.3 个百分点，占全市固定资产投资比重为 35.5%。完成住宅投资 950.14 亿元，同比增长 14.8%，增速较 2012 年提高 10.0 个百分点，其中完成 90~144 平方米住宅投资 428.24 亿元，同比增长 27.1%（见表 9）。

表9 2009 年以来广州市房地产开发投资情况

单位：亿元，%

项 目	2009 年	2010 年	2011 年	2012 年	2013 年	2013 年增长率
房地产开发投资	817.34	983.66	1305.36	1370.45	1579.68	15.3
#住宅	501.72	548.45	789.49	827.60	950.14	14.8
90 平方米以下	146.44	158.81	219.83	198.49	211.98	6.8
90~144 平方米	189.85	186.05	311.08	336.97	428.24	27.1
140 平方米以上	165.43	203.59	258.58	292.14	309.92	6.1

资料来源：广州市统计局。

2. 房地产开发施工量处于历史最高水平

2013 年 12 月末，全市商品房施工面积为 8939.06 万平方米，同比增长 13.9%，增速同比提高 11.9 个百分点，施工量为历史最高水平。新开工面积达到 2202.36 万平方米，同比增长 41.7%。其中，住宅新开工面积 1376.09 万平方米，同比增长 40.4%。受 2012 年新开工量有所减少影响，2013 年房屋竣工面积 1141.30 万平方米，同比减少 11.6%，其中住宅竣工面积 709.60 万平方米，同比减少 11.4%（见表 10）。

表10 2009 年以来广州市房地产开发房屋施工、新开工及竣工情况

单位：万平方米，%

项 目	2009 年	2010 年	2011 年	2012 年	2013 年	2013 年增长率
施工面积	5551.91	6464.12	7691.06	7845.62	8939.06	13.9
住宅	3453.26	3983.84	4837.29	4917.57	5473.50	11.3
新开工面积	1097.49	1955.49	2119.45	1554.34	2202.36	41.7
住宅	697.38	1313.76	1452.33	980.36	1376.09	40.4
竣工面积	1078.72	1094.59	1292.47	1290.79	1141.30	-11.6
住宅	793.69	774.69	844.08	800.86	709.60	-11.4

资料来源：广州市统计局。

3. 开发企业资金到位情况良好

2013 年广州市房地产开发投资到位资金 2324.20 亿元，同比增长 24.4%，增速较 2012 年提高 9.8 个百分点，到位资金与投资额的比例为 1.46∶1，高于 2012 年的水平（1.36∶1）。从资金来源看，国内贷款和企业自筹资金增幅有所放缓，到位资金分别为 440.98 亿元和 563.98 亿元，同比分别增长 7.1% 和

18.1%，增速较 2012 年回落 20.4 个和 19.8 个百分点；其他资金来源 1307.12 亿元，同比增长 34.5%，增速较 2012 年提高 28.2 个百分点，占到位资金总量的 56.2%，同比提高 4.2 个百分点（见表 11）。

表 11　2009 年以来广州市房地产开发企业资金来源情况

单位：亿元，%

项　目	2009 年	2010 年	2011 年	2012 年	2013 年	2013 年增长率
本年资金来源小计	1417.32	1502.86	1629.79	1868.02	2324.20	24.4
国内贷款	310.36	375.00	323.12	411.85	440.98	7.1
银行贷款	299.49	358.90	279.45	363.72	420.00	15.5
利用外资	13.91	46.73	46.51	6.73	12.12	80.0
自筹资金	312.07	314.92	346.16	477.42	563.98	18.1
其他资金来源	780.98	766.21	914.00	972.02	1307.12	34.5
定金及预付款	450.16	475.14	595.32	725.54	931.07	28.3
个人按揭贷款	193.66	172.71	142.33	161.59	243.99	51.0

资料来源：广州市统计局。

（二）房地产金融分析

1. 房地产相关贷款保持平稳增长

2013 年，广州房地产相关贷款继续保持平稳较快增长，2013 年 12 月末大广州金融机构（不含外资、证券，下同）房地产各项贷款余额 4543.72 亿元，同比增长 12.2%，增速较 2012 年提高 4.6 个百分点。从贷款类型看，房地产开发贷款保持稳定增长，12 月末贷款余额为 1526.70 亿元，同比增长 4.9%，增速较 2012 年提高 2.3 个百分点。购房贷款实现较快增长，12 月末贷款余额为 3017.02 亿元，同比增长 16.4%，增速较 2012 年提高 5.6 个百分点；其中个人购房贷款余额 2865.79 亿元，同比增长 11.8%。

2. 新发放个人住房贷款增长较快

2013 年，大广州金融机构累计新批准个人住房贷款 93974 笔，同比增长 23.3%，累计新发放个人住房贷款 663.67 亿元，同比增长 32.3%。其中，发放新建房贷款 410.62 亿元，同比增长 15.5%，占全市一手住宅成交总额的 29.6%，较 2012 年提高 2.3 个百分点；发放再交易房贷款 253.04 亿元，同比大幅增长 72.9%，占全市二手住宅成交总额的 27.3%，较 2012 年减少 0.8 个百分点（见表 12）。

表 12　2008 年以来广州市新发放个人住房贷款情况

单位：笔，亿元

年度	批准个人住房贷款笔数	新发放个人住房贷款	新发放新建房贷款	新发放再交易房贷款
2009	130552	756.55	521.26	235.29
2010	93311	626.93	372.10	254.83
2011	71180	452.63	280.06	172.57
2012	76235	501.76	355.41	146.36
2013	93974	663.67	410.62	253.04

资料来源：中国人民银行广州分行。

3. 下半年房地产信贷环境有所收紧

2013 年 6 月 23 日，中国人民银行提出要优化金融资源配置，用好增量、盘活存量。下半年国内流动性始终保持在相对偏紧状态，个人住房贷款的审批和发放时间较前期有所延长，房贷利率普遍上调。2013 年 7~12 月新发放的个人住房贷款中，利率水平等于或高于基准利率贷款的占全部贷款的 57.3%，远高于上半年（14.3%）的水平，其中第四季度占比更达到 77.1%。二套房贷政策进一步收紧，11 月 18 日出台的"穗六条"要求第二套住房首付比例由六成提升至七成，对市场形成新的实质性制约（见图 8）。

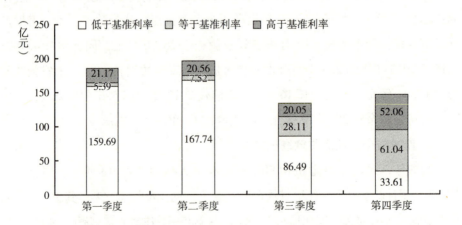

图 8　2013 年广州市各季度新发放个人住房贷款利率结构

资料来源：中国人民银行广州分行。

四 2014 年房地产调控政策环境

（一）强调房地产调控政策的连续性和稳定性

近期住房和城乡建设部、财政部和人民银行多次强调，2014 年要保持房地产调控政策的连续性和稳定性，执行好既有调控措施，北京、上海、广州、深圳等房价上涨快的城市要继续从严落实差别化住房信贷税收和住房限购政策。2013 年 11 月广州出台《关于进一步做好房地产市场调控工作的意见》（即"穗六条"），继续严格执行房地产调控各项政策措施。总体判断，2014 年国家房地产调控政策特别是一线城市房地产调控政策不会明显放松，"限购限贷"等行政措施仍将持续，但不排除根据市场发展状况进行必要的微调和完善。

（二）强调构建多层次住房供应体系

2013 年 10 月 29 日，中共中央总书记习近平提出要加快推进住房保障和供应体系建设，构建以政府为主提供基本保障、以市场为主满足多层次需求的住房供应体系，千方百计增加住房供应。2013 年末的中央经济工作会议和中央城镇化工作会议均提出，特大城市要适当增加居住用地，提高住宅用地比例。中央层面对于房地产市场调控思路正在逐步转变，以促供应为主，以抑需求为辅，更加强调建立长效市场调节机制来逐步取代限购、限价等行政调控手段。

（三）强调房地产管理制度的改革创新

要积极稳妥地推进土地管理制度改革。《中共中央关于全面深化改革若干重大问题的决定》和《关于全面深化农村改革加快推进农业现代化的若干意见》均提出，要建立城乡统一的建设用地市场，在符合规划和用途管制的前提下，允许农村集体经营性建设用地出让、租赁、入股，实行与国有土地同等入市、同权同价。要加快房地产相关税制改革。2013 年 11 月 20 日召开的国务院常务会议决定，将分散在多个部门的不动产登记职责整合由国土资源部承担，建立不动产登记信息管理基础平台。2013 年 11 月 21 日财政部指出，下一步房产税改革的方向是减少房产建设和交易环节税费，增加保有环节税收，配套推进清费立税。近期广东省和广州市相关文件提出要执行中央相关决定，加快建立城乡统一的建设用地市场和不动产统一登记制度，预计 2014 年相关工作将取得明确进展。

五 2014 年广州住宅市场展望

（一）一手住宅供应比较充足

预计 2014 年广州市住宅供给将较为充足。一是目前市场库存量仍处于高位，2013 年 12 月末全市可售住宅面积达到 764.43 万平方米，为 2012 年 2 月以来最高；二是 2013 年住宅新开工量大幅增长，全年新开工面积达 1376.09 万平方米，同比增长 40.4%；三是实际调查也支持上述判断。根据合富辉煌调查分析，2014 年市辖 10 区新增新货约为 6.05 万套，高于 2013 年供应量；可售货量约为 11 万套，与 2013 年基本持平。

（二）住宅成交可能出现回落

预计 2014 年广州住宅市场需求将有所回落。以下因素将对市场需求形成下拉作用：一是限购政策的收紧使得部分购房者失去购房资格，二套房贷首付升至七成也将影响部分经济实力较弱的改善型买家；二是"穗六条"政策出台使购房者观望情绪加重，市场氛围受到一定影响；三是近年市场价格涨幅较大，对新增需求形成一定的抑制作用。但考虑到广州仍存在大量的刚性需求以及房地产行业发展惯性，2014 年的住宅成交量基本不存在大幅下跌的可能性。

（三）住宅成交价格有望平稳增长

刚性需求强烈以及土地等成本上升，极大地压制了房价下调动力。虽然房地产调控政策仍将持续，特别是"穗六条"进一步收紧限购限贷，但房价上涨预期没有发生实质性的转变。根据合富辉煌实施的购房者调查，40% 的受访者依然看涨，24% 的受访者认为将保持稳定，只有 24% 的受访者看跌。综合市场供求、调控政策以及市场心理状况，预计 2014 年广州的住宅价格将保持平稳增长态势，大幅上涨的可能性不大。

六　促进广州住宅市场健康发展的对策建议

（一）继续做好房地产调控和监管

一要加快房地产调控政策的调整和完善。近几年限购限贷政策的实施对抑制房地产价格过快上涨起到了明显作用，但长期实施会对市场带来过度干扰和伤害，如"双合同"大量出现、商务公寓和商业公寓显著增加、市场信号出现失真等，有必要加快房地产调控政策的检讨和适度修正。特别是随着增城、从化的撤市设区，更大范围、更具前瞻性和更适应市场发展的调控政策显得更为紧迫和必要。二要做好房地产金融风险的防范工作。从 2013年开始美国正式实施推出 QE 政策，2014 年很可能会加速，我国的货币政策也进入逐步紧缩周期，流动性偏紧是 2013 年金融市场的主基调。对金融市场和流动性高度依赖的房地产市场有可能出现较大波动甚至风险，有必要加强相关防范工作。三要健全和完善覆盖一级、二级、三级市场的立体化房地产市场监管体系。推进广州市住房个人信息系统建设等基础性工作，完善中介服务机构和经纪人员的信用评价体系，构建覆盖全市的存量房交易平台，推进存量房交易资金监管工作，积极探索房地产中介、物业机构参与房屋租赁管理的可行性。

（二）适当增加普通商品住宅供应

要高度重视商品住宅市场供需结构性失衡问题。2013 年全市一手住宅套均签约面积为 113.77 平方米，市场需求主要以中小户型的普通商品住宅为主，但 2013 年 12 月末市场可售商品住宅套均面积为 135.20 平方米，导致目前市场库存与需求存在一定的结构性失衡。因此，未来要适当增加普通商品住宅供应。一要从源头上增加供应，切实增加普通商品住房用地供应；二要适当简化相关政策和流程，为普通商品住宅上市增加绿色通道，加快中低价位中小户型普通商品住宅的供应；三要加强已出让住宅用地的后续开发监控，防止土地囤积和捂盘惜售行为。

（三）着力推进"三旧"改造和土地制度创新

要加快推进"三旧"改造工作。坚持"政府主导、利益共享、储备优先、成片开发"改造方针，用足用好用活"三旧"改造与城市更新政策，继续做好土地确权、实施改造、审批程序等方面的政策研究和制度设计工作。妥善处理好政府、村民、企业三者的利益关系，充分考虑改造涉及的村民利益和参与改造的企业利益需要。探索完善"三旧"改造激励机制，有效调动各方实施改造的积极性，吸引社会力量支持和参与改造。要加快建立城乡统一的建设用地市场。推进集体建设用地使用权流转配套政策出台和流转试点工作，逐步建设全市统一的农村集体建设用地流转市场。探索开展广州市不动产统一登记研究，筹备建设统一登记信息平台，逐步完善包括地表、地上、地下建设用地使用权登记规范。

（四）继续做好住房保障工作

一要进一步完善公共租赁住房的相关制度，制定《广州市公共租赁住房保障制度实施办法》的配套政策。二要加快研究针对引进人才、新入职人员和外来务工人员等群体的公共租赁住房政策，试点建设来穗技能人才公寓。三要健全保障性住房的进入和退出机制，探索建立符合广州市实际的保障性住房后续监管长效机制。四要做好保障性住房的建设工作，在坚持政府主导的基础上，积极探索政府投资建设、社会投资建设和在商品住房建设项目中配建等多种建设投资模式，加快政府保障性住房建设。五要加强保障性住房质量控制，严格执行工程项目"四控制一确保"工作方案，努力把保障性住房项目打造成让市民放心满意的"优质工程、阳光工程"。

（五）不断加强房地产市场监测预警

一要继续做好房地产信息化平台建设。完善国土房管大数据平台，推动大土地房屋系统由以建设为主到以应用为主的转变，强化市、区两级信息体系对接和规范。二要完善房地产信息分析体系，强化房地产市场跟踪和监测预警工作，着重加强对商品房、土地市场以及相关细分市场的监测分析，规范房地产市场信息发布机制，引导开发商理性开发、购房者理性消费。三要加强房地产市场专题政策研究，做好房地产政策储备工作，提升政策措施的科学性、前瞻性和可行性。

B.6

推进越秀区产业转型升级发展研究

刘纪耀*

摘　要：

现阶段，一方面，越秀区产业发展要素初步集聚，经济发展进入了相对平稳时期；另一方面，广州市走新型城市化发展道路对越秀区产业发展提出了更高的要求。作为中心城区，越秀区产业亟须转型升级，本文在总结越秀区产业发展现状的基础上，提出了加快推进越秀区产业转型升级的发展战略及对策建议。

关键词：

新型城市化　产业　转型升级

当前，广州已进入后工业化阶段，城市发展已经进入新型城市化阶段。2012年9月，广州市委、市政府作出全面推进新型城市化发展的决定，要求深入贯彻落实科学发展观，坚定不移推进新型城市化发展，率先转型升级、建设幸福广州。随着广州建设国家中心城市步伐的不断加快，走新型城市化道路的不断推进，对越秀区进一步加快产业发展、提升产业核心竞争力提出了新的要求。

一　新型城市化背景下加快越秀区产业转型升级的意义

2011年12月，在中共广州市第十次代表大会上，广州首次提出走新型城市化发展道路，要着力发展低碳经济、建设智慧城市。广州新型城市化是以科学发展为主题，以转型升级为主线，以民生幸福为主旨，更加注重以人为本，

---

* 刘纪耀，广州市越秀区发展和改革局发展和改革科科长。

更加注重可持续发展，更加注重创新发展动力，更加注重优化发展空间，更加注重统筹城乡发展，更加注重体制机制创新，努力走出一条经济低碳、城市智慧、社会文明、生态优美、生活幸福的特大型城市科学发展之路。

加快越秀区产业转型升级是实现经济结构战略性调整的必然选择。党的十八大提出推进经济结构战略性调整是加快转变经济发展方式的主攻方向，经济结构的战略性调整是当前和今后一个时期我国经济社会发展所面临的一项重大任务，越秀区必须以改善需求结构、优化产业结构为重点，着力解决制约经济持续健康发展的重大结构性问题。

加快越秀区产业转型升级是越秀立足自身实际、谋求长远发展的迫切需要，是越秀区贯彻落实《珠江三角洲地区改革发展规划纲要（2008－2020年)》和《关于推进新型城市化发展市区系列文件落实的实施办法》的重大战略。

加快越秀区产业转型升级是提升城市发展质量、增强城市核心竞争力的必然选择。当前，越秀区作为国家中心城市的都会区，正处于建设国家中心城市核心区和"加快转型升级、建设幸福越秀"的关键时期，亟须加快产业转型升级，全面提升城区主导产业竞争力、文化软实力和综合影响力，全面提升城市发展质量，增强城市核心竞争力。

加快越秀区产业转型升级是实现可持续发展的必然选择。作为老城区，越秀区更多面临城市化发展的瓶颈和难题，传统城市发展模式积累的深层次矛盾和体制性障碍日益凸显。所以要加快推进越秀区产业转型升级发展，不断增强其发展活力，逐步优化产业结构，全力走精明增长之路、品质提升的可持续发展之路。

二 越秀区产业发展现状

（一）越秀区产业发展基础

面对国内外产业发展环境的变化和日趋激烈的市场竞争，努力挖掘并强化越秀区产业发展优势条件，紧紧围绕建设国家中心城市核心区的目标，加快产业转型升级和发展模式创新，构筑具有越秀特色和持久竞争力的产业体系，成为越秀区产业发展的核心任务。近年来,越秀区紧紧围绕"转方式、调结构"的主线,大力推进战略性基础设施、战略性主导产业和战略性发展平台实现重大突破,经济转型步伐加快,总量保持平稳增长,运行质量和效益不断提高。2013 年,越秀区实现地区生产总值 2384.71 亿元,居全市各区(县)的第二位;同时,经济密度达到 70.55 亿元/平方公里,是广州市经济密度(2.07 亿元/平方公里)的 34 倍,居全市各区(县)首位。

1. 产业结构持续优化

在"提升总部"战略的带动下,越秀区加快整合辖内优质写字楼资源,环市东 CBD、东风路商务带等一批总部经济集聚区的功能不断提升,总部经济发展环境更加完善。2013 年,区认定的 355 家优质企业实现增加值 1139.18 亿元,增长 10.8%,占全区 GDP 的 47.8%。其中,64 家被认定为 2013 年度市总部企业,占全市总量的 1/4。现代服务业主体地位进一步巩固。2013 年越秀区现代服务业实现增加值 1554.31 亿元,增长 10.6%,占全区地区生产总值比重达到 65.2%,占第三产业增加值比重达到 66.74%,第三产业内部结构逐渐优化(见图1)。

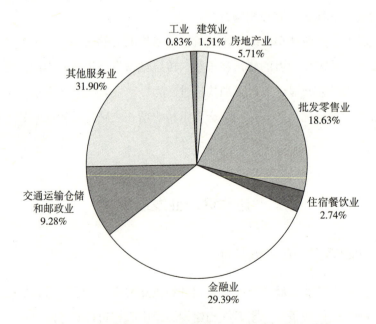

图1 2013 年越秀区各行业增加值占地区生产总值比重情况

2. 产业集群效应更加凸显

越秀区产业发展形成了从企业集聚向产业集群转变的特色，初步形成了流花地区国际采购产业、环市东—东风路总部和国际商务产业、黄花岗科技（信息）园区创意及网络经济产业、东山口周边区域健康产业、北京路广府文化核心区文化旅游和沿江路金融产业等六个现代服务业特色产业集聚区，规模集聚效应逐步显现（见图2）。

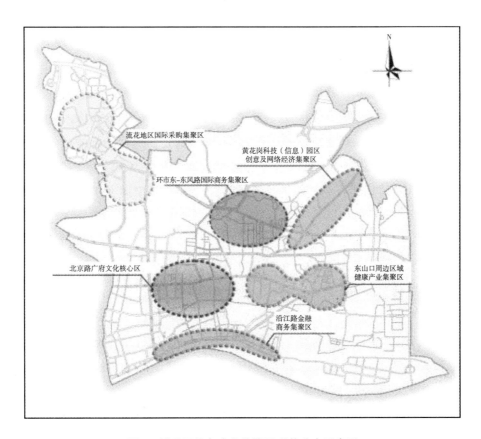

图2 越秀区特色产业集聚区现状分布示意图

3. 主导产业竞争力不断提升

立足越秀区的核心资源禀赋、产业规模与优势、产业发展重点项目、国内外产业发展的最新趋势，为进一步聚焦越秀区主导产业重点领域、完善产业链，并结合广州市十大关键产业发展重点，2013年，越秀区委、区政府制定了《越秀区新型城市化产业发展规划》，从越秀区核心产业中明确商贸业、金融业、文化创意产业和健康医疗产业四大主导产业作为未来重点发展领域，引领带动全市相关产业的发展。四大主导产业持续发挥经济增长稳定器的作用，在全市区位优势明显，集中度较高，具有明显的发展优势和竞争能力。2013年在广州的区位商都大于1，四大主导产业实现增加值1598.06亿元，同比增长11.8%，拉动经济增长7.8个百分点，占地区生产总值比重为67.01%。

一是商贸规模企业拉动效应显著。2013年，越秀区商贸业实现增加值509.66亿元，增长11.2%，拉动经济增长2.2个百分点。其中，实现商品销售总额7992.88亿元，增长22.9%，增速比上年同期下降4.1个百分点。商贸业龙头企业实力雄厚，超亿元企业实现商品销售额5119.95亿元，增长30.7%，占全区商品销售总额的比重为64.06%，是商贸业增长的主要动力。化妆品类、医药类、石油及制品类、服装类和通信器材类企业营业情况较好。区内经市认定的总部企业（越秀区有64家）中有35家属龙头型商贸总部，在全市各区、县中位列第一。

二是金融综合实力与竞争力居全市各区（县）前列。2013年越秀区金融业在广州市的区位商高达3.9，在全市集中度较高，金融综合实力与竞争力居全市各区（县）前列。全区金融业实现增加值700.98亿元，增长15.6%，拉动经济增长4.4个百分点。其中，广州金融街二期建设已于2013年6月完成，入驻金融及相关机构达102家，累计贷款超百亿元，纳税超亿元，土地利用率和税收贡献率较改造前提高近2倍和19倍；三期建设正在方案编制之中，计划入驻金融及相关机构200家，小贷公司100家。

三是健康医疗产业呈现快速增长趋势。越秀区健康医疗产业规模不断扩大，优质医疗资源整合提升力度加快。2013年健康医疗产业实现增加值217.54亿元，增长11.3%，占全区增加值的9.12%，拉动经济增长0.8个百分点；实现营业收入561.43亿元，同比增长14.8%，其中，医药领域增速最快，同比增长24.5%；医药领域规模最大，实现销售额279.65亿元；广东省人民医院、中山大学附属肿瘤医院、中山大学附属第一医院等三家医疗领域核心医院共实现营业收入70.34亿元，同比增长11.9%，占广州健康医疗中心医疗领域营业收入的 56.80% 。广州健康医疗中心成为健康产业发展的重要平台。

四是文化创意项目稳步推进。通过文化资源整合与载体建设，坚持以中央文化商务区建设为抓手，精心规划实施文化有脉、商业有魂、旅游有景、品牌有名的文商旅融合项目，全区的"三个重大突破"项目超过六成与文化产业相关。2013 年，文化产业实现增加值 169.88 亿元，增长 9.0% ，拉动经济增长 0.4 个百分点。

（二）越秀区产业发展存在的问题

虽然越秀区产业转型升级发展取得了一定进步，但对照新型城市化发展的要求，产业转型升级发展存在明显的问题。一是越秀区百货业和住宿业表现低迷。受天河、番禺、白云等新商圈分流消费、电子商务的迅猛发展和中央"八项规定"造成公务消费骤减等因素影响，辖区内百货销售和住宿业与前几年相比均呈一定程度的下降。二是投资持续快速发展能力有待增强。受区域发展空间饱和及规模企业的外迁势头仍未得到有效遏制等不利因素影响，越秀区新增的投资项目数量不多，且投资额小，投资发展后劲不足。三是优质企业外迁持续。地税局反映，2013 年全区外迁 53 家重点企业，涉及税收基数 6.4 亿元，其中省级收入 1.5 亿元、区级收入 1.2 亿元，高于历年外迁规模。对此，下一阶段，越秀区将采取有力措施加快产业转型升级，全面提升城区核心竞争力、文化软实力和综合影响力，增强可持续发展后劲。

三　推进越秀区产业转型升级发展思路

按照广州市走新型城市化发展道路对越秀区的要求，越秀区全面实施新型城市化发展的总体部署，应以加快发展促转型为主线，以全面推进"三个重大突破"为抓手，以实施优化提升都会区功能布局规划为契机，以产业政策体系为纲领，不断加快越秀区产业转型升级，确保经济发展质量和效益再上新台阶，全面贯彻党的十八届三中全会和中央经济工作会议精神，深入践行科学发展观。

（一）产业升级转型路径

紧紧抓住产业的价值链高端环节，着力构建以总部经济为龙头，以四大主导产业为主体的越秀区特色产业体系，提升产业核心竞争力。进一步提高越秀区商贸业参与国际竞争、推动全市加快国际商贸中心建设步伐的能力；通过支持广州民间金融街等重点项目做大做强，进一步带动越秀区金融业的发展；围绕广州建设世界文化名城、新岭南文化中心的目标，积极发展文化创意产业，引领带动全区经济发展；依托广州健康医疗中心等重点项目，进一步强化越秀区健康医疗产业在全市的核心地位（见表1）。

表1　越秀区主导产业转型升级发展方向

主导产业	产业发展方向
商贸业	电子商务、时尚休闲购物、现代交易平台、特色餐饮
金融业	国有金融、民间金融、产业金融、产权交易
健康医疗产业	健康管理服务、保健品、健康照护、数字医疗、药品交易所
文化创意产业	新闻出版、信息媒体、动漫网游、设计服务外包、版权交易、文化旅游

（二）产业空间布局

根据区域资源特色，进一步优化产业结构，科学谋划、统筹建设"一核五区"的产业发展格局。"一核"是指北京路文化核心区，"五区"是指环市东智力总部区、流花时尚品牌运营区、黄花岗科技园创意及网络经济区、东山口健康医疗区、沿江路金融商务区（见图3）。

1. 北京路文化核心区

北京路文化核心区以北京路为核心，东起东濠涌（连至二沙岛），西至人民路，北接环市路，南到沿江路，总面积约11平方公里。其中，起步区东起仓边路、东濠涌，西至人民路、解放路、吉祥路，北接越华路，南到沿江路，总面积约3.2平方公里。按照"在全市率先实现优化提升"的战略要求，要坚持以"以人为本、规划先行、资源整合、高端集聚"为切入点，充分挖掘

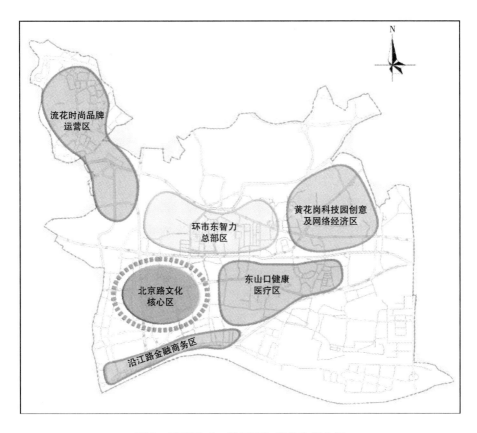

图3　越秀区"一核五区"产业空间布局

利用广府文化源地、千年商都核心的文化资源和现有优势,实施文化引领、功能置换、空间优化、产业升级、商旅融合五大策略,将北京路文化核心区打造成为以文化、金融、商贸、旅游为主导产业,以居住、教育、行政、人文、生态为主要功能的广府文化博览区、转型升级示范区、城市更新先行区。

2. 环市东智力总部区

重点发展总部经济、财务服务、法律服务、市场调查咨询服务、投资与资产管理服务、高端人力资源服务。以环市东国际中央商务区为核心,重点发展知识密集型服务业,同时巩固提升环市东商圈作为广州核心商务区和高端消费区的优势与地位,强化环市东智力总部区的服务功能。通过大力发展公共交通、"城中村"改造、文化保护建筑功能置换,打造集聚高端总部的生态人文型CBD。

3. 流花时尚品牌运营区

重点发展时尚展贸、服装设计、电子商务等产业。以广州国际服装展贸中心项目的建设为契机，加快专业市场信息化、高端化改造，依托该地专业市场群长期以来积累的集聚资源，重点发展国际采购、高端展贸，培育特色商贸行业总部，鼓励品牌自主创新，通过对各市场采取"企业化＋电子商务"的方式提升改造，积极借助"中国流花国际服装节"等载体，扩大国际影响力，建设成为国内外时尚品牌的展示、贸易、营销、电子商务、运营管理中心。

4. 黄花岗科技园创意及网络经济区

重点发展物联网、云计算和互联网服务、数字内容、动漫游戏。依托中国科学院广州分院的科研力量和国家高新技术园区黄花岗科技园成熟的管理架构，拓展创意及信息服务业发展载体，完善公共服务平台建设，加强优质企业集聚力度，打造高端化、国际化的黄花岗创意及信息技术区，促使越秀区北部、东部逐渐与天河北对接发展，实现广州中央商务区由目前的"L"型向一体化的"Z"型空间格局转变。

5. 东山口健康医疗区

重点发展医疗卫生、生物医药产业。优化以东山口片区为核心的全市优质医疗卫生资源，建立资源共享、高效协作的医疗平台，提升城市医疗服务功能，打造具有全国示范带动作用的健康医疗服务示范区。

四 推进越秀区产业转型升级对策建议

全区要正确把握国内外形势的新变化、新特点，以加快转变经济发展方式为主线，坚持走新型城市化发展道路，突出抓好产业转型升级，强化需求导向，推动战略性新兴产业、先进制造业健康发展，推动服务业特别是现代服务业发展壮大，合理布局建设基础设施和基础产业，加快越秀区产业转型升级战略重点。

（一）坚持总部经济发展能级带动

1. 打造华南地区总部经济聚集地

落实市、区加快发展总部经济的有关政策，充分发挥越秀区文化中心、商贸中心、服务中心的资源优势，针对越秀区现代服务业发展方向开展招商引资，重点吸引世界 500 强企业和中国 500 强企业总部落户。做强批发零售贸易业总部经济，巩固金融业总部经济优势地位，积极培育信息技术及研发总部经济，大力发展商务服务和创意产业的总部经济，建设华南地区总部经济聚集地及现代服务业核心功能区。

2. 拓展总部经济发展载体

通过"三旧"改造、传统批发业改造、盘活闲置用地和烂尾楼，规划建设一批高档商务楼宇，有效释放土地价值与完善城市功能，推动总部空间扩容，对友谊大厦、南方铁道大厦等重点楼宇进行改造升级，新增一批总部楼宇，增强楼宇物管服务水平，最大限度扩充总部经济发展的承载空间。革新传统办公模式，推进主题总部大厦建设，打造花园式办公环境，提高对国际和国内知名企业在本区域设立企业总部的吸引力。

3. 持续优化总部经济发展软环境

进一步完善和落实扶持总部经济发展的政策与服务措施。加大对发展总部经济政策的有效宣传，扩大政策影响力。探索实施优质服务再升级工程，加强与总部企业的沟通，简化总部企业行政审批手续与程序，完善总部服务机制，有机集成政府部门、街道和社会专业机构等服务资源，打造"总部企业综合服务平台"，保持总部企业绿色通道服务的畅通，提供总部企业高层人员的工作和生活便捷服务，增强总部企业的根植性和归属感。

4. 全力推进平台经济建设

把握北京路文化核心区纳入广州市战略性重大发展新平台的契机，加快广州健康医疗中心、广州民间金融街、黄花岗科技园创意及网络经济区和广州移动互联网（越秀）产业园等平台建设。争取广东省药品交易中心、珠宝玉石交易中心等重大交易平台尽快落户。依托久邦数码、珠江移动等平台类行业龙头企业，进一步推进物联网和云计算应用体验示范基地建设。

（二）打造楼宇经济引领区

1. 加快推进楼宇经济多元化发展

加快楼宇资源整合，将城市建设与产业项目有机融合，引导和培育一批

"金融特色楼""中介服务特色楼""文化创意特色楼""外贸特色楼"和"电子商务特色楼"等特色经济楼宇,实现都市型楼宇经济聚集发展。同时,正确处理好政府、中介、业主和物业的关系,实现多方联动。

2. 加强楼宇服务精细化管理

在全区各街道设立楼宇服务窗口,实行一门受理、限期办结,为企业落户提供更优质的"一站式"服务。定期联系走访楼宇企业,协调解决在楼宇规划、楼宇建设、招商引资等方面遇到的各类困难。加强停车设施改造与整治,解决商务楼宇的停车问题,着力解决静态交通压力,加大楼宇周边环境整治和道路两侧立面整洁力度,营造舒适的商务环境。

(三)加快传统产业转型升级

1. 进一步改造提升传统消费商圈

在流花地区重点建设吸引国际采购、高端展贸服务业集聚的时尚品牌展示、贸易、营销、电子商务及运营管理中心,在北京路步行街、中华广场、农林下路等区域重点建设集旅游、休闲、娱乐、购物于一体的特色商贸旅游街区,围绕环市东智力总部区重点建设高端消费品服务区。鼓励重点商贸区域引入高端消费品牌,发展行业总部、品牌总经销、总代理等高端业态,着力打造高端商贸业、新兴消费业和特色文化休闲产业发展平台。

2. 加快商贸业转型升级

以重点企业的供应链和价值链为核心,重点突破电子商务在金融业务、即时支付、电子订购、便捷购物等商务领域的应用。发展药品、贵金属等商品电子交易平台,促进贸易要素市场向专业电子商务营运中心转型,打造服务全国、面向国际的电子商务高端服务平台,争创国家电子商务示范基地。大力发展主题商城、体验店、目录商店等新型业态,促进新型业态与本地消费需求融合,以大型购物商场为抓手,优化多层次商圈体系,打造购物天堂。强化企业品牌意识,加快规模扩张,推动"老字号"餐饮企业的振兴发展。加快餐饮业与旅游业的互动发展,推动美食街区的发展,打造美食之都。

3. 全面加快专业市场升级改造

采取有效措施鼓励引导市场经营模式的转型,促进现有专业市场向交易品牌集聚化、交易方式电子化、市场服务一体化、统一结算和统一管理的现代展贸型专业市场和研发设计创新中心转变。强化专业市场功能创新，发展电子商务、现代物流、会展经济，推动流花服装、海印电器、一德路海味干果等商圈向国际采购中心、时尚展示中心和展贸型电子交易平台升级发展。鼓励专业市场集群发布原材料指数、价格指数和交易指数，丰富市场内涵，提升专业市场的行业影响力。

（四）促进现代服务业高端发展

依托周边发达的工业体系和研发需求，借助区内丰富的科研资源和完善配套的公共服务环境，大力发展具有高增加值的金融、文化、创意、设计等生产性服务业，重点发展咨询、会计、审计、评估、认证以及服务外包、电子商务等知识型新兴商务服务业，积极发展教育信息技术、教育培训、社区教育、国际教育、职业教育等公共服务业。继续推进广州民间金融街二期等一批现代服务业集聚区的建设，发展以民间金融为代表的各类服务产业，使越秀区成为广州建设国家服务业中心的有力支撑。

1. 着重多层次发展金融业

重点发展银行、保险、投资咨询、资产评估、产权交易、风险投资、债券、期货等行业。依托良好的沿江景观和休闲氛围，吸引国内外金融机构到越秀区设立总部或分支机构。以广州民间金融街的建设为契机，支持融资担保机构、小额贷款机构等民间金融机构的发展壮大，做大做强民间融资产业，形成民间融资"广州价格"，同时解决商贸业企业融资难问题。重点吸引私募基金、风险投资、信托、担保等新型金融企业或机构聚集，加快期货、产权等金融要素市场建设，大力发展以绿色金融、文化金融和消费金融为核心的产业金融。以广州产权交易所为依托，重点开展大宗商品的期货期权交易，丰富金融融资手段，为市场提供良好的风险避风港。

2. 全力加快文化创意产业发展

把握广东建设文化强省和广州培育世界文化名城、打造新岭南文化中心的机遇，做大做强新闻出版业、广播影视业、演艺娱乐业等文化支柱产业；积极发展数字出版、网络出版、手机出版等战略性新兴新闻出版业态；按照"政府引导、市场运作、扶优扶强、集群发展"模式，以园区为依托、以创意为核心、以科技为支撑、以产业化为方向，大力培育创意产业，将越秀区发展成为广州市文化创意产业的核心区和华南地区的文化创意产业聚集中心、文化创意产业展示交流中心、文化创意产业辐射中心和文化创意生活消费中心，打响"创意越秀"品牌；鼓励和培育网络游戏、网上书店、网络购物等网络文化消费新模式，拓展艺术培训、文化旅游、休闲娱乐等与文化相结合的服务性消费，提高文化消费在居民日常消费中的比重。

（五）推动战略性新兴产业快速发展

实施"创新驱动、率先转型、升级发展"战略，促进高端产业、高端要素、高端人才的"三高"聚集，推动以健康医疗产业、科技金融、信息服务业等为主导的战略性新兴产业健康持续发展，不断扩大产业规模，为越秀区加快转型升级、建设幸福越秀增添新动力。

1. 提高自主创新能力

设立区工程技术研究中心专项，支持建立实验室和工程技术研究开发中心。设立区创新型企业建设专项，加大对企业自主创新的引导和支持。抓紧建设省产学研合作中心和产学研公共服务平台，为企业争取更多科技资源。依托"千人计划"南方创业服务中心，引进高端专业创新人才。

2. 大力引导健康医疗产业做大做强

依托越秀区丰富的医疗资源，大力发展中医药保健健康咨询服务、营养保健指导、健身美容等非医疗性健康管理服务产业，构建健康服务体系。充分利用黄花岗科技园的科研力量，加强与广州各大医院合作，发展医疗电子化技术研发科技产业，构建数字医疗研发平台和数字医疗总部经济，推进重大和关键技术研发突破，打造一批数字科技孵化基地。

3. 大力发展科技金融

在黄花岗科技园建设科技金融大厦，组建中小企业科技金融投资基金，推动天使基金、创业投资资金等相关科技金融机构入驻，争取新三板业务受理窗口落户园区。利用资本市场支持创新型企业做大做强，辐射带动发展科技金融，为科技企业与金融、风险投资机构对接项目牵线搭桥，促进高新技术产业、创意产业与金融业互动发展。

4. 广告创意产业发展

加快东风东广告创意产业基地建设，扶持广告创意企业，加强广告科技研发，加速科技成果转化，提高运用新设备、新技术、新材料、新媒体的水平。促进数字、网络等新技术在广告服务领域的应用。鼓励环保型、节能型广告材料的推广使用。支持广告创意产业专用硬件和软件的研发，促进广告创意产业优化升级。实施扶持企业上市专项，辅导和支持一批高新科技企业上市。联合社会力量共建新兴产业研究院，聘请一批高层次专家为广告创意产业学科理论的研究发展出谋献策。

（六）营造良好的营商环境

1. 全面提升政务服务水平

进一步认真落实区领导挂点重点企业制度，通过上门服务、集中服务、个别服务等"暖企行动"，继续积极主动为企业送温暖、送服务，切实解决企业发展中的融资难、用工难、用电难等问题，扩宽企业诉求渠道，继续发挥企业人士参与政治生活和社会事务的作用，继续完善和创新政府服务企业的方式。

2. 完善商事登记制度

在越秀区商事登记管理信息平台完成建设的基础上，加快组建对外咨询机构，加强改革内容和办事指南等信息的宣传普及。进一步完善越秀区网上办事大厅，整合商事登记、网上办事、投资审批等平台，实现一体化的网上办事大厅。加强对商事登记各环节的效能监察，进一步完善商事主体信息平台。针对窗口工作人员和技术人员，不断做好岗位技能、专业技术等培训工作。

3. 积极谋划招商稳商

建立和完善招商联络机制，发挥好中国流花国际服装节、中国国际漫画节、华语动漫"金龙奖"等国际性重大活动平台的宣传和招商功能。通过贯彻落实《越秀区街道经济发展考核方案》，充分激活街道力量，提高公共服务效率，依托区政务服务中心和企业服务中心，完善统筹服务机制，创新招商方式方法，建立规模以上企业、重大投资项目绿色通道制度，重点做好大型外资项目的服务。建立招商引资的服务跟踪机制，对重大投资项目等实行贴身服务和个性化服务，代办代跑行政审批业务，集中精力服务于高税源重点企业，进一步完善越秀区税源服务工作，提高协税护税效率。强化物业租赁动态管理，高度关注重点企业租约期限，共享税源企业工商税务信息，有针对性地做好安商留商工作。完善部门、街道与物业联动机制，切实抓好二次招商工作，提高入驻企业行业集聚度。

4. 保障产业用地需求

抓紧推进"三规合一"工作，实现"一张图"整合，为产业布局、指标落地奠定基础。在符合规划的前提下，对重点产业项目和重大基础设施，优先保障用地指标、优先报批、优先供地。大力推进"三旧"改造和闲置土地处理，释放出土地存量，促进土地节约集约高效利用，将更多地块用于公共设施和安置房项目。鼓励地下空间开发建设，在建设期内减免或缓交地铁走廊、接口、人防、土地出让金等费用。根据重大平台发展规划功能和产业布局，优化调整物业使用功能。

5. 健全人才培养机制

采取政府主导原则，加大政策倾斜、安排专项资金，做好人才培育和储备计划。健全创新创业人才引进培养政策体系，做好人才培育和储备计划，深化绿色通道和"一对一"贴身服务，吸引更多人才集聚越秀创业。重点引进一批具有较高专业造诣的高级专家顾问，一批具有先进管理理念和丰富市场运作经验的企业家团队，一批拥有自主创新能力和前沿科研成果的创新型人才。积极构建经济发展与扩大就业、扶持创业与增加就业、产业转型与素质提升相互促进的创业就业导向机制。完善面向区内全体劳动者的动态跟踪服务系统，促进人力资源合理流动和有效配置。

6. 优化交通组织体系

加快落实《辖区交通专项规划及商圈交通改善方案》，加强市区相关职能部门沟通协调力度，努力改善总部企业周边交通停车环境。继续通过开展路内联合审批、挖掘立体停车位、规范小区停车场等多种措施缓解停车难，继续做好一德路等专业市场区域交通秩序改善，金融街三期建设交通停车保障，北京路老字号一条街交通保障，东山口健康医疗中心、流花地区交通综合枢纽中心建设等相关工作。

B.7
荔湾区文化创意产业
发展现状及对策研究

陈丹凤*

摘 要:

荔湾区文化创意产业依托一江两岸优越地理环境和政府引导扶持,经过近年的快速发展,已经初具规模。但文化创意产业发展还存在一些困难和问题,需要借鉴国内外先进经验,从制度、规划、政策、人才、文化、品牌等方面探索加快发展的措施。

关键词:

荔湾区 文化创意产业 发展

文化创意产业作为一种新兴知识型产业,具有带动性、渗透性、自主性和服务性等特点,发展前景极其广阔,在国际上已成为一种新的产业发展亮点。发展文化创意产业对于转变经济增长方式、提升产业结构层次、增强自主创新能力、提高城区乃至国家的整体竞争力具有非同寻常的意义。

当前广州正处在加快产业转型升级阶段,文化需求总量大幅度增长。广州建设文化强市和世界文化名城战略,为拥有丰富历史文化资源的荔湾带来了更大的发展空间和难得的历史机遇。作为广州市岭南文化中心地的窗口,荔湾最能够代表广州乃至广东,站到国际文化展台上。"岭南文化聚荔湾,西关风情最广州",荔湾有着深厚的历史文化积淀和最为丰富的岭南文化资源,从古时的海上丝绸之路到十三行海山仙馆到民国工业区,再到新中国成立后最早的广

---

* 陈丹凤,广州市荔湾区经贸局外经贸管理科副科长,广东省鲁迅研究学会会员,主要研究产业经济、文化旅游资源开发等问题。

交会，许多历史记载都印证了荔湾一直是广州面向世界的一扇窗口，是中西文化融合的发源地，更是蕴含着丰富岭南文化的一块宝地。近年来，荔湾在文化引领下推动科学发展，紧抓机遇，积极挖掘、保护历史文化遗存，弘扬岭南文化，擦亮西关名片，文化创意产业发展优势日益凸显，将会在推动文化复兴与创意产业发展的征途上取得更大发展。

一 荔湾区文化创意产业的发展现状

（一）文化创意产业概况

近年来，荔湾区抓住"西联""中调""退二进三""三旧"改造等发展机遇，产业结构优化升级步伐不断加快，以创意产业、信息服务业、生产性服务业为代表的现代服务业发展迅猛，产业结构不断优化，创意产业发展初具规模，成功打造了信义国际会馆、1850文化创意园、922宏信创意园、广州工业设计园、广佛数字创意园和原创元素创意园等创意产业基地，形成了门类齐全、产业链完整的创意产业集群。其中，信义国际会馆和广佛数字创意园入选广州市第一批重点文化产业园。目前，全区共集聚创意企业法人单位1400多家，从业人员两万多人。珠江黄金西岸滨水创意产业带成为荔湾区转型升级产业结构的重要成果之一，获得广东省首批现代服务业集聚区称号，被列为广州市"十二五"规划重点发展项目。聚集了一批艺术创作、动漫创意、工业设计、时尚广告、艺术家工作室、文化展览等产业群，以及一批知名文化创意品牌和优秀设计师，已基本形成文化品位高、创业环境好、产业特色鲜明的创意产业聚集区。

荔湾区坚持文化引领，系统整理开发历史文化资源，城区文化品位明显提升，拥有沙面、陈家祠、聚龙村等62处市级以上文物保护单位、17个历史文化保护街区、众多名人故居和老字号店铺，以及12个市级以上非物质文化遗产项目，形成西关大屋、骑楼建筑、欧陆建筑、西关五宝、粤剧曲艺、书法绘画、百年老校、西关美食、西关小姐等具有浓郁西关风情的文化符号，荔湾胜境、古祠流芳和珠水流光入选"羊城新八景"，成为荔湾文化名片和广州城市标志，进一步确立了荔湾成为"岭南文化会客厅"的地位。区图书馆和区文化馆是国家一级馆，区博物馆是国家3A级旅游景区，区文化艺术中心得到全面升级改造，被广州市命名为首批"粤剧艺术推广基地"。全区共有文化经营场所753家，22条街道文化站全部达标，193个社区基本建有文化室，共有63个文化广场、172个群众文艺团体，《情醉珠江》和《西关食通天》获得国家群星奖，荔湾被评为"中国民间文化艺术之乡"。

（二）文化创意产业发展格局

经过近几年的建设发展，荔湾区的文化创意产业走过了一条从自发集聚到政府引导的发展之路，形成了独特的集群化、低成本、聚人气、科技与文化结合、文化与创意融合的基本特点，形成了"南湾、北港、中园、西岛"的文化创意产业发展格局。

1. 南湾——以信义国际会馆、1850文化创意园、922宏信创意园和聚龙村古村落文化创意园等为主的珠江滨水创意产业带

滨水创意产业带位于珠江南岸，西起下市涌，东至沙冲涌，南以芳村大道为界，北抵珠江，江岸长2.4公里，占地面积120万平方米。作为白鹅潭经济圈的核心区，以文化传媒创意、工艺制造创意为主，重点打造环境艺术城、影视动漫城、聚龙民俗博物院、工业设计交流中心、中外乐器设计展览中心等。目前，已引入广州奥美整合传播集团、美国著名运动品牌Under Armour大中华区总部、迪斯尼品牌战略合作伙伴——亚虎传播、省美协、陈永锵渔歌晚唱画廊、西关五宝坊、香港宝丽金唱片集团、嘉禾电影公司、岭南画派重要代表画家司徒乃钟工作室、缤果动漫、香港暌暌服饰设计创意基地、欧盟艺术学校、星际传播（国际）机构和全球最具影响力的中文论坛——天涯社区等。

2. 北港——广州设计港

以周门路为中心，延伸至荔湾路、西华路及中山八路等，包括科工贸园区、设计示范区、金鼎产业园、彩虹座、动感小西关、新景城座等功能区，总建筑面积56160平方米。主要由两大部分组成：一是市、区科技部门主导建设的荔湾区中小企业创新科技园，以建筑设计、咨询策划、服装设计为主；二是原设计港的总部发展区、设计示范区、设计孵化区、设计发展区，主要引进设计类企业和总部型商贸企业，目前进驻广州设计港的企业有120多家，如香港传艺设计中心、拓力方案制作中心、雅真展示设计、博亚展览集团、兴华建筑设计、河海大学设计院广州分院以及台湾地区的饰品设计公司等。

3. 中园——广州工业设计科技园

位于东沙现代产业集聚区，以工业设计为主导，建设信息交易服务、金融服务、知识产权、培训认证、技术服务、品牌服务六大平台。以电子、外观造型、软件和IC集成电路等高新技术产品的设计、研制和企业孵化作为园区功能定位，利用广州市晟龙电子科技有限公司先进的电子、机械加工设备（如SMT加工中心、IC邦定封装中心、模具制造中心、注塑成型中心）以及十多年从事电子行业丰富的实践经验，提供企业注册、税收登记等一条龙服务。吸引设计企业、科技企业、金融服务企业等高科技项目入园孵化、创业，搭建设计企业与高校的产学研联合共建平台，使"广州工业设计科技园"成为高新企业孵化创业设计基地。

4. 西岛——大坦沙时尚创意岛

大坦沙岛具有良好的自然条件和显著的区位优势，大力发展以液晶平板显示研发及物流、产品展示和DIY制造为主，辅以休闲、健身、娱乐、观光的时尚消费创意产业。其中广东光电基地由研发设计产业区、中华液晶城和海角红楼商务配套区三大板块组成。已经引入广东平板显示产业促进会、广东省LED产业联盟、中华液晶网、赛西电子研究院等近50家机构和企业，涵盖了光电领域的芯片开发、工业设计、LED照明、液晶模组、太阳能光伏、数字电视、数码钢琴以及检验检测、维修服务等，上中下游企业齐备，产业链完整。

（三）创意产业发展特点

1. 实现了时尚与历史的对接

探索出了保护历史风貌、改善城市环境与发展创意产业和谐共进的开发模式。荔湾区拥有大量的古洋楼、老厂房和旧仓库，这些建筑所处地理位置优越，外部环境宽松，可塑性强。在保护历史建筑风貌的前提下，通过内部改造，使建筑变为创意产业基地，解决了发展载体问题。荔湾区在实施"西联""中调""退二进三""三旧"改造等策略时，充分整合利用闲置厂房、仓库资源，推进园区内环境整治，完善公共服务设施，引进时尚设计、时尚展览等创意产业，以时尚设计与展示为支柱，凸显时尚创意特色，深入挖掘历史文化元素，打造集休闲、娱乐于一体，融合现代商业、历史文化的创意产业园，既盘活了资源，又保护了历史建筑，为经济发展培育了新的增长点。

2. 走出了产学研一体化发展的示范路子

着力引入"微笑曲线"中的研发、营销、支持服务等提供产业链中具有高端、高附加值服务的大型机构和高科技企业，集聚 LED 产业企业和平板相关领域企业，打造出了"你中有我，我中有你"的有机互动的价值链，基地获广东省首批"现代服务业集聚区"称号。除引进中国电子技术标准化研究所这种"国家队"成员之外，也引进和组建了广东平板显示产业促进会、广东省 LED 产业联盟，有效提升产业技术竞争力。与华南理工大学、中南大学共同组建产学研联盟，推动科技成果在基地转化及产业化，促进行业关键技术自主创新，并为基地企业培养输送人才，全面提升产业综合竞争力。

3. 凸显了深厚的文化底蕴

荔湾区独特的区域环境和悠久的历史积淀了独具特色和风格的地域文化。古代、近代和现代文明的交汇以及中西方文化的交融，不仅展现了岭南文化的深厚底蕴和独特的岭南文化风情，而且对荔湾区经济发展产生积极的推动作用。强大的文化竞争力成为荔湾区的独特优势，营造了良好的文化创意环境，也为集聚创意人才提供了很好的展示舞台和激发创意思维的氛围。荔湾区的滨水地带沿河集聚了毓灵桥、德国教堂、协同和机器厂、亚细亚油库龙唛仓等多个历史古迹。这些优越的自然基础条件和独特的文化魅力必然成为吸引更多创意企业集聚的磁场。

二 荔湾区大力发展文化创意产业的主要措施

文化是荔湾的王牌，荔湾区将文化保育传承与民生、经济、社会建设等互融共促，产生出生产力；将开发利用与有效保护相结合，充分发挥"穿针引线"的作用，串起城区内散落的文化珍珠；挖掘内涵，拿出更有规模和影响力的文化品牌，融合生态、商业、旅游、休闲等要素，焕发旧城的"第二春"。

（一）加快建设文化载体，打造岭南文化会客厅

1. 高规格建设"五区一街"，打造特色旅游品牌

围绕陈家祠岭南文化广场区、荔枝湾文化休闲区、沙面欧陆风情休闲区、上下九商业步行街、十三行商埠文化区、水秀花香生态文化区，确立不同的街区主题，融入多种生活和生产经营业态，把"五区一街"建设成为人文荟萃的岭南文化展示载体。以"西关风情最广州"的理念指导特色街区建设，统筹好业态布局，协同发展，各具特色，凸显"十里荔枝湾，千年西关情"的荔湾特色。加强文化与商贸、旅游、创意等产业的结合，促进经济文化互动，打造具有鲜明地方文化特色的都市旅游品牌。

2. 整合文化旅游资源，展示西关独特魅力

先后修复了聚龙村、锦纶会馆、文塔、西门瓮城遗址、詹天佑故居、蒋光鼐故居等一批带有深刻城市历史印记的文物建筑，保护饮食老字号和名小吃，建成广州美食园泮塘园区，发展西关五宝工艺，支持三月三仁威庙会、坑口生菜会、黄大仙民俗庙会等民俗活动，与文化景点一起串成"西关一日游"经典线路和内容。开发整合推广商务休闲、文化创意、旅游演艺、特色餐饮、中医保健、民俗节庆、时尚购物等具有鲜明地方文化特色的都市旅游产品，形成老西关水城游、名人故里游、美食游、绿道游、民俗风情游、河涌生态游等系列特色旅游线路，丰富提升地区都市旅游的内容和层次。重点扶持打造文化旅游龙头企业，逐步形成品牌或特色产业集群，带动地区旅游产业整体实力与水平迈上新台阶。

3. 提升文化旅游品牌，擦亮西关文化名片

以西关风情为总品牌，进一步加大对西关建筑文化、饮食文化、名人文化、华侨文化、器艺文化、宗教文化、民俗节庆文化、戏曲音乐文化、商业文化的宣传推广力度，重点办好"西关小姐""西关美食节""黄大仙民俗庙会""三月三荔枝湾民俗文化节"等传统民俗文化活动，做到旅游项目品牌化、旅游品牌项目化，塑造鲜明旅游文化形象，提升地区整体吸引力和影响力。充分挖掘荔湾丰富的历史人文资源，强化具有国际影响力的十三行、沙面、西来初地、荔枝湾、白鹅潭等核心文化符号的聚焦功能，增强荔湾文化的国际识别度。

（二）充分发挥文化引领作用，做精文化创意产业

荔湾区以建设世界文化名城核心区为目标，实施文化引领战略，重点发展文化创意产业，精心打造文化发展新高地，提升文化引领功能。

1. 推动创意产业集聚融合发展

依托丰富的历史文化资源，以及一江两岸、水秀花香自然景观的基础条件，整合改造花地河沿岸旧有物业，规划建设多个具有岭南特色风情的独立生态式园区，在"腾笼换鸟"过程中重点吸引文化创意产业总部企业进驻，着力培育创意产业品牌，推动创意产业集聚融合发展。以岭南文化为依托，以文化传媒、工艺制造、时尚消费等文化创意产业为主导，重点发展以研究设计创意、时尚消费创意、咨询策划创意、建筑设计创意、文化传媒创意、工艺制造创意等为主的六大类创意产业。经过近几年的建设发展，荔湾区文化创意产业走过了一条从自发集聚到政府引导的发展之路，形成了独特的集群化、低成本、聚人气、科技与文化结合、文化与创意融合的基本特点。

2. 打造西关特色商贸文化品牌

荔湾在2000多年的历史发展过程中，形成了建筑文化、饮食文化、民俗文化、中医文化、商贸文化、曲艺文化、园林文化、禅宗文化、书画文化、工艺文化十大特色文化，这些都是荔湾文化的精髓。在提升西关特色文化品位的过程中，玉石文化、茶叶文化、花卉文化、古玩文化和美食文化形成了新的五大特色且均是荔湾所独有，市场份额非常大。加大对华林玉器市场、广州美食园、西关古玩市场、芳村茶叶市场和花卉市场的宣传推广力度，提升品牌价值，形成综合性的高端文化消费区。

3. 优化提升步行街传统商贸业

充分利用拥有众多历史文物古迹和老店名店聚集的优势，按照国家 4A 级旅游景区的标准对上下九步行街进行改造和建设。通过资源整合，完善配套设施，以发展名店街为导向，引入和弘扬名、老字号，分步实施步行街全天步行，把上下九步行街一带区域建设成为集购物、娱乐、休闲、观光、旅游于一体、岭南文化特色突出的综合性中心旅游景区，带动步行街周边，辐射地区传统商贸业的发展。

（三）精心打造"岭南风情区"，统筹好业态布局

传统，是经典，是魅力，是文化唯一性的体现，是荔湾有别于其他城区的根本特征。精心打造"一园、一区、一街"，以"西关风情最广州"的理念指导特色街区建设，统筹好业态布局，协同发展，各具特色，凸显"十里荔枝湾，千年西关情"品牌。

1. 建设"西关文化大观园"

加大文化引领功能，提升城区软实力和竞争力，在发展中突显出西关文化和岭南文化亮点，培育旅游市场，加强文化与商贸、旅游、创意等产业的结合，促进经济文化互动。以华林寺、粤剧艺术博物馆、西关大屋、荔枝湾涌、荔湾湖公园、西关广场为依托，恢复城市记忆，打造展示广州 2000 多年历史文化的城市客厅。在城市公共设施、公共建筑、商业建筑和民居等建筑物中注入更多的岭南文化元素，彰显西关特色和水秀花香韵味。通过"西关小姐"评选、美食节、粤曲粤剧汇演等加强宣传和推介，进一步提升荔湾文化旅游的知名度。

2. 构建"十三行商埠文化区"

以十三行博物馆、文化公园、沙面、黄沙、新风港、清平中药材市场为载体，再现"十三行"历史风貌。以"十三行"商贸文化为主线，以旧城改造为抓手，修旧如旧、建新如故，重点发展集购物、饮食、旅游、观光、休闲、娱乐于一体的消费性服务业。将十三行商圈辐射到整个北片，通过空中连廊或专用通道将分散的旅游景点和商业网点串联起来，大力发展商贸文化旅游业。利用综合配套设施比较完善的优势，大力发展总部经济，打造康王路总部经济带；同时充分利用这一区域人气旺、专业市场多的特点，大力推进传统商贸业优化升级，改变经营业态，提升经营档次，使整个区域成为传统服务业提升区。

3. 打造"老字号一条街"

充分挖掘泮塘路、龙津路、恩宁路、十甫路、上下九步行街的饮食文化购物资源，重塑金字招牌。通过制定老字号保护、发展、建设等一系列方案，建成了"广州老字号餐饮手信集聚区"。重点打造特色文化商业街区，加强文化资源开发，修建配套设施，完善旅游功能，打造广州美食园和旅游精品线路，增强城市人文景观和商业功能，提高老字号街区的知名度和美誉度，促进传统商贸业提升和发展。荔湾区现有老字号 22 家，其中广州酒家等 12 家被评定为"中华老字号"，泮塘五秀等 20 家被评定为"广州老字号"。

三　荔湾区文化创意产业发展存在的问题

当前广州正处在加快产业转型升级阶段，文化需求总量大幅度增长。广州建设文化强市和世界文化名城战略，为拥有丰富历史文化资源的荔湾带来了更大的发展空间和难得的历史机遇。同时也要看到，荔湾还缺乏文化精品、拳头产品，缺乏地标性文化载体，许多文化资源优势未能得到充分发挥。

（一）产业发展水平有待提高

文化创意产业链包括创意制作、内容运营和消费体验等环节，只有将这些环节连在一起，才能产生完整的产业链。荔湾区创意产业相关行业之间的关联不紧密，行业融合度不高，尚未形成明显的产业链。文化创意产业增加值占全区生产总值的比重不高，总部经济集群发展水平有待提高。

（二）原创品牌能力有待提升

荔湾区文化创意产业的文化品牌的国际影响力不大，自主创新品牌较为缺乏，许多文化资源优势未能得到充分发挥。由于存在高端人才储备不足、企业专业化服务能力不强、规模小、缺乏核心竞争力等问题，原创内容创作水平不高导致荔湾区创意产业自主创新品牌缺乏，产业品牌化程度不高，创意成果价值不能得到社会广泛认可。

（三）文化资源有待深入挖掘

异彩纷呈的西关饮食文化、繁华热闹的十三行商业文化、体现岭南建筑风格与西方建筑风格相结合的骑楼文化以及反映了不同历史时期经济社会发展水平的众多历史文化遗存等，这些资源目前大部分还没有转化为文化产品和服务，与创意产业发展相脱节。创意产业对这些丰富文化资源挖掘不够、利用不足，导致创意产业游离于本土文化之外，尚未形成具有荔湾特色的创意产业，影响创意产业竞争力的提升。

（四）产业扶持政策有待完善

目前，荔湾区出台了《广州市荔湾区扶持重点企业发展办法》《广州市荔湾区加快推进企业上市工作扶持奖励办法》《荔湾区电子商务产业发展资金补贴办法》等扶持政策支持区内企业发展，但仍然缺乏系统、全面的政策措施来扶持文化创意企业发展，推动文化创意产业进步。

四 荔湾区发展文化创意产业的思路与目标

荔湾区"十二五"规划纲要中提出了积极引进和培育一批自主创新的名家、名牌、名企，形成创意名家荟萃、创意活力无限、创意精品迭出的创意之都，把荔湾建设成为广州富有特色的文化创意城区。到2015年，荔湾文化载体建设将全面完成，各个地标性景区串联成为特色旅游线路，建成城市"10分钟文化圈"，旅游节庆活动品牌效应得以扩大，文化产业增加值占地区生产总值比重达5%以上，将成为广州世界文化名城核心区、岭南文化展示区、全国文化先进区、国家文化产业示范基地。

（一）文化引领功能凸显

深入挖掘、传承和弘扬岭南文化精髓，着力塑造岭南文化荟萃、西关特色凸显的荔湾文化新形象。主打"西关文化、十三行文化、欧陆风情、水秀花香"四大品牌，整合文化旅游资源，高标准配置旅游文化项目和设施，打造旅游精品线路，增强岭南文化辐射力、影响力和吸引力。发展为城市现代化建设和历史文化名城保护服务的建筑、规划、园林绿化、特色街区等建筑设计创意行业；保护西关历史文化，大力挖掘、系统整合历史文化资源，将文化与旅游、环境和产业发展有机、创新、科学地融合，再造文化资源经济价值，提升荔湾文化软实力。

（二）文化创意产业获得发展

建设信义国际会馆、1850创意产业园、922宏信创意园、原创元素创意园等各具特色的创意产业园区，形成珠江黄金西岸滨水创意产业带。发展与工业生产和计算机软件领域相关的研发与设计，包括广告设计、工艺品设计、软件设计、研究与实验发展、计算机服务、技术推广服务及其他科技服务等行业，着力培育引进创意企业总部，扶持动漫、影视、数字传媒、对外文化交流等文化传媒创意行业，努力把荔湾打造成为文化创意时尚之都。

（三）特色旅游目的地形成

建成陈家祠岭南文化广场区、荔枝湾文化休闲区、沙面欧陆风情休闲区、十三行商埠文化区、水秀花香生态文化区和上下九商业步行街，形成"五区一街"特色文化商业街区。发展涉及旅游、购物、休闲、餐饮、宾馆等行业的时尚消费创意行业，整合自然生态元素和历史文化资源，大力发展岭南文化专线旅游，推动文化休闲娱乐、旅游观光和餐饮购物的融合，打造承载岭南文化的标志性旅游目的地，荔枝湾文化休闲区争创国家5A级旅游景区。

（四）十三行商圈得以优化

依托商贸及西关风情，整合提升以十三行遗址为核心的历史文化支撑区，整体打造现代化的国际商贸地区，发展为企业、社会团体和政府等服务的咨询策划创意行业。将十三行商圈辐射到整个北片，通过空中连廊或专用通道将分散的旅游景点和商业网点串联起来，大力发展商贸文化旅游业，打造成为以商业购物、餐饮娱乐及特色酒店为主要功能的旅游休闲商业区，重塑"中国第一商埠"的历史辉煌。

五 荔湾区发展文化创意产业的对策措施

对于如何有效培育文化创意产业，一位法国专家曾有一个形象的说法："传统产业就像种树，创意产业就像种蘑菇"。种树只要针对一棵树，但种蘑菇

需要注重蘑菇房的环境，保持适当的温度、湿度等。发展文化创意产业是一项复杂的系统工程，需要政府和社会各界的共同努力才能完成，因而建立完善的创意产业配套政策、保护创意作品的知识产权是文化创意产业生存和发展的关键。

（一）整合资源，提升实力

荔湾区拥有丰富的历史文化资源，深入挖掘民俗风情、饮食、建筑、中医、商贸、曲艺、园林、禅宗、书画、传统工艺等十大文化元素以及"西关五宝"（三雕一彩一绣），通过加以整合，将为文化创意产业发展提供新载体和创新源泉。按照"一区一品牌，一街一特色"的要求，大力推进"荔湾风华""穗港澳粤剧日""西关印象"等特色文化活动开展，把陈家祠广场、荔枝湾打造成为全市固定的品牌文艺演出场所，积极推动粤剧粤曲等群众文化活动蓬勃开展，进一步擦亮"中国曲艺之乡"的品牌。以各具特色的产业园区和商务楼宇为依托，重点发展以研究设计创意、时尚消费创意、咨询策划创意、建筑设计创意、文化传媒创意、工艺制造创意等为主的六大类创意产业，积极引进和培育一批自主创新的名家、名牌、名企。

（二）加强布局，打造品牌

近年来，荔湾区积极推动文化建设，大力打造文化载体，保护传承岭南文化，激活城市记忆，文化品牌美誉度不断提升。但是，荔湾缺乏能够代表广州的标志性文化商业项目，文化商业潜力有待进一步挖掘，应加强规划布局，发展一批知名度高、竞争力强的文化创意企业，形成品牌效应，并进一步借助各种活动展示平台，积极推广区域品牌。荔湾正在打造的白鹅潭经济圈能为建设大型文化项目提供足够的资源支撑。因此，建议广州市在布局文化产业时，考虑荔湾深厚的文化底蕴和居民日益增长的精神文化需求，将重大公共文化综合项目放在荔湾，进一步增强白鹅潭经济圈辐射力，带动区域发展。

（三）完善政策，扶持企业

文化创意产业的发展，离不开政府的引导和扶持。因此，需要加快制定支持文化创意产业发展的政策和措施，加大政策资金支持力度，对符合政府重点支持方向的项目通过租金补贴、奖励等方式予以扶持，支持文化创意企业做大做强。特别是对于从事创意产业园区或平台建设的单位，应通过多种途径在政策和资金上给予进一步的支持，制定更优惠的政策措施鼓励企业在"退二进三"时发展文化类产业，鼓励企业和民间资本特别是原产权单位积极参与文化产业园区和平台建设，鼓励企业与文化创意产业园区建设单位签订长期合作协议。建立多主体投资、多渠道开发的市场投融资体系，鼓励引进外资，并设立创意产业发展专项资金，扶持创意园区建设和创意企业发展。

（四）规范引导，加快集聚

文化创意产业有别于传统意义上的第二、第三产业，总体上较为分散，缺少必要的载体，无法体现产业集聚效应。要加大扶持力度，做强做优信义国际会馆、广佛数字创意园、1850文化创意园、922宏信创意园、原创元素时尚创意设计产业园、广州设计港等创意产业集聚区，营造良好的发展环境氛围，吸引入驻一批龙头企业，带动形成产业链，使创意产业园区成为名牌创意企业和高端创意人才的集聚地、创意成果的展示窗口。同时，盘活花地河沿岸的旧厂房、旧仓库，引导成为适应城市功能转型的创意产业集聚区。

（五）注重人才，加强培训

文化创意产业的建设离不开人才资源，具有原始创新能力、集成创新能力和引进消化吸纳创新能力的三类人才是发展文化创意产业的关键。建议制订针对文化创意产业高端人才的引进政策，在个人所得税返还、子女就学等方面给予特殊优惠政策，使高端人才能够扎根荔湾，为其创业提供最为优良的环境。制订荔湾区文化创意人才培训计划，培养中高级文化创意人才，增强原创能力，孕育更多的自主创新品牌。全力引进知名培训机构，联合创办文化创意学校，发展职业教育，培养文化创意产业类蓝领工人。对进入园区的培训机构给予税收返还、房租减免、贷款贴息等优惠政策，形成长期稳定的培训机制，源源不断地为文化创意产业企业提供合适的人才。

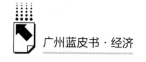

（六）优化服务，完善配套

作为一个新兴的市场化程度很高的产业门类，现有文化创意产业发展的社会支撑体系还很薄弱，制约了创意产业的发展。要从政府职能转变的角度出发，注意把握自身定位，积极搭建公共服务平台，引导社会资源参与创意产业发展。加快在珠江黄金西岸滨水创意产业带和花地河电子商务集聚区等有条件的园区建设公共服务平台项目，包括公共技术服务平台、电子商务公共服务平台、展贸服务平台和商务服务平台等。探索设立或联合搭建创意产业市场转化、产品展示平台和网络游戏及其衍生产品的现代展贸市场。此外，要注重舆论引导，支持园区和企业举办各种形式的论坛、活动等。

（七）强化产权，加大保护

知识产权的保护是创意产业赖以生存和发展的前提和基础。政府职能部门和全社会要把保护知识产权上升到战略高度来认识，采取有力措施加强对产品原创性的承认和保护，在全社会形成保护和尊重个人作品与个人创造力的氛围。积极贯彻落实《知识产权保护法》，制定切实可行的措施，引导和推动创意企业建立和完善专利、商标、版权、著作权和商业秘密的保护制度，强化推广和使用正版软件产品。知识产权的保护关系到文化创意产业的存在与发展，在挖掘整合文化资源、鼓励企业创新的同时，也要注重保护知识产权，必须加强对知识产权侵权违法行为的监管和查处，坚决打击侵犯知识产权的违法行为，确保文化创意市场健康有序发展。

区域经济

Regional Economy

B.8

"北上广"发展比较及广州的追赶策略

张 强　周晓津*

摘　要：

本研究从广州的视角出发，围绕"北上广"这一坐标系进行全方位比较，准确把握自身特点、优势和劣势，科学分析差距形成的深层原因，然后提出广州的应对方略。报告认为，未来广州为保持北上广"第一方阵"的地位：一是要扶"优"，巩固扩大自身的优势因素和资本；二是居"高"，抢占经济制高点，增强高端控制力；三是拓"远"，注重扩大腹地，在不断开拓腹地的过程中壮大自己；四是补"缺"，突破薄弱环节；五是着力培"源"，谋划培育新的经济增长点和动力源。

关键词：

北上广　追赶策略

* 张强，广州市社会科学院经济研究所所长、副研究员，主要从事城市经济、产业经济等领域的应用性研究；周晓津，广州市社会科学院经济研究所副研究员、博士。

2013 年初，广东省新一届领导到广州视察时强调指出，广州要立足于与京沪比较，以京沪为标杆，巩固"北上广"地位。与此同时，随着天津等"追兵"的高速崛起，社会上也出现了一线城市是"北上广"还是"京津沪"的热议。基于以上背景，本研究在对"北上广"发展进行全面比较的基础上，就广州如何巩固"北上广"地位提出策略思考。

一 "北上广"的发展比较

（一）总部经济

总部经济是城市的高端功能，是资源配置的中枢，也是城市辐射力的象征。三市比较，北京总部经济实力居全国第一，上海紧随其后，广州与京沪实力差距较大，仅居全国第 4 位。北京因其独特的首都优势而成为央企总部的集聚中心，而上海以中国的"经济首都"成为跨国公司的云集之地，广州在这两方面的总部资源上完全没有优势，而本土大型企业总部又偏少。此外，从动态的角度看，根据中国总部经济研究中心每年发布的评价结果看，2006～2012年广州总部经济发展指数与京沪的差距进一步拉大了，且排名也从全国的第 3 位下降到现在的第 4 位，被深圳所超越。

表 1 2012 年京沪穗城市总部经济发展实力比较

指标\城市	广州	北京	上海
总部经济发展能力指数	74.27(4)	88.66(1)	86.35(2)
拥有世界 500 强数(家)	1	44	6
引进跨国公司地区总部(个)	47	112	353
上市公司总数(家)	83	219	238

说明：总部经济发展能力指数来源于中国总部经济研究中心发布的"2012 年全国 35 个主要城市总部经济发展能力排行榜"，括号内为城市排名。

（二）金融实力

金融是现代经济的核心和资源配置的枢纽，因而也成为一个城市的核心功能。三市比较，广州金融业规模只有北京、上海的1/3，占城市 GDP 的比重仅为6%,也不到京沪两市的一半。根据国内外经验,一个城市如果是区域金融中心,那么这个城市的金融增加值至少应占到该市 GDP 的 10% 以上,同时各项贷款余额占 GDP 的比值至少要达到 2 以上①,才能说明其在资金业务上具有较强的对外服务能力。与此对照,京沪全部达标,而广州这两项指标分别只有6% 和 1.5,差距仍较大。金融机构总部数一般可反映金融能级的高低,贷款余额与 GDP 之比则反映金融辐射力的强弱,从表 2 可以看出,与京沪相比,广州金融中心既缺乏能级之"高",也缺乏辐射之"远"。

表 2   2012 年京沪穗金融实力比较

指标 \ 城市	广州	北京	上海
金融业增加值(亿元)	850.0	2592.5	2450.4
金融业增加值占 GDP 比重(%)	6.3	14.6	12.2
金融机构总部数(家)	22	141	132
贷款余额/GDP	1.52	2.62	2.01
中国金融中心指数	36(38)	88(89)	100(100)

说明:"中国金融中心指数"由深圳综合开发研究院所编制和发布,栏中括号内为与 2009 年第一期发布指数的对比。

(三)创新能力

总体上看,广州的城市创新能力远逊于京沪两市,这从福布斯公布的"中国城市创新指数"即可看出(见表 3)。

表 3   2012 年京沪穗城市创新实力的比较

指标 \ 城市	广州	北京	上海
福布斯中国城市创新指数	0.8672	0.9744	0.9904
国家重点实验室(个)	7	45	16
两院院士数量(名)	35	911	196
科技活动人员数(万人)	23.8	60.598	37.53
R&D 投入占 GDP 比重(%)	1.80	5.83	3.11
专利授权量(件)	18339	40888	47959
发明专利授权量(件)	3146	15880	9160
经认定高新技术企业(家)	1250	3523	2265
高新技术产品占出口额比重(%)	19.14	31.74	43.84

资料来源:各城市 2012 年国民经济和社会发展统计公报数据及科技信息网。

---

① 黄奇帆:《重庆着力构建区域金融中心》,《中华工商时报》2010 年 9 月 28 日。

其中，在创新的支撑条件上，北京无疑具有压倒性优势，无论是拥有创新机构，还是创新人才，抑或是人口素质结构，广州乃至上海都远落后于北京。而在创新投入上，北京 R&D 投入占 GDP 比重高居榜首（约6%），上海次之（3%），两市这一指标均已达"创新型国家"2%的标线，而广州还不足2%，与京沪差距较大。再从创新产出看，北京、上海专利产出均遥遥领先于广州，广州专利授权量不足北京的1/2，约为上海的1/3。更为关键的是，广州专利产出的总体质量偏低，具有核心技术性质的发明专利所占比重仅为17%，明显低于京沪。最后从创新的经济绩效看，无论从高新技术企业数还是科技对出口的贡献率看，广州都远低于京沪。此外，北京在创意产业上雄霸全国，上海引领高新技术产业发展，广州均远不能与之争锋。

（四）工业制造业

首先，从产业规模看，广州工业总产值和增加值远落后于上海，但略高于北京（见表4）。值得注意的是，广州工业集中程度较低，规模以上工业总产值占工业总产值的比重只有85%，而同期上海、北京分别为95%和91%。与之相关联的是大型龙头企业偏少。在中国制造业500强中，北京有39家，上海有23家，而广州只有5家；而在前10强中，广州竟无一家入围，产业小、散、弱状况可见一斑。其次，从产业结构看，上海、北京重化工业比重均高于广州。其中，北京以中关村为代表的高新技术产业独领风骚，上海更是在汽车、宇航、钢铁、石化、重大装备等战略性领域形成了巨大优势。最后，从产业效益看，广州工业经济综合效益指数略高于京沪，表明广州工业虽然企业规模较小，但经济效益相对较好。

表4　2012年京沪穗工业发展比较

指标＼城市	广州	北京	上海
工业总产值(亿元)	18507.2	15405.8	33186.4
规模以上工业总产值(亿元)	15806.8	14106.1	31675.1
工业增加值(亿元)	4513.9	3294.3	7417.6
规模以上工业增加值(亿元)	3855	3159.3	6446.14
中国制造业500强(家)	5	39	23
工业经济综合效益指数	275	253	268

说明：工业经济综合效益指数为2011年数据。

资料来源：各市2012年统计公报或统计年鉴。

（五）文化实力

文化是一个城市的最高追求，也是城市软实力的重要构成之一。广州虽是历史文化名城，但与北京、上海相比仍有很大差距。从文化产业规模看，京、沪两市遥遥领先，广州仅为北京的50%、上海的60%，远大于它们之间的经济差距。从文化品牌看，广州缺乏有国际重大影响力的文化遗产、项目和品牌，人们一说起世界文化名城，首先想到的是北京、西安和巴黎、罗马等城市，广州尚不能比肩。从文化设施和资源看，北京无疑具有绝对优势，广州、上海都没有世界级遗址。广州的博物馆数、万人拥有公共文化设施面积等也明显低于京沪，但广州作为国家中心城市，国际会议中心、歌剧院等大型文化设施一应俱全。最后，从文化传播力看，北京作为全国文化中心仍遥遥领先，上海、广州大致相当（见表5）。值得注意的是，随着流行文化趋弱及一批文化名人纷纷北上，广州文化的全国影响力出现相对下滑的趋势。

表5　2012年京沪穗城市文化软实力指标的比较

指标\城市	广州	北京	上海
文化产业增加值（亿元）	1050	1989.9	1702.4
文化产业从业人员（万人）	70	140.9	124.8
UNESCO世界级遗址数（个）	0	6	0
博物馆数量（个）	30	162	120
报纸发行量（亿份）	35	79.9	15.61
期刊发行量（万册）	2.0	10.30	1.82
图书出版量（万册）	2.3	23.0	2.89

资料来源：各市2012年统计年鉴或统计公报。

（六）商贸业

就商贸业而言，京沪穗三大城市一道位居全国商贸活动的最顶端。从产业规模看，广州商贸业增加值、社会消费品零售总额等约为上海、北京的70%～80%，低于其经济规模的差幅，表明广州在商贸业上具有一定的比较优势。此外，广州是全国新型商业和消费模式的引领者之一，网上购物和刷卡消费规模均居国内第一位，无愧于"商都"之誉称。从结构层次看，广州连锁率低于京沪，国际知名零售商进驻率和奢侈品牌进驻率等指标也明显低于京沪（见表6），表明广州的商业档次不及京沪，在三市中垫底。此外，商贸实力还体现在对外辐射力上，从批发零售比这一指标看，上海商贸辐射力最强，而广州略高于北京居第二位，与上海的差距并不太大。总体上看，商贸业属广州的强项，同金融、创新等方面比，广州商贸实力与京沪的差距相对较小。

表6 2012年京沪穗城市商贸流通比较

指标＼城市	广州	北京	上海
商品销售总额(亿元)	31800.3	50777.5	53800
社会消费品零售总额(亿元)	5977.3	7702.8	7387.3
商贸业增加值(亿元)	2400	2652	3600
批发零售比	6.15	5.72	7.15
国际知名零售商进驻率(%)	25	37.5	38
国际奢侈品牌进驻率(%)	32	67	64

说明：表中"商贸业增加值"是指批发零售业和住宿餐饮业合计的增加值，国际知名零售商进驻率和奢侈品牌进驻率来源于世邦魏理仕（CBRE）于北京发布的2012年《零售业全球化进程》报告（2012年4月27日）。

资料来源：各城市2012年统计公报和2012年统计年鉴。

（七）交通功能

京沪穗既是国内交通枢纽，也是名副其实的国际交通重要节点。在货运方面，上海凭借优良的港口群和强大的远洋运输能力，货物周转量雄居国内第一位；广州凭借华南中心城市的地位，物流实力仅次于上海居全国第二位。在客运方面，珠三角数以千万计的外来劳动力大都经广州中转，使得广州年旅客周转量雄居国内第一位。从具体交通枢纽方式看，港口物流，上海雄居国内港口货物吞吐量首位，北京无港口，广州港口货物吞吐量虽大，但受香港、深圳的制约多为短途中转；空运方面，已形成京沪穗三大国际枢纽型空港的稳固格局；铁路方面，以北京铁路枢纽能力最强，广州次之，上海最弱（见表7），值得一提的是，随着全国高铁网和珠三角城际轨道网的逐步形成，广州铁路枢纽的能级将进一步提升。

表7　2012年京沪穗交通枢纽功能的比较

指标 \ 城市	广州	北京	上海
年货物周转量(亿吨公里)	2861.19	588.1	20367
年旅客周转量(亿人公里)	1879.09	1527	1307.56
港口货物吞吐量(亿吨)	4.48	0	7.28
机场旅客吞吐量(万人次)	4504.40	8131.91	7456.02
航空货邮吞吐量(万吨)	152.92	166.38	353.93
铁路客运线路(条)	494	676	380

说明：航空货邮吞吐量和机场旅客吞吐量数据来源于中国民用航空局《2011年全国机场生产统计公报》。

（八）经济效率

经济效率反映了一个城市的资源利用效率，一定程度上也反映其财富创造能力。从一些主要衡量指标看，广州人均GDP略高于京沪，规模以上工业经济效益也好于京沪而居首位；而地均GDP和劳动生产率两个指标则均由上海夺魁，表明上海城市集聚效应较好。总体上看，在三大龙头城市中，广州与上海经济效率相当，而北京相对落后（见表8）。

表8　2012年京沪穗城市经济效率的比较

指标 \ 城市	广州	北京	上海
人均GDP(万元)	10.63	8.82	8.56
地均GDP(亿元/平方公里)	7.96	7.41	9.68
劳动生产率(万元)	17.11	16.64	18.20
规模以上工业经济效益综合指数(%)	289	254	268

说明：地均GDP是指城市单位建设用地所产生的GDP。

（九）福利溢出

三大城市中，虽然广州人均GDP最高，显示人均创造财富水平最高，但居民实际获得的人均福利水平（这里主要以居民收入计）却低于上海、略高于北京。从相对值看，京沪的福利溢出率均超过40%，而广州仅为36%，表明广州在全社会创造的经济成果中居民获得的福利占比最低（见表9）。当今发达国家创造的GDP当中，居民工资性收入一般可占到70%左右，目前广州仅为这一标线的一半左右。广州福利溢出率偏低，一方面暴露了国民收入分配上的缺陷，另一方面也与以外资为主导的经济结构有关。此外，相对于京沪，广州产业结构层次偏低、多数行业处于产业链低端也是原因之一。

表9　2012年京沪穗城市福利溢出水平的比较

单位：万元，%

指标\城市	广州	北京	上海
城镇居民人均可支配收入	3.81	3.65	4.02
农村居民人均纯收入	1.69	1.65	1.74
人均GDP	10.63	8.82	8.56
经济成果的福利溢出率	36	41	47

说明：这里"经济成果的福利溢出率"以城镇居民人均可支配收入除以人均GDP粗略表示。

（十）国际交流

从国际交流机构看，广州与京沪蓉同为四大驻外使馆集聚之地，但外国使领馆远远少于京沪。广州迄今还没有国际组织，在引进世界500强和外资金融机构方面也远远落后于京沪。从国际交流设施看，广州拥有国际会展中心等世界级硬件设施，这方面与京沪大致处于同一水平。从国际交流人口看，广州常住外籍人口规模远远落后于京沪，且层次偏低。从国际交流活动看，广州拥有国际友城及外贸总额远落后于京沪，由于国际知名大学难及京沪，广州每年举办有国际影响力的学术会议也较少。不过，广州拥有天下第一展的"广交会"，举办的亚运会也堪与北京奥运会、上海世博会比肩。总体上看，北京、上海无疑是我国最重要的国际交往中心，而广州也有较完备的国际交流功能（见表10）。

表 10　2012 年京沪穗国际交流功能的比较

指标　城市	广州	北京	上海
外国使领馆数(个)	12	160	46
国际组织(个)	0	1	1
国际友好城市(个)	22	41	71
外资金融机构数(家)	62	290	173
引进世界 500 强(家)	170	250	491
外贸进出口总额(亿美元)	1162	4079	4367
常住外籍人口数(万人)	2.5	10.7	20.8
年外国游客数(万人)	276.27	447.41	554.99
外国留学生人数(人)	18000	39141	18531
国际学术会议次数(次)	24	224	109
Google 城市搜索条目数(亿次)	14.3	32.8	26.5

资料来源：外国游客人数来源于国家旅游局统计网站。

通过"北上广"发展的比较可以看出，与京沪比较，广州服务经济相对发达，产业结构相对合理，在人均产出、经济效率、商贸消费、交通功能实力等指标上具有相对优势，但在金融功能、总部经济、创新能力、文化实力、国际交往等具有战略意义的关键功能上与京沪差距较大。此外，经济成果所产生的实际福利溢出也低于京沪两市。

二　广州与京沪存在较大差距的成因分析

（一）城市规模较小是主因

一个城市的综合实力归根到底是由其经济规模所决定的。目前，在三大城市格局中，京沪经济总量遥遥领先，广州远为落后，2012 年广州经济规模仅为上海的 67% 、北京的 75% 。而广州经济规模较小主要是由其城市规模（包括人口与城区规模）相对较小造成的。如表 11 所示，广州的人口规模仅为上海的 54% 、北京的 63% ，而城市建成区面积也仅为上海的 63% 、北京的 78% 。

表 11　京沪穗城市规模与经济规模的比较

指标　城市	北京	上海	广州
城市建成区面积(平方公里)	1268	1563	990
城市常住总人口(万人)	2019	2347	1270
城市 GDP(亿元)	17801	20101	13500
土地利用强度(%)	14.3	35.8	22.8

资料来源：北京统计信息网、上海统计网和广州统计信息网；城市 GDP 为 2012 年数，其余为 2011 年的数据。

(二)国家政策推动力不足

在我国现行体制和背景下，来自中央的政策支持对一个城市的崛起是非常重要的，其作用不仅体现在资源投入上，还表现在功能配置上。广州与京沪的差距首先来自体制权限的制约。三大城市中，京沪均为省级直辖市，其中北京更兼首都之优势，而广州仅为副省级城市，这种体制上的差异使广州在两方面处于劣势：一是地方可控财力较少，与其城市地位和经济规模的排名严重不相称（见表 12）。二是国家级资源和功能配置较少。由于行政级别低，在国家进行资源配置时，广州就不能如直辖市那样直面中央争取，而必须在全省范围内平衡，由此导致国家对广州的资源配置相对较少。目前来看，国家唯一赋予广州并具有全国影响力的也就是"广交会"这一商务平台。广州的发展来自国家的政策支持相对较少。作为首都，北京无疑具有获得国家政策支持的天然优势，庞大的中央各部委机关及下属企事业机构的存在，相应促动了央企总部的高度集聚，从而使北京不仅独享贴近国家政策制定中心的种种便利，在各类政策博弈中也尽享"近水楼台"之优势。而上海能迅速崛起为中国经济的第二极，在相当程度上也是中央政策——浦东大开发战略实施的结果。反观广州，尽管近期也获批南沙新区并上升为国家战略，但与浦东新区、滨海新区等相比，一方面获批时间晚，另一方面国家既没有给予特惠的政策支持，也没有来自中央大项目的实际投入。

表12　广州与国内主要城市经济与财政收入指标的比较

指标 ＼ 城市	广州	北京	上海	天津	苏州	深圳
城市 GDP(亿元)	13500	17801	20101	12885	12115	12950
全市实现税收总收入(亿元)	3555	8057	10409	2560	2600	3728
地方一般预算收入(亿元)	1088	3314	3744	1760	1204	1482
一般预算收入占税收总收入比例(%)	30.6	41.1	36.0	68.8	46.3	39.8
地方一般预算收入占 GDP 比重(%)	8.1	18.6	18.6	13.7	10.0	11.4
人均一般预算财政收入(万元)	0.86	1.64	1.60	1.30	1.15	1.42

说明：由于"源于城市的财政总收入"各市统计口径差异较大，而各市的税收总收入统计口径完全一致，且在城市的财政总收入中占有主体地位，因此这里以"一般预算收入占税收总收入比例"近似地衡量地方财政留成比例。

（三）工业化进程不充分

进入 21 世纪之后，以汽车、石化、钢铁、船舶等为代表，广州工业开始迅速向重型化演进，重化工业为广州带来了巨大的增长动能。然而，好景不长，迫于资源环境和舆论压力，从"十一五"开始，广州迅速将政策重心转向服务经济，在城市定位上聚焦于"国际商贸中心"和"世界文化名城"，在实践上通过"退二进三""腾笼换鸟"、产业转移等政策行动，腾出空间资源大力发展现代服务业。同时对重化工业的扩张实施控制，对于一些具有重大战略价值的重化项目如中科石化、钢铁等先后放弃，从而严重影响了重化工业化的正常进程，也制约了经济"蛋糕"的迅速做大。这种状况表明我们对自身发展阶段的认识存在偏差。事实上，广州的工业化远未完成，也不可跨越。从现实看，广州内生发展能力还比较脆弱，汽车等制造业核心技术仍高度依赖外资，高新技术产业也大多位于全球产业链低端，这表明工业高级化演进还有很长的路要走。

（四）战略性资源争夺不够

现代城市之间的竞争，从根本上讲就是外部资源的竞争，而对于京沪穗这样的大都市而言，则主要体现为对战略性高端资源的争夺，如总部经济、金融资源、跨国公司投资、生产力骨干项目以及国际机构、国际重大活动、海内外

尖端人才等。从现实看，无论从京沪穗比较，还是进一步放大到副省级城市的范畴看，广州在争取战略性高端资源方面的努力显得很不够。

总部经济是反映一个城市经济能级和资源调度与配置能力的象征，因而成为各市不遗余力争夺的战略性资源。北京、上海无疑占据了绝对优势，分别成为央企总部和海外跨国公司入驻中国的总部集聚基地；深圳也后来居上，先后培育出了万科、华为、中兴、腾讯、比亚迪等世界级名企，引进了一大批世界500强，成为仅次于京沪的总部经济基地。而广州在这方面则被远远抛在了后面，进驻的总部企业量多而质低，缺乏"含金量"高的世界名企。

金融资源更是包括京沪在内的许多城市积极争夺的重点对象。目前，北京是四大行总部所在地；上海、深圳获得证券交易所平台；天津获得国家金融改革创新实验区，成为全国规模最大的股权投资基金集聚地；温州获得金融综合改革试点，成为全国的民营金融试点基地；重庆、杭州也不遗余力地争取金融资源，先后获批多个金融交易平台，使得其金融产业规模直逼广州。相比之下，广州迄今所争取到的金融资源成果非常有限，这里面固然有体制和国家政策方面的客观原因，但也有主观努力不够的因素。

央企投资往往规模大、产业带动力强，属于典型的中央高端资源。在现行体制格局下，各地积极争取央企投资已成为地方经济发展的重要途径。然而，在过去相当长的一段时期内，广州在争取国家资源投入尤其是央企投资方面工作力度明显不够，从而导致一些富有战略价值的新兴产业项目（如航空航天、新能源等）极少落户广州。而在这方面，北京、上海尽享先天优势，成为央企及央企项目的集聚地。

吸引外资是我国近些年许多地区崛起的重要经验，特别在引进世界500强和跨国公司方面。广州曾是引进外资的先锋城市，但在进入21世纪之后，随着全国对外开放格局的形成，广州每年实际利用外资长期徘徊在30亿、40亿美元，大大低于上海、北京甚至天津、苏州、深圳、重庆等动辄上百亿美元的水平。近些年，除汽车产业之外，广州在引进大项目方面屡遭挫折，项目数量不少，但标志性大项目或带动力强的生产力骨干项目屈指可数。

（五）区域腹地支撑力不足

城市综合实力的提升离不开所在区域腹地的有力支撑，这种腹地支撑既包括腹地空间规模和区域经济发展水平，也取决于区域经济一体化及主要城市之间的竞合关系。目前，围绕京沪穗三个中心城市，在我国分别形成了三大经济圈，而相比于北京、上海，广州所面临的区域支撑无疑是最弱的。

首先，有效腹地空间较小。从直接腹地的空间规模看，广州所在珠三角经济圈仅有4万平方公里左右，远低于北京所在环渤海经济圈的21万平方公里和上海所在长三角经济圈的11万平方公里。

其次，所面临的区域竞争格局不利。与上海、北京在各自经济圈的绝对龙头地位有所不同，广州所在的珠三角经济圈还同时面临着另外两个能级大致相当的中心城市——香港和深圳的竞争。由此，在小小的珠三角地区，广州的中心城市地位不但面临着国际大都市——香港的强势竞争，在高端服务业方面处于下风，而且还面临着快速崛起的新经济中心——深圳的有力挑战，在高科技制造业方面大大落后。更为不利的是，这两个中心城市均为特区，一个是行政特区，一个是经济特区，能够直接从国家获得许多优惠政策，这使得广州在一些战略性资源的争夺上处于不利地位，许多战略性发展平台、重大改革试验及优质大项目都先后被香港、深圳夺走，许多本来属于广州的优质资源（如企业总部、金融机构等）也因优惠政策吸引而迁往特区，从而使广州可获得的高端资源被大大分薄，中心城市功能效应相对弱化，龙头核能受到了较大程度的削弱。

最后，区域分工协作体系不利于广州。珠三角地区长期形成了以外资经济为主导的格局，而这些外资所需的生产性服务主要在香港等境外地区。同时，由于外资主导的强势，广州自身也被卷入成为外资生产基地的一部分，整个珠三角没有能形成以广州为核心的"总部＋生产基地"的垂直型产业分工体系，由此导致广州与东莞、惠州等二线城市之间缺乏紧密的产业链协作，珠三角的其他城市对广州生产性服务的总体需求不强也不大。而反观上海，由于其在长三角的绝对龙头地位，其他城市都主动寻求与之错位发展或"接轨上海"，避免同质化竞争，使得上海能够雄霸区域产业链高端；即使在环渤海经济圈，随

着北京"十一五"期间将生产制造功能逐步向天津转移,京津的竞合关系得到显著改善,北京进一步向总部经济、金融控制、信息中心、文化创意中心等高端功能演化,形成"服务全国"的格局。

(六)"中心强、郊区弱"的格局没有实质性改善

一个城市的实力和活力,不仅在于中心城区的繁荣,还表现在郊区的强大。在这方面,北京、上海形成了鲜明的对比,而广州更应向上海学习。在北京,包括西城、朝阳、海淀等六区在内的中心主城区占全市 GDP 的比重高达75%左右,人口占比也超过70%,而其面积却不到全市面积的8%,土地产出率大致为郊区的30倍以上。相对而言,上海的主城区 GDP 大约仅占全市的40%,而且比较分散,浦东新区就分流了老城区很大部分的功能和人口,而郊区如青浦、闵行、嘉定、松江等区,其经济产值与核心几个区都大致相当,形成多级驱动。这些远郊强区容纳了大量的就业人口,而上海主城区人口仅为700万左右,不到总人口的1/3。由此,北京尽管拥有首都的功能优势,也具有更大的空间资源,但在综合实力上还是上海要更胜一筹。

反观广州,目前格局更趋向于"北京模式",以越秀、天河为代表的中心城区占到全市 GDP 的近70%、人口的61%,而郊区除萝岗区之外,其他各区(市)经济实力都较弱,远不能与中心区相比。此外,公共服务资源也高度集中配置于中心区,使得郊区副中心或新城的"反磁力"效应很弱,就业人口仍主要拥挤在中心城区,而郊区新城多沦为缺乏实力的"卧城"。中心城区与郊区差别过大,固然保障了中心区的集聚效应,但也造成了郊区的塌陷。仅靠一个主城区的实力去支撑整个大都市的功能和发展,其综合能量毕竟有限,立足于副中心或卫星城而培育多个增长极,才能稳固壮大城市综合实力。

(七)改革精神和"制度红利"的缺失与弱化

北京、上海具有先天体制和国家政策支持的优势,相比之下,广州是更多依赖市场化改革和市场机制的动力发展起来的典范。当年,广州经济实力地位不断上升并得以长期稳固,除了地缘优势外,主要靠的就是大胆锐意的改革精神和不断创新突破的"制度红利",20世纪80年代,广州在制度变革和机制

创新上曾创造了多项全国第一（如首创外经一条街等）。这种改革动力主要来自一批有改革精神的政府官员，探索制度创新，吸引外商企业，培育市场机制，他们为形成新的发展动力和模式，焕发出惊人的敢想敢闯敢干的精神。然而，自跨入新世纪以来，广州在改革创新方面的势头明显减弱，许多新的重大制度创新（如大部制改革、金融创新等）鲜有出自广州，而是来自深圳、苏州、温州、天津、重庆等其他城市，过去广州曾经常享有的"制度红利"日益丧失。当今天广州在城际竞争中又面临被超越的危险而需要进一步发掘和释放新的体制性潜力的时候，广州的改革精神与动力却明显弱化，许多重大改革方案在政府内部即遭到巨大阻力，改革被迫拖延乃至无果而终。因此，广州近些年在各项重大改革中鲜有建树。

三 广州提升龙头核能、缩小与京沪差距的对策思考

鉴于"北上广"超级城市及国家中心城市的定位，要有效缩小与京沪的综合能级差距，广州可考虑从以下五大战略维度来构造其竞争策略。

（一）扶"优"：通过强化优势因素提升广州的经济实力

要尽快缩小与京沪在经济实力上的差距，首先必须立足于发挥广州固有的优势因素，主要包括优势产业和优势区域。一个地区的优势因素往往具有比较优势和更高的经济效率，将资源优先投入优势领域或环节往往能取得较好、较理想的回报。

1. 着力扶持优势产业

汽车、商贸、物流是广州三大传统的优势支柱产业。今后，要利用市、区两级产业发展资金的放大效应，集中资源扶持三大优势产业稳步壮大。首先，全力打造汽车产业集群。引导汽车产业向三产、研发、新能源三大方向拓展，形成集群效应，增强根植性。同时，设立汽车产业发展基金，瞄准核心技术进行突破，提升自主品牌竞争力。其次，引领商贸会展再创辉煌。零售业要围绕建设国际"购物天堂"优化购物环境，提升商业能级，批发业重点是加快老城区专业市场的转型升级，同时，结合会展业打造一批国际采购中心。最后，

巩固现代物流业发展。发挥海陆空铁方式齐备之优势，引导第三方、第四方物流有效拓展，促进国际性、区域性、城市配送型物流有效衔接，推动工业物流、商贸物流、农产品物流、保税物流协调发展，同时加快与电子商务、物联网相结合，大力推进物流园转型及国家电子商务示范城市建设。

2. 着力扶持优势区域

广州的优势区域主要有四大块。一是作为新城市中心的天河区，GDP第一，是服务经济最强区；二是作为现代产业基地的萝岗区，工业规模第一，是工业经济最强区；三是作为国家级新区的南沙区，是典型的政策强区；四是拥有国家级开发区的增城市，是未来发展潜力最大区。其中，天河应围绕CBD、国际金融城、智慧城等高端平台建设，加快引入高能机构和企业总部，全力推动产业高端化，进一步提高经济密度。萝岗应以广州科学城、中新知识城为主要载体，在提升产业能级的同时，增加公共服务，完善商业配套，构建公共中心，优化宜居环境，加快萝岗从"产业功能区"向"城市发展区"转型。南沙应充分利用政策优势，实施"双轨并进"，一方面，加强与港澳深度合作，在金融保险、航运等高端服务领域实施开放突破；另一方面，强化南沙作为汽车、造船、重大装备等先进制造业基地的功能，同时，高度重视打造粤港澳优质生活圈，吸引足够人气，形成城市氛围。增城应按照都市副中心的标准，在做强先进制造业、提升工业园能级的同时，按照"一核三区"的功能布局，完善东部交通枢纽中心规划，打造生态、休闲、智慧、幸福新增城。

3. 着力培育优势资本——城市魅力

城市魅力是指一座城市的功能、名声、制度和形象在国际上逐步增强的知名度和关注度，是城市的无形资本，也是城市发展的加速器。20世纪八九十年代，广州领改革开放风气之先，凭"千年商都"之美誉，率先在商品经济大潮中破浪前行，成为各类人士纷至沓来、经商致富的天堂，其城市魅力独领风骚，这才有"东南西北中，发财到广州"的局面。而20世纪90年代末之后，大量人口（包括许多低端人口）无序涌入所形成的"城中村"、马路经济、社会治安、环境恶化等问题，却成了广州的负资产，广州一度被国人戏称为"国际大墟镇"，加之全国开放格局的形成和长三角的崛起，广州城市魅力大减，影响了高端投资，也导致一批企业总部和文化名人纷纷外迁。广州今天在高端功能上的差距，固然有国家政策的因素，但与自身魅力弱化也不无关系。因此，广州今后应借助"中国第三城"和国家中心城市的名号，强化城市魅力的培育，以综合竞争力提高对外影响力，以独特优势增强城市吸引力，以良好的制度环境和文化氛围营造亲和力，以宏大的发展蓝图创造想象力，高度重视营销城市的特色、潜力、前景和地位。

（二）居"高"：以高端突破提升国家中心城市的控制力

广州与京沪的差距，更大的还是经济功能及产业层次上的差距。因此，今后广州应积极抢占经济制高点，全力培育高端产业、高端环节、高端功能，以提升城市的经济控制力和话语权。

1. 全力打造总部经济

首先，要力保本土企业总部不流失，并不断培育壮大本土企业总部群，同时不遗余力地引进跨国公司的区域总部、腹地乃至全国的总部企业以及企业集团的研发中心、投资中心、采购中心等。其次，精心打造总部集聚载体，这类载体一般位于 CBD 内，但也分布于一些专业性园区，在空间规划上应采取多中心、有特色的分类集聚式布局，形成区域集聚效应。再次，要完善服务体系，借鉴外市经验，成立统一的"总部经济促进中心"，在行政服务上给总部企业发放"办事优先卡"，在相关职能部门办事享受"绿色通道"或"优先办事窗口"服务。最后，设立并逐年扩大"总部经济奖励扶持专项资金"，加大对新入驻总部企业的奖励和资助。

2. 重点突破金融产业

金融是现代经济的核心和资源配置的枢纽，也是广州一直以来的"软肋"。广州具有庞大的金融市场，但却未能形成强大的金融产业。为此，广州应解放思想，积极谋划，准确定位，着力打造金融产业核心竞争力。从错位发展考虑，广州应重点构建区域性产权交易中心、财富管理中心和期货交易中心，并力争在中小微民营金融上实现重大突破。同时，注重扩大金融辐射力，积极引导金融机构在高铁沿线节点城市加快布点，积极谋划设立新的金融交易平台，如区域性票据交易所、信贷资产交易所、外汇交易中心以及场外交易市场等。最后，加快金融功能区建设，精心打造好珠江新城、国际

金融城、民间金融街等各具特色的发展平台，使之成为广州区域金融中心的重要支撑。

3. 全面提升创新驱动力

不断创新才能走在时代前沿、引领产业方向，也才能有话语权和影响力。广州虽被国家确定为创新型城市，但与京、沪甚至深、苏等都有较大差距。为尽快改变创新力相对落后的局面，广州要把握以下着力点：严格实施知识产权保护，坚决打击和严惩假冒、盗版、侵权行为；重点推进国际创新城、天河智慧城等重大创新平台建设，加快培育一批创新龙头企业；落实人才聚集工程，以"千人计划"南方服务中心为依托，构建全球创新网络；加快构建横向协同的创新合作网络，充分推动部门间科技资源共享和重大专项跨部门合作攻关；拓展、丰富区域创新体系，在重视科技创新的同时，进一步将理论创新、经营创新、服务创新、制度创新等纳入综合扶持政策体系，推动全民创新热潮；改善政府创新资金分配机制，纠正企业将创新重点由研发设计、实验开发转向主要针对政府部门实施公关、博弈的异化现象。

（三）拓"远"：借助腹地拓展提高中心城市的势能

构建广阔的腹地是中心城市不断发展壮大的基础，中心城市的集散功能和高端势能主要是在与腹地的互动交流中不断形成和实现的。广州要赶上北京、上海所具有的实力和势能，必须致力于突破相对狭小的腹地限制，巩固直接腹地、争取竞争腹地、争夺潜在腹地。

1. 借助高铁网络拓展经济"版图"

在巩固与珠三角产业协作的同时，广州应充分利用高铁网络拓展其经济腹地。一方面，加快华南高铁网建设，协助推进贵广高铁、南广高铁建设，积极协调规划由广州到福州、赣南地区等新高铁线路规划，提高广州与周边省区的快捷通达能力；另一方面，借助高铁网络谋划"高铁经济"产业链，充分发挥国家中心城市的功能优势，努力推动高铁相关资源在广州集聚与整合，然后向沿线节点城市进行相关产业及技术输出，积极参与当地高铁商圈、高铁新城、高铁产业园等重大项目建设。此外，发挥区域合作及"双转移"的政策效应，积极拓展与广西、湖南、江西等外省区的产业合作，鼓励本地龙头企业实施跨省区产业投资，大力引导和鼓励具有资本实力的优势品牌企业在高铁沿线节点城市加强战略性布点，借助捷运系统拓展市场空间。

2. 谋划以"经济飞地"方式实现非地域经济增长

借鉴上海及广州"产业转移园"的经验，积极谋划建立区外或腹地的"经济飞地"，运用市场手段，充分依托资金、人才、项目、信息优势，以优势要素与土地资源充沛的地区建立经济开发利益共同体。双方可以对在外区建成的工业园区进行新的股权组合和运作方式设计，外区提供配套成熟的工业园区，广州则可利用商务平台优势和产业高度化优势，对园区实施新的包装和定位，园区可由一方承包运作，园区税收存量依然为外区所有，新的增量则由双方分成；也可由双方各携优势，联袂运作，从园区获得的财力由双方分享。

3. 进一步强化珠三角腹地内的区域整合

珠三角是广州的直接腹地，广州要发挥强大的辐射力，必须立足于构建坚实的内核——珠三角都市圈，而这需要进一步的区域优化与整合。首先，应进一步扩充广州的行政区域版图，建议兼并周边的龙门、佛冈等欠发达地区，以缓解广州产业用地之不足，也有利于带动这些地区的发展。其次，继续推进广州与珠三角的"同城化"，实施"同城化"发展。虽各市不属一个行政区域，但在功能上趋于协同与互补，有利于放大中心城市的某些枢纽功能，如广州的铁路（含高铁）、港口、机场等就会变成全珠三角地区的交通枢纽，这实际上就提升了广州的影响力与辐射力。最后，就是要重视研究如何发挥双城效应的问题，深化穗港、穗深的合作，不能只看到它们之间的竞争性，还要研究谋划如何扩大穗、港、深合作共赢的问题。

（四）补"缺"：顺应"第三次工业革命"，重振制造业雄风

当前，发达国家普遍在"制造业回归"，而以制造业为本的国家大多表现稳健"抢眼"，如德国、新加坡。广州既没有首都那样调度全国资源的特殊优势，也不具备上海那样在区域内独一无二的统治地位，因此广州不具有超越工业化阶段直接以服务经济号令天下的能力。当前，世界正步入"第三次工业革命"，即以数字化设计制造技术、互联网技术和再生性能源技术的重大创新与融合，导致工业、产业乃至全社会层面发生重大变革。广州应准确把握第三

次工业革命的特征，深化工业化进程，强化制造业地位，树立"工业赚钱稳、新兴产业赚钱多"的理念，走"实业兴邦、工业强市"的发展道路，全力推动工业向高端化、高质化、高新化演进，避免像香港那样过早陷入"空心化"的泥淖。

1. 谋求集聚效应，推动园区工业集群化

目前，广州已逐渐完成了工业园区化，但还远没有实现园区工业集群化，即以龙头企业带动、产业链上下游企业协同配合、互为价值链、具备较大规模和专业特色的园区或基地还寥寥无几，产业集聚效应还远没有发挥出来。下一步，广州应以花都汽车产业基地为示范，积极引导大型专业型工业基地或园区推进产业集群化，大力引进上下游配套厂商和相关生产者服务业集聚，以形成健康发展的态势。

2. 顺应第三次工业革命，全力扶持战略新兴产业

第三次工业革命以新的信息智能技术广泛应用为标志、以新能源装备制造为主要内容、以新的工业生产方式为主要特征，而其标志性产业就是新能源、网络经济和智能产业。为此，我们要深入理解第三次工业革命的实质，主动进行战略性布局，积极扶持和引进具有新工业革命特征的主导产业。要突出抓好网络经济，扶持相关龙头企业上市做大；积极介入新能源领域的投资，选好具有广州特色的优势品种重点突破；重点扶持智能装备技术的开发，同时，支持智能化生产技术在传统产业中的大规模普及应用。此外，广州更要就可再生能源与互联网技术的产业融合——能源互联网体系开展战略性研究和投资。

3. 顺应沿海产业升级趋势，全力振兴装备制造业

金融危机之后，浙江、福建及广东省珠三角地区的传统轻纺加工业已失去了竞争力，从而先后步入产业升级行动中，而这种升级所需的各种重大装备大多依赖进口，国内也只有上海、南京、大连等几个中心城市可以部分替代性生产。近年来，我国各类装备进口的市场、国际上发展中国家的装备市场逆势增长，年均增长在15%以上，这块"大蛋糕"基本上被发达国家所垄断。广州作为珠三角的龙头，必须在提供高端制造或工业"母机"上有所作为，这既是广州的比较优势所在，也是自身产业结构升级的必然方向。装备制造业是个庞大领域，根据产业基础和未来市场趋势，建议广州市重点选择在轨道交通、航空航天、智能制造、环保节能、生物医药等几个领域形成区域优势。

（五）培"源"：通过实施功能布局规划打造新的区域增长极

"繁荣看市区，实力看郊区"。目前，广州开始实施"123"功能布局规划，致力于打造2个新城区、3个副中心（实际上就是5个副中心）。通过在5个副中心"强功能、长肌肉"，培植新的增长极和动力源，显著提升郊区发展实力，从而推动广州城市综合能级实现新的重大跨越。在功能布局规划实施过程中，广州需注意以下几点。

1. 注意引导副中心的差异化发展

着力凸显各副中心的主导功能特色。从国际大都市的经验看，副中心往往不止一个，而这些围绕主中心的副中心只有形成各具特色的发展格局，才有利于副中心的健康发展，避免恶性竞争带来的低效率。

2. 大力推动都会区人口向副中心疏解转移

副中心要真正壮大，仅仅通过推进当地人口城市化和吸收外来低端打工者落户，难以对副中心形成较强的消费支撑力，副中心的壮大要与郊区化运动相结合。广州应借鉴东京等建设副中心新城的经验，实施综合性扶持政策：一方面，通过限制在中心区新建扩建工厂、医院及教育设施，对私家车征收交通拥堵费，提高停车费标准以及对市内企业开征"拥挤费"等措施，控制中心区就业和人口的进一步集中；另一方面，通过实施交通补助、大规模建设郊区公共房屋、加大对副中心公共服务的转移支付等政策，鼓励和吸引中心城区人口到副中心居住、创业。

3. 优化工业布局，增强副中心的核心驱动力

基于土地资源的相对优势，副中心一般应以工业为主导，但必须侧重于高科技、高加工度的"环境友好型"产业。此外，要注重土地的集约节约利用，严格招商选资，提高准入标准，要把单位土地的投资密度、产出密度、创税密度以及污染排放强度等作为工业园区的约束性指标，提高土地利用率和产业发展质量。

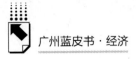

4. 规划建好副中心的 CBD

CBD 不仅代表城市形象，更是高端功能集聚的中心，是总部经济的主要载体。CBD 建好了，能够吸引许多高能机构包括金融机构、企业总部及公共服务机构等入驻，从而带来高端要素的集聚和经济能量的辐射，也带来较多税收和投资性机会，这是壮大副中心的有效途径。近年来，世界 CBD 出现了向 CAD（中央活动区）演化的趋势，CAD 增加了旅游、休闲、文化、教育等多元功能，增加了公共活动的空间，注重与生态休闲景点相结合，注入了更多的历史文化元素，使得 CBD 活力显著增强，这种趋势值得我们高度关注。

广州与周边城市的区域经济关系研究*

丁焕峰　刘心怡**

摘　要：

本文在测度广州辐射腹地范围、广州与周边区域经济关系和空间相关关系分析的基础上，认为广州与周边城市的区域经济关系不是简单的二元空间结构，即中心—外围关系，而主要有四类区域经济关系：广州—深圳是中心交互型；广州—佛山、东莞、中山、惠州、清远是邻域渗透型；广州—汕头、湛江、韶关是次中心转移型；广州—其他城市是中心与边缘扩散型。

关键词：

城市综合发展力　中心城市辐射腹地　区域经济关系

一　引言

城市通过极化效应发展成为区域性的经济、政治、文化中心之后，会反过来通过扩散效应带动和影响周边腹地区域的发展，从而形成城市向外影响或辐射的外部效应场域，即城市的影响或吸引范围。确定城市空间吸引范围是城市规划与经济区研究中的一项重要工作，已成为当前城市研究中的热点[1]。目前，国内外学者对城市影响范围的研究主要集中在城市的经济[2~3]、金融[4~5]

---

* 教育部新世纪优秀人才支持计划（NCET - 12 - 0202）、全国统计科研计划项目一般项目（2012LY134）、国家社会科学基金重大项目（11&ZD154）等资助。

** 丁焕峰，华南理工大学经济与贸易学院教授、博士、博士生导师，主要研究领域为区域经济统计与城市发展、空间外部性理论与实证；刘心怡，博士研究生，主要研究领域为区域经济统计与城市发展。

等影响范围的确定和区域规划与行政边界的划分。[6~8]在实证研究中采用的方法主要有场强分析法[9]、引力模型[10]和断裂点方法[11]等，近年有学者不断试图将 Voronoi 图用于城市影响范围及经济区划分问题的分析。[12~14]

经过多年的发展，2013 年广州市地区生产总值达到 15420.14 亿元，人均地区生产总值超过 10 万元，达到中等发达国家水平。广州是国家中心城市，是我国经济最发达、市场体系最完善、对外开放程度最高的城市之一，是珠江三角洲地区的核心城市，也是华南地区经济、文化和科教中心，在全国推动经济社会发展和深化改革开放中发挥了重要的先行示范和带动作用。在珠江三角洲经济一体化的理论研究与实践中，如何确定广东省不同行政隶属关系的地区之间的区域经济关系，特别是如何发挥中心城市辐射带动作用，对珠江三角洲的经济整合、振兴粤东西北地区等区域经济政策的制定具有关键的意义。

在研究中心城市对周边地区经济发展和区域空间结构的影响、中心城市在区域经济发展中的地位和作用的现有理论中，增长极理论和"中心—外围"模型一直占据主导地位。改革开放以来，广东省特别是珠江三角洲地区的快速发展，某种意义上使得广州市与周边城市的发展日益接近。珠江三角洲地区空间非二元结构特征是较为明显的，必须科学合理地分析广州与周边城市的区域经济关系，不能简单用"中心—外围"模型来解释广州的极化与扩散效应。[15]

本文在对广州市辐射能力的详细分析基础上，界定广州市对广东省其他城市的辐射方式和区域关系类型。通过以下几个方面来研究：①运用城市断裂点理论对广州辐射力的空间范围进行测算；②运用地缘经济关系进一步分析广州市与周边城市的经济关系以及不同的关系类型；③运用空间自相关性分析来判断广州经济增长对周边地区的经济带动作用。

二 广州辐射腹地圈测度

广州市作为广东省的省会城市、珠三角的核心区域，在 GDP、人口等多方面多年位居广东省第一，也是广东省经济、政治、文化的中心。但广州市一直维持其中心地位、确保起到增长极的作用，是探讨广州市对广东省经济增长作用的前提和基础。中心城市的辐射强度主要通过其辐射腹地圈的大小来反映，本文主要采用综合评价法测度广州市城市发展状况，再运用城市断裂点理论对广州市腹地范围进行测算。

（一）城市综合发展力测度

本文将从经济规模、人口规模、基础设施、社会发展水平和持续发展能力五个方面构建多指标综合评价体系，采用因子分析法测度城市综合发展力，避免单一指标的片面性。城市综合发展力指标体系见表1。

表1 城市综合发展力指标体系

综合发展力	一级指标	二级指标
城市综合发展力	经济规模	地区生产总值
		进出口总额
		社会消费品总额
	人口规模	常住人口
		职工平均工资
	基础设施	卫生事业机构个数
		公共图书馆
	社会发展水平	单位 GDP 电耗
		工业烟尘排放总量
		城镇登记失业率
	持续发展能力	固定资产投资总额
		财政支出
		政府所属科研机构经费支出

说明：如无特殊说明，本文数据主要来源于 1993～2011 年《广东统计年鉴》《中国城市统计年鉴》《广东工业统计年鉴》，文中所涉及的城市距离采用 google earth 标尺工具度量的以两城市市政府为中心的直线距离，数据在进行分析前均进行了相关预处理。

由于各指标量纲不同，为保证因子分析结果的有效性，对 2001～2011 年十年数据进行标准化处理，负向指标采用倒数化处理。运用 SPSS 软件对 2001～2011 年广东省各地级市城市综合规模分别进行因子分析，KMO 值达到 0.65 以上，说明因子分析有效。按照特征根大于 1 的标准选择，提取三个公因子，同时累积方差贡献率均达到了 80% 以上，对原指标解释度较好。根据因子载荷矩阵结果显示，第一公因子在地区生产总值、进出口总额、社会消费品总额、常住人口、职工平均工资、固定资产投资总额、财政支出、政府所属科研机构经费支出方面具有较大载荷，主要为经济类指标，归为经济动力因子；第二公因子在卫生事业机构个数、公共图书馆、城镇登记失业率等3个指标上具有较大载荷，主要为社会基础设施建设与文化发展水平类指标，归为文化动力因子；第三公因子在单位GDP电耗、工业烟尘排放总量两个指标上具有较大载荷，主要为环境类指标，本文将其归为环境动力因子。

本文根据 SPSS 分析结果，将旋转因子方差贡献率按照公式 $S_A = \dfrac{Var_A}{Var_A + Var_B}$ 处理后，与因子得分加权求和，计算城市综合发展力得分。为了避免负值的出现，将综合发展力得分标准化后，规定序列最小值为1，维持原区间长度。具体结果见表2。

表2　各城市发展力综合得分情况

地区＼年份	2001	2002	2003	2004	2005	2006	2007	2008	2009	2010	2011	2012
广　州	5.05	4.99	4.98	4.92	4.88	4.63	4.80	4.43	4.80	4.90	4.78	5.00
深　圳	3.94	4.06	4.10	4.15	3.89	4.37	4.28	4.65	4.17	4.20	4.26	4.10
珠　海	1.30	1.26	1.25	1.27	1.34	1.33	1.32	1.35	1.32	1.25	1.51	1.27
汕　头	1.54	1.63	1.41	1.44	1.49	1.30	1.35	1.59	1.27	1.37	1.54	1.43
佛　山	2.16	2.14	2.18	2.23	2.34	2.27	2.24	2.26	2.41	2.33	2.51	2.42
韶　关	1.28	1.26	1.14	1.21	1.25	1.01	1.21	1.29	1.17	1.32	1.30	1.34
河　源	1.01	1.00	1.00	1.00	1.06	1.00	1.09	1.11	1.01	1.17	1.19	1.06
梅　州	1.37	1.60	1.33	1.49	1.38	1.22	1.37	1.40	1.27	1.40	1.62	1.46
惠　州	2.11	2.15	1.46	1.47	1.46	1.36	1.41	1.81	1.47	1.49	1.80	1.59
汕　尾	1.00	1.03	2.24	1.98	1.00	1.51	1.28	1.18	1.17	1.18	1.03	1.30
东　莞	2.02	2.15	2.21	2.31	2.80	2.15	2.03	2.27	2.22	2.00	2.57	1.93
中　山	1.35	1.35	1.39	1.43	1.57	1.38	1.27	1.32	1.86	1.39	1.83	1.33
江　门	1.52	1.56	1.46	1.47	1.51	1.31	1.37	1.39	1.39	1.42	1.65	1.44
阳　江	1.03	1.06	1.03	1.00	1.00	1.18	1.17	1.10	1.19	1.11	1.08	1.16
湛　江	1.52	1.52	1.58	1.52	1.43	1.70	1.78	1.57	1.65	1.63	1.40	2.00
茂　名	1.41	1.40	1.47	1.42	1.25	1.76	1.68	1.32	1.59	1.43	1.20	1.86
肇　庆	1.33	1.35	1.49	1.38	1.31	1.22	1.25	1.24	1.27	1.40	1.52	1.38
清　远	1.28	1.29	1.22	1.23	1.28	1.06	1.33	1.39	1.27	1.44	1.30	1.37
潮　州	1.14	1.14	1.23	1.15	1.20	1.11	1.06	1.15	1.04	1.05	1.24	1.00
揭　阳	1.45	1.56	1.68	1.44	1.23	1.29	1.21	1.14	1.20	1.24	1.27	1.20
云　浮	1.02	1.03	1.13	1.07	1.03	1.04	1.00	1.00	1.00	1.00	1.00	1.19

资料来源：本表为作者计算所得。

由表 2 看出，广州与深圳二者得分相近，均处于广东省中心位置。整体来看，广州市的城市综合规模略高于深圳市，两市明显高于广东省其他地区，珠三角地区城市又明显高于粤东西北地区。

（二）广州城市辐射腹地圈

城市在对周边地区经济辐射的同时，也在不断吸引生产要素，即具有引力效应，由此相邻城市之间互相产生引力，引力随距离增加而衰减。在相邻城市间的某一点引力达到平衡状态，出现吸引力的断裂，则该点为两城市的断裂点。康弗斯提出断裂点模型，认为一个城市的腹地范围应当由两城市的规模与距离所决定，两城市的引力平衡点即为断裂点。具体计算公式如下：

$$d_A = \frac{D_{AB}}{1 + \sqrt{P_B/P_A}}$$

其中，D_{AB} 为两城市之间距离，d_A 为断裂点距 A 城市距离，P_A、P_B 分别为两城市规模大小。

城市断裂点模型多采用单一指标如 GDP、人口规模，本文采用 GDP 作为城市规模指标，计算结果见表 3、表 4 和图 1。

表 3　单指标法计算各城市断裂点距离

单位：公里

地区＼年份	2001	2002	2003	2004	2005	2006	2007	2008	2009	2010	2011	2012
深圳	53.8	53.1	52.7	52.6	52.6	52.7	52.7	52.8	53.5	53.6	53.1	52.7
珠海	73.8	73.9	74.0	74.2	74.3	74.3	74.1	74.5	75.1	75.2	75.1	75.3
汕头	251.3	254.3	257.0	258.1	258.7	260.0	260.5	260.8	262.3	262.6	265.5	264.8
佛山	11.5	11.5	11.5	11.4	11.3	11.2	11.0	10.9	10.9	11.0	11.1	11.1
韶关	148.6	149.2	149.6	150.0	150.6	150.6	150.5	150.5	151.2	151.1	150.6	150.4
河源	136.5	136.5	136.5	135.9	134.9	133.8	133.1	132.7	133.6	133.6	133.0	133.3
梅州	218.1	219.0	219.9	219.7	220.8	222.1	222.0	221.8	222.3	222.3	222.3	223.0
惠州	83.7	84.0	84.6	84.7	84.6	84.7	84.6	84.5	84.7	84.2	83.7	83.2
汕尾	179.9	180.6	181.7	182.1	182.8	182.9	182.8	182.2	182.1	181.9	181.6	181.3
东莞	32.4	32.1	31.8	31.5	31.3	31.1	31.0	30.9	31.4	31.7	31.9	32.1
中山	50.2	50.0	49.7	49.4	48.9	48.9	48.8	48.9	48.9	48.8	48.7	48.5
江门	44.5	44.9	45.4	45.7	45.7	45.8	45.7	45.7	46.1	46.1	46.1	46.5
阳江	154.6	155.0	155.7	155.9	155.7	156.0	155.6	155.3	155.6	155.1	154.5	153.6

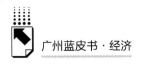

续表

地区\年份	2001	2002	2003	2004	2005	2006	2007	2008	2009	2010	2011	2012
湛江	264.2	266.3	267.4	268.8	267.7	268.0	268.3	267.7	268.0	266.9	265.3	265.2
茂名	205.3	205.9	206.8	208.4	207.9	208.8	210.3	209.5	212.3	211.4	211.1	210.6
肇庆	63.0	63.3	63.6	63.6	63.6	63.8	63.9	63.6	63.0	62.5	62.1	62.0
清远	52.1	52.4	52.5	52.3	51.8	51.1	50.3	49.8	49.6	49.1	50.4	50.8
潮州	276.8	278.5	280.2	281.3	281.7	282.4	282.8	282.6	283.3	283.5	283.5	283.5
揭阳	240.5	242.8	245.4	248.2	249.9	250.4	249.6	247.7	247.3	245.9	244.4	243.2
云浮	104.0	104.8	105.5	105.7	105.7	106.0	106.5	106.3	106.6	106.7	106.3	106.3
深圳	53.8	53.1	52.7	52.6	52.6	52.7	52.7	52.8	53.5	53.6	53.1	52.7
珠海	73.8	73.9	74.0	74.2	74.3	74.3	74.1	74.5	75.1	75.2	75.1	75.3

资料来源：作者计算所得。

表4 单指标法计算各城市断裂点距离占城市距离比重

单位：%

地区\年份	2001	2002	2003	2004	2005	2006	2007	2008	2009	2010	2011	2012
深圳	51.7	50.9	50.6	50.5	50.5	50.5	50.6	50.6	51.4	51.4	51.0	50.6
珠海	73.5	73.7	73.7	74.0	74.0	74.0	73.8	74.2	74.8	74.9	74.8	75.0
汕头	71.7	72.5	73.3	73.6	73.8	74.2	74.3	74.4	74.8	74.9	75.7	75.5
佛山	60.7	60.8	60.7	60.4	59.5	59.0	58.4	57.9	57.9	58.0	58.6	58.9
韶关	78.5	78.8	79.0	79.3	79.6	79.6	79.5	79.5	79.9	79.9	79.6	79.5
河源	84.4	84.4	84.4	84.0	83.4	82.7	82.3	82.0	82.6	82.6	82.2	82.4
梅州	79.2	79.5	79.9	79.8	80.2	80.7	80.6	80.6	80.8	80.7	80.7	81.0
惠州	70.9	71.2	71.7	71.8	71.7	71.8	71.7	71.6	71.8	71.4	70.9	70.5
汕尾	81.8	82.2	82.7	82.9	83.2	83.2	83.2	82.9	82.9	82.8	82.6	82.5
东莞	62.9	62.2	61.7	61.1	60.6	60.3	60.0	59.8	60.9	61.4	61.8	62.2
中山	72.6	72.3	71.9	71.5	70.8	70.8	70.6	70.7	70.7	70.7	70.4	70.2
江门	69.7	70.4	71.2	71.7	71.7	71.7	71.7	71.7	72.3	72.3	72.3	72.9
阳江	80.1	80.4	80.7	80.8	80.7	80.9	80.7	80.5	80.6	80.4	80.1	79.6
湛江	72.7	73.3	73.6	74.0	73.7	73.7	73.8	73.7	73.8	73.4	73.0	73.0
茂名	70.8	70.9	71.3	71.7	71.6	72.0	72.5	72.2	73.1	72.9	72.7	72.6
肇庆	76.5	76.8	77.2	77.1	77.2	77.7	77.6	77.2	76.5	75.9	75.4	75.3
清远	80.5	80.8	81.0	80.7	80.0	78.9	77.6	76.8	76.5	75.9	77.9	78.4
潮州	79.5	80.0	80.5	80.8	80.9	81.1	81.2	81.2	81.4	81.4	81.4	81.4
揭阳	74.9	75.6	76.4	77.3	77.8	77.9	77.7	77.1	77.0	76.5	76.1	75.7
云浮	81.7	82.3	82.9	83.0	83.1	83.3	83.7	83.5	83.7	83.8	83.6	83.5

资料来源：作者计算所得。

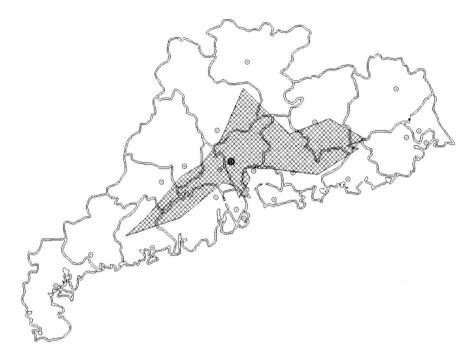

图1　广州市辐射腹地范围示意图

从表3与表4的结果来看，广州市的辐射腹地范围总体上变化较小、较为稳定，总体呈现扩大趋势，表明广州市作为中心城市，辐射能力稳中有升。

三　广州市与其他区域经济关系测度

广东省内共有21个地级市，广州市与各个城市之间都存在着大规模的贸易往来和要素流动，但对于不同地区的辐射作用却各有不同，因此对广州市与其他区域经济关系的测度对于探究广州市经济增长带动全省经济增长起到了渠道研究的作用。对于经济关系的测度多采用地缘经济关系法，包括竞争型、互补型及边缘型等经济关系类型。考虑区域间经济连接主要表现为地区间的要素流动，指标选取应能较好地反映这一状况，因此本文选取了以下指标来反映地缘经济关系：

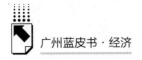

X_1 = 某地区固定资产投资总额/该地区当年地区生产总值;

X_2 = 某地区职工工资总额/该地区当年地区生产总值;

X_3 = 某地区第二产业总产值/该地区第三产业总产值;

X_4 = 公路货运量/货运总量。

X_1 反映资本转换效率的高低, X_2 反映劳动力转换效率, X_3 反映产业结构优化度, X_4 反映要素流动条件。四个综合指标可以反映广东省各市间的生产要素空间流通状况。

鉴于指标可得性,选择 2004~2011 年广东省 21 个地级市数据并进行标准化处理,数据来源于《广东统计年鉴》及《中国城市统计年鉴》。

判断两个城市的地缘经济关系类型,主要通过计算欧氏距离,计算公式如下:

$$D_{ij} = \sqrt{\sum_{K}^{4} (X'_{ik} - X'_{jk})^2}$$

其中, D_{ij} 为两城市之间的欧氏距离, X'_{ik}, X'_{jk} 表示两个城市第 k 项指标标准化后的相关数据。

鉴于城市空间距离对要素流动有较大影响,在测算两地的地缘经济关系时,需对城市间距离进行调整。本文采用两种方法分别进行调整,具体操作如下:

方法一:在已知各城市直线距离的条件下,引入调整系数对标准化后的欧氏距离进行调整。调整系数设定标准如表 5 所示(以城市断裂点计算中使用的各市直线距离 S 作为参考)。

表 5　距离调整系数值

K	S(千米)	K	S(千米)
2	(0,50)	1.2	[150,200)
1.8	[50,100)	1	[200,250)
1.5	[100,150)	0.8	[250, +∞)

对欧氏距离按照权重进行调整,计算公式如下:

$$KD_{ij} = K_{ij} \times D'_{ij}$$

其中，KD_{ij} 为 i、j 城市间经调整后的欧氏距离，K_{ij} 为调整系数，D_{ij}' 为 i、j 两城市初始欧氏距离 D_{ij} 的标准化。调整结果如表6所示。

表6　广州市与广东省其他城市距离调整后欧氏距离值

地区＼年份	2004	2005	2006	2007	2008	2009	2010	2011	2012
深圳	-0.096	-2.280	-2.900	-3.175	-3.302	-2.861	-3.107	-2.708	-3.934
珠海	-2.487	-2.437	-1.632	-1.300	-0.867	-1.015	-0.666	-1.112	-0.037
汕头	-0.717	-0.535	-0.527	-0.614	-0.555	-0.195	-0.112	-0.628	-0.077
佛山	0.951	2.386	2.763	2.935	2.842	2.690	2.548	2.790	0.298
韶关	0.028	-1.115	-1.462	-1.043	-0.475	-0.956	-1.193	-1.069	-0.547
河源	0.419	1.044	1.874	1.687	1.115	0.835	0.480	0.062	0.064
梅州	-0.009	-0.091	-0.302	-0.687	-0.715	-0.908	-0.884	-1.254	-0.543
惠州	0.724	0.513	0.312	0.375	0.148	0.848	1.681	0.619	-0.320
汕尾	0.406	1.045	0.984	0.675	0.708	0.877	0.803	0.206	0.766
东莞	1.258	1.043	2.043	1.258	0.488	-0.142	-0.172	0.306	-0.250
中山	3.867	1.963	1.334	0.839	0.346	0.395	0.261	-0.153	-0.832
江门	-2.440	-1.262	-0.612	-0.290	0.129	1.307	0.127	0.876	-0.535
阳江	-1.121	-1.726	-0.956	-0.371	-0.006	-0.551	-0.460	0.539	0.837
湛江	-1.356	-0.512	-0.494	-0.367	-0.278	-0.556	-0.611	-0.384	-0.520
茂名	0.196	0.269	-0.361	-0.453	-0.441	-0.658	-0.628	0.095	-0.191
肇庆	-1.361	-2.018	-2.042	-2.261	-2.184	-1.930	-1.480	0.748	0.876
清远	1.682	1.281	1.797	2.856	4.500	4.089	3.468	-1.477	-1.484
潮州	0.060	0.573	0.419	0.237	0.015	0.175	0.129	0.098	0.518
揭阳	1.264	1.221	0.764	0.967	0.669	0.882	1.339	2.135	1.980
云浮	-0.071	0.520	0.192	0.264	-0.252	-0.201	0.040	1.020	2.141

资料来源：作者计算所得。

方法二：在已知各市地理位置的状况下，引入调整系数对标准化后的欧氏距离进行调整。调整系数设定标准如下（参照与广州的地理位置关系），计算方法同上，调整系数见表7，调整后的欧氏距离计算结果见表8。

表7　位置调整系数值

K	R	K	R
2	相邻	1	间隔两个城市
1.5	间隔一个城市	0.8	间隔三个城市

表8　广州市与广东省其他城市距离调整后欧氏距离值

地区＼年份	2004	2005	2006	2007	2008	2009	2010	2011	2012
深圳	− 0.096	− 2.280	− 2.900	− 3.175	− 3.302	− 2.861	− 3.107	− 2.708	− 3.934
珠海	− 1.658	− 1.625	− 1.088	− 0.867	− 0.578	− 0.677	− 0.444	− 0.742	− 0.025
汕头	− 0.717	− 0.535	− 0.527	− 0.614	− 0.555	− 0.195	− 0.112	− 0.628	− 0.077
佛山	0.951	2.386	2.763	2.935	2.842	2.690	2.548	2.790	0.298
韶关	0.046	− 1.859	− 2.437	− 1.739	− 0.792	− 1.594	− 1.988	− 1.782	− 0.911
河源	0.524	1.305	2.342	2.109	1.394	1.044	0.601	0.078	0.080
梅州	− 0.011	− 0.114	− 0.378	− 0.859	− 0.894	− 1.134	− 1.105	− 1.567	− 0.679
惠州	0.965	0.684	0.416	0.500	0.197	1.131	2.241	0.825	− 0.427
汕尾	0.609	1.568	1.476	1.012	1.062	1.316	1.204	0.308	1.149
东莞	1.397	1.159	2.270	1.398	0.542	− 0.158	− 0.191	0.340	− 0.277
中山	3.223	1.636	1.111	0.699	0.288	0.329	0.217	− 0.128	− 0.693
江门	− 2.033	− 1.052	− 0.510	− 0.242	0.108	1.089	0.105	0.730	− 0.446
阳江	− 0.934	− 1.438	− 0.796	− 0.309	− 0.005	− 0.459	− 0.383	0.449	0.698
湛江	− 1.356	− 0.512	− 0.494	− 0.367	− 0.278	− 0.556	− 0.611	− 0.384	− 0.520
茂名	0.245	0.336	− 0.451	− 0.567	− 0.551	− 0.822	− 0.785	0.118	− 0.238
肇庆	− 1.134	− 1.682	− 1.702	− 1.884	− 1.820	− 1.608	− 1.234	0.623	0.730
清远	1.869	1.423	1.997	3.174	5.000	4.543	3.854	− 1.642	− 1.649
潮州	0.060	0.573	0.419	0.237	0.015	0.175	0.129	0.098	0.518
揭阳	1.580	1.526	0.955	1.209	0.836	1.102	1.674	2.669	2.475
云浮	− 0.071	0.520	0.192	0.264	− 0.252	− 0.201	0.040	1.020	2.141

资料来源：作者计算所得。

上述两种方法分析结果较为一致，结合实际情况，本文将广州市与其他各市的地缘经济关系初步分为以下五种，具体见表9。

表9　广州市与其他城市地缘经济关系分类

关系类型	距离区间	城　　市
强互补型	$[1.5, +\infty)$	佛山、清远
一般互补型	$[0.5, 1.5]$	河源、惠州、汕尾、东莞、中山、揭阳
关系不明确型	$(-0.5, 0.5)$	湛江、茂名、潮州、云浮、江门
一般竞争型	$(-1.5, -0.5)$	珠海、汕头、韶关、梅州、阳江、肇庆
强竞争型	$(-\infty, -1.5)$	深圳

根据上述地缘经济分析结果，得出广州市与广东省内其他城市地缘经济关系的几个特点。

首先广州市辐射能力逐渐增强。由表9可见，一是深圳及周边珠海、汕头等城市与广州市的竞争关系逐年减弱，佛山、惠州等城市与广州的互补关系逐渐增强；二是与广州呈现竞争格局的城市数量及程度均不断下降。

其次广州与各市的地缘经济关系具有很强的区域特征性。竞争型城市主要为深圳及周边地区；互补型城市大多分布于珠三角中心地带，整体经济状况较好；一般型城市多为珠三角的外围城市，经济处于起步阶段。

四 广州市经济增长对其他区域的带动作用

2012年广州市GDP占全省22.43%，对广东省整体经济具有举足轻重的直接作用，但作为一个区域辐射源，广州市对其他城市的间接影响能力，尤其是发挥空间集聚优势水平，从而带动周边城市协同发展的能力，也是我们探讨广州市经济增长对全省经济增长作用的重要方面。当前，针对某一个城市对周边城市的间接影响的测度还没有科学、普适性的研究，但是对于基于区域差异的经济增长相关性分析能够为我们提供一个宏观的视角。

（一）全局自相关分析

主要用于分析整个研究区域全部空间对象的某一个相同属性取值的空间分布状况，最常用的空间自相关模型为 Moran I 指数。采用全局空间自相关方法分析广东省经济增长的总体空间特征，以拓扑邻接关系和反距离加权构建空间权重矩阵，对各个地级市的经济增长指标进行分析，各年的结果参见表10。从表10可以看出，2005~2011年的 Moran I 值均显著大于0，说明各市经济增长水平之间存在正相关。取显著性水平 $\alpha = 0.05$，可得 Z 临界值为1.96，表中的 Z 值均大于1.96，说明经济增长的空间自相关性是高度显著的。

表 10 广东省经济增长全局自相关分析结果

年份	2001	2002	2003	2004	2005	2006	2007	2008	2009	2010	2011	2012
Moran I	0.341	0.359	0.377	0.398	0.423	0.435	0.449	0.452	0.440	0.430	0.416	0.404
Z(I)	3.244	3.381	3.514	3.675	3.846	3.926	4.021	4.030	3.947	3.883	3.793	3.708
p 值	0.001	0.001	0.000	0.000	0.000	0.000	0.000	0.000	0.000	0.000	0.000	0.000

说明：本表为作者计算所得。

经济增长呈现高度显著的空间自相关性，说明广东省的经济增长长期具有以区域为增长极的辐射能力。广州市的经济总量占到接近四分之一，因而以广

州市为核心的区域对其他城市的辐射带动能力可以认为是高度显著的。同时，我们也看到，以广州市为核心的区域对其他城市的辐射带动能力是具有层级差异的，为了反映出这种差异，我们深入对其做局部自相关分析。

（二）局部自相关分析

局部自相关分析的目的在于分析某一空间对象取值的邻近空间聚类关系、空间不稳定性及空间结构框架。局部 I 系数是一种基于空间距离权重矩阵的空间局部自相关指标。局部相关的 I 指数定义为：

$$I_i = \frac{\sum\limits_{j}^{n} W'_{ij} Z_j}{\sum\limits_{j}^{n} Z_j}$$

其中，I_i 表示城市 i 的邻居城市的观测值高低，W'_{ij} 是对按距离设定的空间权重矩阵 W_{ij} 进行标准化后的矩阵，Z_j 为城市 j 的标准化观测值。在显著水平下（$p \leqslant 0.05$），当 I_i 和 Z_i（城市 i 的标准化观测值）均为正时，表明位置 i 处的观测值和它邻居城市的观测值均为高值区，即高高集聚（HH）；当 I_i 为负、Z_i 为正时，表明位置 i 处的观测值大于它邻居城市的观测值，即高低集聚区（HL）；当 I_i 为正、Z_i 为负时，表明位置 i 处的观测值小于它邻居城市的观测值，即低高集聚（LH）；当 I_i 和 Z_i 均为负时，表明位置 i 处的观测值和它邻居城市的观测值均为低值区，即低集聚（LL）。

从图 2 可以看出，2012 年，广州市经济总量与周围城市的空间相关性显著，HH 型说明广州市的 GDP 增长与其周围邻近城市的 GDP 增长均为高高集聚。同样为 HH 型的还有深圳、东莞、佛山，而其他城市的经济增长在空间相关性上表现为不显著（统计意义上）。由于广州市的经济总量占全省最高，因而该区域可认为是广州中心城市辐射带动能力最为明显的区域。对其他城市的相关性不显著，表明未来广州市在产业结构调整、城市发展规划中，与该类城市有更大的合作发展空间。图 3、图 4 为分别从第二产业和第三产业衡量的广州市与周围城市的空间相关性，可以看出，第二、第三产业的空间影响效果与 GDP 总量对邻近城市的影响效果表现基本一致。由于广州市第二、第三产业产值占全

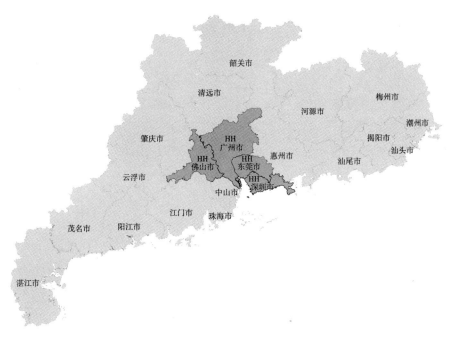

图 2　2012 年广东省经济增长的局部自相关分析

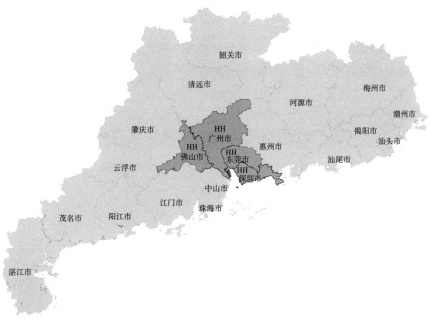

图 3　2012 年广东省第二产业的局部自相关分析

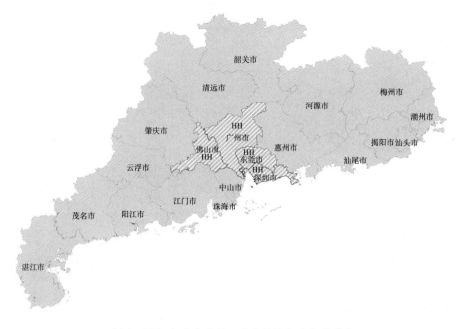

图4　2011年广东省第三产业的局部自相关分析

省最高，该区域同样可认为是广州中心城市辐射带动能力最为明显的区域。广州市与深圳市均呈现 HH 型的发展态势，两者在第三产业的发展上都表现为对周围城市的辐射带动效果，且存在一定竞争关系。广州与佛山均呈现 HH 型，说明近年来广佛同城化效果较为明显，也充分证明了广州中心城市的辐射带动能力。

五　广州与周边城市区域关系分析

（一）区域经济关系类型分析

结合广州市辐射腹地范围及地缘经济关系的几大特点，并参考广东省整体发展的变化趋势，从区位角度分析经济发展关系，对广州与广东省内其他城市的区域关系进行简单分类。

1. 中心交互型

在一定区域内存在两个或多个城市，为该区域经济社会文化中心，城市之间的要素流动支撑整个区域的经济流动发展的模式即为中心交互型区域发展模式。根据上文分析，广州与深圳二者发展程度相当，广州对佛山、东莞等周边地区有较明显辐射作用，深圳对汕头、汕尾、揭阳等具有较强的带动作用（另行计算）。二者之间生产要素流入流出量较大，辐射范围有重叠，为典型的中心交互型区域关系。位于二者之间的东莞，受广州市影响较大，反映广州的辐射能力略强。

2. 次中心转移型

在中心城市辐射下，本身既具有一定经济文化实力又能对周边地区进行辐射的发展模式，为次中心转移型。多为一省副中心城市，综合实力较周边城市强大，拥有独特的优势资源，与主中心城市有一定距离，可以被赋予带动周边区域发展重任的特大城市或大城市。根据广东省振兴粤东西北的决定，汕头、湛江、韶关将建设为粤东西北区域中心城市，三市分属粤东西北，自身具有一定规模，对周围具有一定辐射力，与广州地缘经济关系均不明确，为典型次中心转移型区域经济关系。

3. 邻域渗透型

中心城市发展初期大量吸收周围资源，形成极化效应，一定规模后对周边地区形成反馈效应，为邻域渗透型关系。随着广佛同城化、珠三角一体化政策的实施，广州带动佛山、清远、惠州、东莞、中山等市成为珠三角的核心地域，形成了以广州为核心、逐渐向周边五市渗透发展的邻域渗透型局面。

4. 中心边缘扩散型

中心城市的增长极效应通过贸易往来、生产要素流动等机制向周围扩散，带动扩散地区增长的模式，为中心边缘扩散型。广东省内其他地区大都处于珠三角外围，广州对其辐射力有限。近年来广东省实行双转移政策，珠三角优势产业转移促进当地发展，为二次辐射的发展模式，本文认为这些地区与广州为中心边缘扩散型。

（二）区域经济关系因素分解

佩鲁于1950年提出增长极理论，认为在区域经济增长过程中主要有两种效应——极化效应和扩散效应。极化效应多出现在发展前期，是指快速增长的推动性产业和生产要素不断集中于区域中心。扩散效应主要出现在已有成形的经济中心，是指生产要素及优势产业由中心城市向周围扩散，产生较大的乘数

作用的过程。目前广州市已进入扩散效应阶段，针对上文广州市与周边地区的四种区域经济关系类型，本文认为主要有以下原因。

一是政策因素。广东省区域发展政策由最初的重点发展珠三角地区向粤东西北山区全面发展转变。广东省"十一五"规划提出"珠三角要提升发展层次，继续做优做强"，强调发展珠三角地区经济，加强粤港澳合作。"十二五"规划提出"推进珠三角经济一体化，强化广州作为国家中心城市、综合性门户城市和区域文化教育中心的地位"；"推动珠三角经济一体化取得实质性进展，提升珠三角城市群整体竞争力"；"促进粤东西北跨越发展，重大交通基础设施项目重点向经济欠发达地区倾斜"。从广东省规划来看，广州的中心地位进一步加强，使得广州与深圳的中心交互型区域经济关系近几年有逐渐减弱趋势；以广佛同城化为示范发展珠三角一体化，加强了广州对周边地区的经济带动作用；通过优势产业转移、加快生产要素流动等措施，加强粤东西北跨越发展，经济增长实现溢出效应，双转移政策的实施，有目的的将珠三角优势产业向周边偏远地区转移，形成二次辐射局面。

二是空间结构因素。从广东省的自然地理条件来看，平原地区主要分布在珠三角和潮汕地区，山地丘陵主要分布于粤东、粤北、粤西地区，这种自然条件差异的累积造成了广东省内珠三角地区经济发达、粤东西北经济落后的局面。从增长扩散方向来看，由中心向周围辐射与空间结构有着很大的关系：离中心越近，辐射作用越大，区位优势越为明显，也进而造成了广东省这四种经济区域经济关系类型。

三是传统文化延续。广东省省内文化差异较为明显，主要有广府、潮汕、客家三种文化种类，并且有各自独特的语言及生活习惯，与广东省经济发展的情况相对应。广府文化较为开放，相应地区经济较为发达；潮汕地区传统文化较为闭塞，虽有汕头、汕尾两个沿海开放城市，但仍旧与珠三角有一定差距；客家地区由于主要为外地迁入，经济也较为落后。

六　结论与简要建议

广州与省内周边城市主要有四类区域经济关系：广州—深圳是中心交互

型；广州—佛山、东莞、中山、惠州、清远是邻域渗透型；广州—汕头、湛江、韶关是次中心转移型；广州—其他城市是中心与边缘扩散型。

对于中心交互型城市，应继续保持二者较高的经济联系量，互相竞争促进发展，更好地发挥增长极作用；对于次中心转移型，应当充分利用政策倾斜，承接广州辐射，多引入强增长性企业，形成覆盖全省的经济辐射架构；对于领域渗透型，应结合自身城市特点，发挥区位优势推行同城化，实现规模经济，将珠三角打造成一个经济体；对于扩散型，应加强与中心城市的联系，注重道路交通建设，使溢出效应发挥到最大，在一定条件下可考虑设立中心城市卫星城等加快当地经济建设。

参考文献

[1] 梅志雄、徐颂军、欧阳军：《珠三角城市群城市空间吸引范围界定及其变化》，《经济地理》2012 年第 12 期。
[2] 冯德显、贾晶、巧旭宁：《区域性中心城市辐射力及其评价——以郑州市为例》，《地理科学》2006 年第 3 期。
[3] 何龙斌：《省际边缘区接受中心城市经济辐射研究》，《经济纵横》2013 年第 6 期。
[4] 陈浩、姚星垣：《长三角城市金融辐射力的实证研究》，《上海金融》2005 年第 9 期。
[5] 陈莹：《区域金融中心辐射力研究——以南京为例的实证分析》，《南京社会科学》2013 年第 2 期。
[6] 张伟、顾朝林：《城市与区域规划模型系统》，东南大学出版社，2000。
[7] 贾若祥、侯晓丽：《山东省省际边界地区发展研究》，《地域研究与开发》2003 年第 2 期。
[8] 王国霞：《都市区空间范围的划分方法》，《经济地理》2008 年第 2 期。
[9] Wilson A G. , *Complex spatial systems*: *The modeling foundations of urban and regional analysis*, Singapore：Pearson Education Asia Pte Ltd. , 2000：63 - 64.
[10] 刘继生、陈彦光：《运用分形城市引力模型对城市体系空间作用的引力进行了探讨》，《地理科学》2000 年第 6 期。
[11] 段七零：《基于断裂点理论的南京经济腹地界定及层次划分》，《长江流域资源与环境》2010 年第 8 期。

[12] 王新生等:《Voronoi 图的扩展、生成及其应用于界定城市空间影响范围》,《华中师范大学学报》(自然科学版) 2002 年第 1 期。

[13] 闫卫阳、秦耀辰等:《城市断裂点理论的验证、扩展及应用》,《人文地理》2004 年第 2 期。

[14] 庞宇等:《基于加权 Voronoi 图的安徽省城市影响范围及经济区划分》,《安徽师范大学学报》(自然科学版) 2007 年第 5 期。

[15] 陈建军、姚先国:《论上海和浙江的区域经济联系——一个关于"中心—边缘"理论和"极化—扩散"效应的实证研究》,《中国工业经济》2003 年第 5 期。

[16] 杨再高、陈来卿、陈亚鸥:《中心城市与区域合作发展理论与实践》,广东经济出版社,2007。

[17] 左正:《广州定位国家中心城市及拓展战略腹地的构想》,《城市观察》2009 年第 2 期。

[18] Peter Karl Kresl, Balwant Singh, Competitiveness and the Urban Economy: Twenty-four Large US Metropolitan Areas, *Urban Studies*. 1999, 36: 5 – 6.

[19] Baldwin, R. E., The Core-Periphery Model with forward-looking expectations, *Regional science and urban economics*, 2001, 31: 21 – 49.

[20] 邓春玉:《基于对外经济联系与地缘经济关系匹配的广州国家中心城市战略分析》,《地理科学》2009 年第 3 期。

广州推进珠江——西江
经济带建设的战略思考

章旺平　肖　翎　刘湘霞*

摘　要：

为进一步推动我国西部地区的大发展，国家最近提出要重点推进珠江——西江经济带建设引领区域经济协调发展，引起社会的普遍关注。在推进珠江——西江经济带建设中，广州作为珠江——西江经济带核心城市、国家中心城市，要充分发挥城市比较优势和中心城市的引擎作用，在生态保护、产业合作、科技创新、社会服务等重点领域推进珠江——西江经济带建设。

关键词：

珠江——西江经济带　合作

珠江——西江经济带①（以下简称经济带）包括广西壮族自治区的南宁、柳州、梧州、贵港、百色、来宾、崇左7市和广东省的广州、佛山、肇庆、云浮4市，区域面积16.5万平方公里。经济带自然禀赋优良、航运条件优越、交通体系完整、产业基础较好，是珠江三角洲地区经济发展战略腹地、我国西南地区的出海大通道，也是我国加强与东盟合作发展的前沿地带，在全国区域协调发展和面向东盟开放合作中具有重要战略地位。

---

* 章旺平，广州市发展和改革委员会党组成员、重点项目办主任；肖翎，广州市发展和改革委员会副巡视员；刘湘霞，广州市发展和改革委员会区域发展处处长。

① 西江是珠江水系重要组成部分，西接云贵、贯穿广西、东连粤港澳，是我国重要的通航河流，素有"黄金水道"之称，是国家内河水运规划"两横一纵两网"主骨架中的一横。

一 广州推进珠江——西江经济带
建设基础和战略意义

（一）发展基础

中央要求广东成为发展中国特色社会主义的排头兵，广西成为我国西南中南地区开放发展新的战略支点。加快经济带开放发展，体现了中央的战略要求，顺应了我国经济由沿海向沿江拓展的战略趋势。广东、广西深化区域合作，加快推动交通基础设施互联互通、产业转移融合发展，务实推进经济一体化，为经济带开放发展创造了良好环境。广州历史上就是"中国南大门"，综合实力较强，综合服务功能突出，国际化程度高，在经济带规划建设中核心城市辐射带动作用地位突出。另外，2013年5月21日，广州市和广西壮族自治区签署了《关于进一步加强合作的会谈备忘录》，明确提出要依托西江黄金水道和海运，拓展广州港与广西西江沿线城市港口间的航运业务，加快开发西江航运资源，促进沿江经济带发展。

（二）战略意义

推动经济带开放发展，一是有利于完善沿江产业布局，加快产业转型升级，培育新增长极，建设我国西南、中南地区开放发展新的战略支点，促进中国经济提质增效。二是有利于广州发挥国家中心城市的辐射带动作用。从地域上看，广州是珠江——西江流域重要的组成部分，统筹开发利用珠江——西江黄金水道，有利于广州充分发挥经济基础雄厚、文化科技资源丰富、交通基础设施发达等优势，增强国家中心城市的经济辐射功能、创新带动功能、交通枢纽功能和对外交流功能，进一步提升广州服务全国、辐射全国的能级水平。三是有利于加强广州与广西的区域合作。广西西江流域上中游城市具有劳动力、土地、自然资源等比较优势，加强合作有利于广州弥补自身城市发展土地资源稀缺等短板，有助于促进双方在环境保护、产业发展、经济社会融合等方面协调发展。

二 推进珠江——西江经济带建设的总体思路

按照西江经济带打造成为我国南方国土开发主轴、对接中国—东盟自由贸易区战略平台的发展战略目标要求，广州在推进西江经济带建设中的功能定位是：立足珠三角，连接港澳，服务中西部，面向东盟，充分发挥国家中心城市辐射带动作用，加强合作与交流，全方位拓展开放合作的广度和深度，成为中国—东盟开放合作的集商贸、物流、制造和信息交流为一体的发展平台，成为带动、支撑西部大开发的战略高地和开放度高、辐射力强、经济繁荣、社会和谐、生态良好、对接东盟—港澳的枢纽门户城市。围绕功能定位，广州推进西江经济带建设发展的战略重点如下。

（一）提升中心城市功能，全方位引领西江经济带发展

加强广州国家中心城市建设，努力迈进世界先进城市行列，打造具有全球影响力的国际商贸中心、城市科技文化开放度和集聚度显著提升的世界文化名城。以市场为导向，发挥比较优势，瞄准集聚高端要素强、市场需求大的产业高端环节，抢占产业发展制高点，形成竞争力强、辐射带动强的产业结构，进一步提升服务全国、辐射全国能级水平，全方位、多层次引领西江经济带发展。

（二）增强国际大通道能力，拓展开放合作新空间

发挥空港、海港等战略性资源优势，进一步增强和提升现代化港口、空港、信息港、铁路枢纽等功能性、网络化重大交通信息基础设施枢纽功能。依托综合交通信息枢纽，大力发展水水联运、空陆联运等多式联运，推动多种运输方式高效连接，构筑联通港澳、串联西江经济带、对接东盟的国际战略大通道，拓展广州发展腹地和合作空间，形成广州与珠三角、与港澳、与西江经济带、与泛珠三角、与东盟的多层次、高水平的区域合作发展新格局。

（三）加强生态保护建设，增强西江经济带可持续发展能力

生态环境保护是广州与西江经济带区域合作的关键领域。按照可持续发展的要求，积极配合和推进环境保护、生态建设、水资源利用及饮用水安全等领域的合作，建立长期、稳定的合作机制，提高西江经济带区域资源能源利用效率，增强区域可持续发展能力。

（四）着力推进改革，创新开放合作的体制机制

加快建立中心城市和经济带（区）合作发展的体制机制，加大企业改革力度，建立生态补偿机制，深化土地管理、投融资、劳动就业等方面的体制改革，发挥中心城市创新引领作用，携领西江经济带建立统一开放、竞争有序的现代市场体系。

三　推进珠江——西江经济带建设重点合作领域

以环境保护、产业合作、基础设施、社会民生、改革开放等领域合作为重点，全面推进西江经济带规划建设。

（一）加强区域生态环境保护合作

珠江——西江经济带合作发展要以生态保护合作为前提，以加强流域水环境污染和空气污染治理作为环境保护合作的重要切入点，通过建立联防联治长效机制，强化绿色生态屏障建设。合理保护利用水资源，改善区域生态环境质量，构建可持续的区域生态环境。

1. 加强生态屏障建设

充分发挥广州在低碳经济、循环经济发展的技术优势，参与统筹西江经济带生态安全保障体系。加强推动西江经济带培育发展低碳经济，构建区域低碳化发展新格局。根据主体功能区规划，积极参与经济带工业统筹发展，严格实施区域产业项目的节能评估和审查制度，提升产业准入门槛。加强推进低碳技术开发合作、开展碳金融交易，建立西江经济带低碳经济发展的市场体系和政

策体系，创建全国区域低碳发展经济带示范区。制订西江跨区域水资源保护区划分方案，加强跨界区域的流域生态系统保护，推进西江和北江流域及河涌支流的水源涵养林、水土保持林的保护与建设。

2. 强化环境污染联防联治

按照国家主体功能区实施要求，重点加强珠江——西江经济带污染物排放总量控制，强化流域的监管和治理，合作推进区域水环境整治，确保河流跨界断面水质达标和水环境功能区达标。完善区域内环境状况信息共享机制，推进区域污染治理相互协调，共同监测大气污染和水域污染情况。

加强控制流域的面状污染源，统筹协调建设流域内污水收集和处理系统，实现水环境保护设施资源的共建共享。积极推动区域内各行政区协调工业发展布局、垃圾和废弃物填埋场规划等方面的统筹发展。

3. 区域环保产业合作

发挥广州在危险废物处理技术、工业废水处理技术和人工湿地保护技术等方面的经验、技术和人才优势，立足珠江——西江经济带实际，通过区域投融资体制改革，创新推动区域环保产业一体化发展模式，增强区域内环境保护技术水平。积极推动广州与西江经济带各市在城市合作经营中的联合污水处理项目，探索以企业为主体开展环保项目合作的新路子。

4. 水资源开发与节约利用

加强西江流域水环境功能区和水资源保护区统筹规划，联合制定水功能区和水资源保护区的环境保护标准。共同建立西江流域水环境安全预警机制，完善水质监控网络和水环境保护信息互通机制，通过流域上下游共同治理污染、统筹调整工业布局等措施保护水资源，重点对江河、湖泊、水库等水资源环境进行监管与协调。

（二）构建区域发展通道

统筹协调基础设施一体化建设，重点推动高速路、港口码头、内河航运等战略性交通基础设施建设，整体强化经济带的通道联系，夯实区域合作基础设施承载功能。

1. 增强国际级综合交通枢纽功能

拓展国际航空枢纽功能。推进建设广州第二机场，加快推进广州白云国际机场扩建工程，加强经济带内的机场交通枢纽衔接。推动广州白云国际机场与西江经济带的国际货运业务合作，共同推进机场信息网络、票务平台和广告业务等合作项目，拓展航空枢纽的辐射腹地。

加强广州港主枢纽港建设。以港口基础设施建设为重点，构筑以铁路、江海联运为主的现代港口集疏运体系，建设综合性枢纽港和国际集装箱干线港，提升港口辐射带动功能。积极推进广州航运交易所建设，将船舶交易、航运金融保险、航运经纪、海事仲裁、航运信息、航运人才等现代航运服务逐步拓展到西江中上游区域。

强化广州陆路交通主枢纽地位。以优化完善广州南站、广州站、广州东站等终端功能枢纽为重点，加快推进贵广、南广、广深港、广东西部沿海高速铁路建设，强化全国铁路枢纽地位。加强交通终端枢纽功能区与城际轨道、高快速路及城市主干道衔接，建设综合换乘枢纽，形成以广州为中心，覆盖珠三角、西江经济带乃至泛珠三角地区的一体化陆路交通网络。

全力推动西江经济带通道建设。以广州为枢纽，积极参与和建设广州联通西江经济带的交通发展轴线，构建一体化区域交通物流网络。发挥广州在西江经济带合作中的桥梁和纽带作用，畅通广州与西江经济带城市的交通联系。依托广梧高速、广贺高速、广佛肇高速，重点推进二广高速、贵广高速、贵广高铁、东部沿海客运专线、沿江高速公路广州段等贯穿经济带的交通主轴线建设，拓展广州发展腹地。

2. 合作共建西江"黄金水道"

发挥广州港作为我国沿海主枢纽港的基础平台和航运枢纽作用，加快建设珠江口出海航道和公共锚地工程，加强建设广州—梧州段Ⅰ级航道，积极推进和参与西江的沿线水运基础设施合作建设，参与整治西江航道，形成西江3000吨级江海直通国家水运主通道，强化西江干流和支流之间通航衔接，实现干、支航道高标准贯通。

加强广州港与经济带沿线城市合作，注重西江河流沿线城市在港口发展规划、营运管理等方面的沟通与协调，开展船期、货运、运价、代理、信息等方面的交流与合作，形成我国华南、中南和西南地区的国际出海"大通道"，拓展广州港口发展腹地。

鼓励和支持广州港集团等港航企业依托西江黄金水道，拓展广州港与南宁、贵港、梧州等港口间的航运业务，支持广州港航企业积极参与西江内河港口建设和航运经营，加快开发西江航运资源。参与西江经济带沿线城市物流园区建设，使物流园区成为提供广州港口的仓储、转运、拆拼箱、分拨及简单加工的基地。积极推进江海联运合作，在巩固珠三角集装箱货源的基础上，大力拓展珠江西岸、中南、西南的港口运输腹地。

以推进珠江三角洲水资源配置工程建设为重点，继续加强开发建设西江饮用水源，推动西江流域水资源的合理调配。加强河流交界地区的给排水系统建设。加快促进西江流域防洪与水环境治理工程建设相协调。完善三防应急预案，实现三防指挥系统和信息系统互通，逐步形成以河堤和流域堤防为基础，蓄滞洪区、雨水管网相配套的流域防洪体系建设。

3. 能源基础设施网络建设

加强区域智能化电网体系建设。充分发挥广州在能源开发、储存、信息等技术优势，依托西江经济带各地区能源资源优势，积极参与和统筹区域电网电厂规划建设。加强区域主电网建设和城乡配电网智能化建设，提高电网抗灾能力和电力减灾应急能力。

加强能源保障供应基础设施网络建设。以南沙建设大型专业化油品储存运输基地为核心，加强广州与珠三角及西江经济带之间的区域内输油管道、LNG管网及接收站等能源基础设施建设，逐步形成统一的天然气输送网络和成品油管道网络。

加强区域能源科技合作。积极推动以太阳能、风能、水能等可再生能源为重点的能源开发与利用。同时加强区域能源保障合作，开展能源监测体系和能源调度体系合作，建立健全能源战略储备和能源危机联合防控机制，确保区域能源安全。

4. 信息基础设施一体化建设

充分发挥广州信息港枢纽优势，推动西江经济带的信息基础设施一体化建设。重点建设和完善宽带通信网、数字电视网和下一代互联网。全面提高区域

网络覆盖率，提高农村地区的互联网普及率。充分利用国家公共通信资源，构筑区域统一的电子政务传输骨干网。积极推进电子政务、电子商务、远程教育和医疗等信息的综合应用。

5. 旅游服务设施建设

立足广州旅游中心区位和城市品牌优势，以构建广州国际旅游综合服务中心为目标，逐步实现旅游交通设施及标识系统、景区服务设施、旅游接待服务设施、城市旅游综合服务配套设施、旅游公共信息服务平台、环境服务设施等以公共服务为重点的旅游基础设施建设取得重大突破。推进广州智慧旅游城市试点工作，提升旅游公共信息服务水平，打造区域旅游信息服务一体化平台。深化区域旅游产业集群化、一体化发展模式，大力推动西江经济带旅游基础服务设施一体化发展，促进形成区域旅游公共交通对接顺畅、公共信息资源共享，保障体制灵活有效。

（三）推进区域生产力布局优化调整

发挥比较优势，顺应产业分工和产业梯度发展趋势，促进区域产业优势互补、联动发展，构建以先进制造业为主导、以现代服务业为引领、以生态都市型农业为基础的现代产业体系，形成合作共赢的产业一体化发展格局。

1. 先进制造业

充分发挥广州在汽车、造船、装备制造业、石油化工、精品钢铁等先进制造业的发展优势，大力推动制造业结构调整和布局优化，做强主导产业，推动与西江经济带地区产业配套发展，培育相互配套、带动力强的区域产业集群，形成"总部＋基地"的制造业合作发展模式。促进广州与西江经济带在电子信息、光电、新能源汽车、生物医药、节能环保等高新技术领域的合作，加强信息互通，发挥广州高新技术产业在西江经济带加快工业化和推进产业升级中的带动作用。

2. 现代服务业

加强物流产业合作。依托重大交通枢纽，以大型物流基地和企业为龙头，充分发挥广州拥有保税港区、保税物流园区、空港综合保税区等政策优势，加强整合经济带物流资源，构建以口岸物流、产业物流、城市配送物流为重点的物流体系，重点建设以汽车、石化、电子、装备、钢铁、医药、粮食等为重点的产业物流体系。

加强商贸会展业合作。充分发挥广州进出口商品交易会、广州金融交易博览会、中国（广州）国际创新博览会等平台作用，互相支持、积极搭建西江经济带商贸会展服务平台。积极培育和引进国际品牌展会，鼓励和发展具有西江经济带特色的专业会展，培育区域品牌，拓展国际国内市场。发挥广州国际商业龙头地位优势，以推动区域物流配送和连锁经营的发展为重点，实施区域商贸一体化战略，推进区域内的商贸连锁业合作，建设区域商品市场体系。

加强金融服务业合作。积极推动广州建设区域金融中心，加快推动金融城、金融街等金融总部集聚功能区建设，推动广州金融与西江经济带各地区对接与合作，充分利用广州产权交易所、碳金融交易所等金融平台，引导区域内按一体化标准优化金融机构设置，促进金融资源在区域内合理流动和优化配置。鼓励和支持广州与西江经济带的商业银行、证券公司、保险公司互设分支机构。

深化旅游业合作。充分发挥广州都市、岭南文化旅游引领作用，推进西江经济带旅游资源整合，加强旅游规划衔接，推进旅游投资合作，培育广州—梧州—南宁都市风情江河生态旅游、广州—云浮—肇庆—梧州—贺州岭南文化和生态休闲旅游，共同打造西江经济带旅游精品路线和旅游品牌。加强完善区域旅游品牌国际化宣传网络体系建设，联合宣传推介经济带旅游品牌。规范区域旅游市场管理，统一旅游服务标准，构建旅游信息共享平台。创新旅游合作发展机制，建议广东省设立管理经济带旅游的常设机构和发展专项资金，由旅游发展常设机构全面统筹开展区域旅游规划、产品开发、市场营销推广等旅游一体化具体工作。

3. 生态都市农业

利用广州农业在资金、技术、人才和管理方面的优势，开展农业科技交流和农业企业合作，依托西江经济带良好的生态环境和特色农业资源、土地资源、劳动力资源，推动现代农业园区合作，支持和鼓励企业在西江经济带区域跨市建立高科技农业基地和专供广州市场销售的无公害农产品生产基地，建成一批为广州服务的"菜篮子"，促进西江经济带农民和农业增收。开展农产品

相互认证制度，合作共建无公害蔬菜基地等重点项目，辐射带动区域农业产业化发展。支持和鼓励经济带农产品批发市场建立合作关系，构建一体化农产品流通体系，推进农产品无障碍流通，保障区域供给和安全。

4. 区域产业合作平台

推动经济带产业合作发展。大力推动广佛肇（怀集）经济合作区、百色与广州合作建设资源型城市转型升级持续发展示范区等载体建设，建立产业集聚区联盟，加强经济带内各园区原料采购、研发、检测、物流、终端零售、信息共享等平台合作，形成产业园区资源共享。鼓励依据产业链和产业分工共建物流园区、工业园区和科技园区。用好 CEPA、ECFA 等先行先试的政策措施，引导港澳台地区优秀科技资源与西江经济带产业对接。

（四）社会资源优化整合

以改善民生为重点，建立区域合作共享机制，共同推进教育、医疗、卫生、社会保障等社会服务功能合作建设，推动区域社会资源整合取得成效，增强区域公共服务功能，提高居民幸福指数。

1. 教育合作

建立区域教育合作的长效机制，开展教育合作与交流，推进官方、半官方或民间的教育合作与交流。推动广州市属高校与西江经济带沿线城市开展高等教育交流与合作。加强中小学教育合作，支持广州中小学缔结姊妹学校。合作开展教师继续教育，开展职业教育和成人教育的合作与交流。

2. 人力资源合作

加强科技人才、科研教育机构的交流与合作，探索以适当方式相互使用对方的技术平台和研究设施。建立产学研合作基地，开展科技项目联合攻关。积极参与人才一体化建设，着重开展人才服务和交流、人才资源信息共享、技工教育学习交流，探索建立专业技术职务任职资格互认工作的联系协调机制，为实现人才自由流动和人才资源共享提供基础。

加强广州与西江经济带主要劳务输出城市的协调与合作，引导和推动劳动力的合理流动。建立健全广州市劳务工的管理和服务机构，加强和改善异地务工人员就业管理，着重开展就业信息共享、就业服务合作、劳动力转移就业合作、职业技能培训合作等，推动就业服务区域一体化发展。

3. 医疗卫生合作

鼓励广州地区的医院与西江经济带各城市建立友好医院关系，相互建立具有良好条件的医学教学、临床见习和实习基地，提高卫生资源的使用效率，促进区域医疗卫生水平的整体提高。

4. 社会保障合作

在社会保险工作领域着重开展社会保险关系转移接续、异地就医即时结算、待遇领取资格审核合作。拓展社会保障信息化合作，开展社会保障卡合作，实现数据共享、共用。加强社会救助体系的跨区域合作，组建跨区域应急救助预案，开展区域社会救助协作。充分发挥广州社会组织及慈善机构管理优势，以养老、儿童及社会服务需求为重点，加强与西江沿线城市社会福利的交流与合作。

5. 科技

充分发挥广州科技资源优势，加快推动经济带科技合作，打造若干个开放共享的重大技术创新平台和孵化基地，共建区域科技支撑体系。建立和完善官方、半官方及民间三个层次的直接对话和信息交流机制。加强广州重点实验室、企业技术中心、产业技术创新平台、工程技术研发中心、国家级检测平台和企业研究院等科技服务机构的交流合作，定期开展产学研对接洽谈和技术展示，实现技术与产品、技术与资本对接，打造跨区域技术成果交易平台。推动建立专家库资源共享机制，深化科技服务资源共享机制创新，全面优化区域科技服务创业投资环境。

（五）深化改革开放

充分发挥经济带的区位优势，重点加强与泛珠三角地区及东盟的对内对外开放合作。拓宽合作领域，提高开放合作质量，构建内外协调互动、共赢的开放型经济体系，构筑开放合作的新优势。

1. 提高外贸质量和水平

加强与东盟外贸合作，扩大能源、原材料进口，积极做大对外贸易总量。优化开放投资环境，吸引外资投向先进制造业、高新技术产业等领域。创新利用外资方式，加大引进跨国企业和世界 500 强企业，积极培育本土跨国大公司、大集团，创新对外投资和合作方式。鼓励广州企业"走出去"，到境外特别是东盟国家投资办厂，支持企业在研发、生产、销售等方面开展国际化经营。

2. 深化多层次开放合作

发挥广州综合门户城市优势，创新开放合作机制，形成多层次的对外开放合作发展格局。

推动珠三角合作。以贯彻实施《珠江三角洲地区改革发展规划纲要》为重点，促进珠三角地区形成有利于经济社会资源配置的环境，推动公共资源优化配置，共同打造具有国际竞争力的世界级城市群。

深化穗港合作。广州市推进西江经济带合作，要在粤港合作框架下，按照"一国两制"的方针，支持香港发挥亚太地区营运中心和核心城市的辐射带动作用，加强广州作为联结香港与内地的"通道"和桥梁作用。发挥广州制造业对香港服务发展的促进作用，积极承接香港现代服务业的带动作用，促进两地产业发展的互利共赢。努力降低广州的营商成本，提高政府行政效率，完善与国际接轨的市场法制体系，进一步吸引和扩大香港对穗投资。

加强与东盟等国际合作。以友城合作为重点，加强建立与东盟政府间及各类协会的交流合作。推进广州与东盟开展资源开发、工程外包、旅游文化等领域合作，鼓励广州企业走出去，与东盟国家开展资源开发、基础设施建设等领域合作。加快建设中新广州知识城，以深化广东与新加坡战略合作为契机，推进与东盟经济技术、服务贸易等多层次、多元化合作，打造深化与东盟合作的核心载体。进一步加强与欧美日韩、拉美等国家和地区的经济联系，重点依托广州国际创新城等平台，推进与欧美等国家和地区合作。

3. 营造国际化营商环境

广州要积极参与国际经济合作与竞争，必须在规则上与国际接轨。争取国家政策支持，在与国际对接中成为企业投资、产业对接、人员管理等多项突破性政策先行先试的重要平台和众多实验性、创新性举措的实践基地，形成内外均衡的开放体系。加强国际化公共服务体系设施规划，为国际人才居住创业创造良好的环境。加强与领馆、商会等驻穗机构联系合作，提高对外籍人员及境外组织管理服务水平。

四　加快推进珠江——西江经济带建设的对策建议

区域合作发展，体制机制先行。要贯彻实施国家统筹区域发展战略，实现区域协调发展，要充分发挥中心城市的龙头带动作用，给予广州国家中心城市在政策改革创新方面的支持。

（一）加强综合配套改革

争取国家支持推进行政管理体制、市场体系、土地管理制度等改革创新。建议在国家层面建立高层次的改革统筹协调机制，深化改革的顶层设计及综合配套。争取国家对审批制度改革的支持，先行先试，允许经济总量较大的省会城市直接向国家上报一定范围内的重大建设项目。

争取国家对土地管理制度改革的支持，对广州市关键和重点发展产业项目用地给予优先保障落实。争取国家对完善建设用地空间使用权取得、流转和登记等政策改革的支持，规范管理、畅通渠道、科学有序地推进土地空间立体利用。

争取国家对广州投融资体制改革的支持。支持广州设立地方政府债券发行试点，探索财政经营性资金股权投资管理，鼓励通过 BT、BOT、TOT 和 PPP 等多种方式，吸引社会资金参与城市建设。

（二）加快推进广州建设粤港澳自由贸易园区

争取国家支持在广州建设粤港澳自由贸易园区，形成开发合作新载体，推进与港澳投资贸易自由化发展，推动服务贸易自由化、国际投资贸易自由化以及国际贸易创新，强化广州改革开放先行地功能，引领更广泛的区域对外开放，为广州新一轮对外开放做好实验探索。建立与国际接轨的外商投资管理体制，争取港澳服务贸易自由化、国际航运和国际贸易集聚区建设、园区社会管理模式创新等方面配套改革的政策支持。

（三）制定区域金融改革政策

加强金融改革创新，增强金融服务功能，引领区域经济协调发展。积极争取国家进一步支持广州开展金融改革创新综合实验。支持在广州设立区域性银行，探索设立区域产业投资基金和创业投资企业。

支持广州建立区域合作发展共同基金，用于加快建设跨区域基础设施和公共设施，维护流域生态环境，发挥中心城市金融功能，促进区域协调发展。争取国家支持开展人民币资本项目可兑换先行先试，鼓励开展相关的融资、担保、对外直接投资等跨境人民币业务。

重点支持广州扩大金融业对港澳地区开放等方面的试点，开展融资租赁业务，在香港人民币市场融资，强化广州区域金融中心功能。争取国家支持外资金融机构参股地方城市商业银行政策试点，鼓励合格的境内外战略投资者参资入股城市商业银行等中小金融机构。积极稳妥地对外开放保险市场。

（四）制定区域生态环境保护政策

加强生态保护，切实加强环境与发展综合决策机制、经济政策激励机制及生态补偿机制等方面的改革创新，促进区域可持续发展。

建立区域环境与经济协调发展综合决策机制。建议国家出台相关政策，支持区域建设环境保护一体化政策及规划环境影响评价，构建环境保护机制。支持建立区域环境与发展咨询制度，完善多学科专家组成的环境与发展咨询机构，对区域经济与社会发展的重大决策、规划实施以及重大开发建设活动可能带来的环境影响进行充分的研讨和咨询，引导社会加强环境保护监督。建立健全区域环保协调机制，推广流域联防联治的管理模式，完善项目环境影响评价联合审批、跨行政区域污染事故应急协调处理等制度。

建立环境经济激励政策。加大环保资金投入力度，成立区域环保基金，重点支持饮用水源保护、生态环境保护等项目建设。建立有利于水资源利用合理配置的价格机制，对资源回收利用企业按国家现行税收政策给予扶持。研究建立污染排污权交易制度，制定有利于环境保护的绿色信贷、绿色保险、绿色贸易等经济政策，开展污染责任保险试点，建立环境损害赔偿政策机制。

建立生态补偿机制。完善生态公益林补偿制度和水资源有偿使用制度，加快建立和完善生态保护机制，建设财政转移支付、流域水权交易、流域异地开发、区域产业联合开发等区域生态补偿机制，解决上下游之间、开发地区对保护地区、受益地区对受损地区、自然保护区内外等利益补偿问题，从根本上协调区域间经济发展与环境保护的关系。

B.11
加快推进广州两个
新城区创新发展研究*

白国强　陈来卿　葛志专**

摘　要：

新城建设是推动大都市区空间结构完善的重要举措，推进东部山水新城、南沙新区滨海新城两个新城区创新发展是广州市推进新型城市化及强化国家中心城市功能的重大战略决策部署。当前两个新城区还面临产业不强、产业集聚能力弱、公共服务不完善、土地资源约束、体制机制不顺等问题，本文建议要从创新发展体制机制、土地政策、开发建设运营模式、产业发展模式、社会管理模式等方面采取有针对性的策略和措施，加快推进两大新城区发展。

关键词：

新城区　创新发展

当前城市空间组织正从单一城市向城市区域、大都市区转型发展，而新城建设正是推动大都市区空间结构形态完善的重要举措。广州国家中心城市建设正进入"产业转型、空间转型"的大都市区发展新阶段，根据《广州市"123"城市功能布局规划》，广州要创新发展两个新城区（东部山水新城和南沙海滨新城）。两个新城区承载着广州发展的新希望，代表着广州的未来，也

---

* 本文受广州市国家中心城市研究基地资助。"两个新城区"是指广州市"123"功能布局规划中的东部山水新城和南沙海滨新城。其中东部山水新城范围除萝岗区外，还包括增城的职教城等地区；但东部山水新城主体部分目前主要在萝岗，故文中设计东部山水新城的内容主要是以萝岗区、广州开发区为研究对象的。

** 白国强，广州市社会科学院区域经济所所长、研究员、博士；陈来卿，广州市社会科学院区域经济所副所长、副研究员；葛志专，广州市社会科学院区域经济所助理研究员。

是未来广州发展的两个重大引擎。从发展远景看，广州两个新城区要努力建设成为全市开放合作的新平台、创新发展的新标杆、产业转型的新引擎、空间转型的新载体和经济增长的新主力。因而，如何顺应新城发展的规律、创新发展广州两个新城区，是广州建设国家中心城市的一项重要使命。

一 广州两个新城区发展现状分析

广州市两个新城区经过前期的发展，在经济发展、城市建设、社会管理方面都取得显著成效，主要表现在以下几个方面。

（一）经济保持较快增长

两个新城区的经济增速在全市各区、县级市中的排名均位居前列，成为广州经济发展的重要增长极。2012 年，萝岗地区生产总值达到 1684 亿元，与设区时相比（2005 年）增长近 3 倍，占全市比重从 11.23% 上升至 12.4%，规模以上工业总产值（占全市 29.5%）、合同利用外资（占全市 30.3%）、实际使用外资（占全市 29.5%）、出口总额（占全市 27.3%）、一般财政预算收入（占全市 10.0%）等 5 项指标总量继续排名各区县首位。2012 年东部山水新城的增城部分，中新镇和朱村街工业总产值、固定资产投资等主要经济指标均保持两位数以上的增速。南沙新区获批为国家级新区，上升为国家战略，经济发展上了新台阶，发展潜力快速凸显。2012 年，其地区生产总值达到 814 亿元，比上年增长 10.2%；公共财政收入达到 44.8 亿元，同比增长 23.1%。东部山水新城和南沙海滨新城在全市经济带动作用逐渐凸显，新经济增长极逐渐形成（见表 1）。

表 1 2012 年萝岗、南沙经济发展状况

单位：亿元，%

新城区	地区生产总值			公共财政收入		
	总量	增速	占全市比重	总量	增速	占全市比重
萝 岗	1684	12.1	12.4	109.9	10.3	10
南 沙	814	10.2	6	44.8	23.1	4
合 计	2498	—	18.4	154.7	—	14

资料来源：广州市统计局。

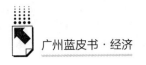

（二）基础设施体系框架基本形成

两个新城区战略性基础设施布局加速形成，基础设施网络覆盖体系不断完善。萝岗区以打造广州东部山水新城区核心区为契机，强化战略性基础设施建设，加快交通路网和生活配套设施建设，连接科学城、东区、萝岗、永和等各组团的区域主干路网体系已基本形成，并加快推进与广州中心城区（母城市区）以及珠三角城市群路网的对接。围绕"两城一岛"核心布局，轨道交通网、公路网、管道网、信息网等城乡基础设施融合度大幅提高，初步形成了"战略设施＋基础设施"的协调发展设施体系。同时，南沙是连接珠江口两岸城市群的枢纽节点和我国南方重要的对外门户。空间优势叠加交通优势，珠三角枢纽中心雏形加速呈现。

（三）战略性平台建设加快推进

广州开发区、南沙新区两个功能区都担负着国家级发展平台的重要使命，"两区"积极开拓重大平台载体，以战略性平台为依托、以重大项目为支撑，带动区域经济发展。萝岗区科学推进"两城一岛"（中新广州知识城、广州科学城、广州国际生物岛）三大战略性发展平台建设，重点发展知识经济、生物医疗产业研发与先进制造业，打造优势互补的未来产业格局。东部山水新城的增城部分正加快建设成为具有岭南特色的山水田园型教育城。南沙新区定位为打造粤港澳全面合作示范区，根据《南沙新区发展规划》，"北部、中部、西部、南部"四大功能组团空间布局初步谋定，规划总面积33平方公里的中央商务区南沙明珠湾核心区已启动建设。

（四）现代城区功能初步形成

萝岗、南沙正加速推进由传统城市化向新型城市化发展的功能转变。萝岗突出从生产功能的外延发展模式向内涵发展与功能提升发展的道路转变，着力改变单纯工业园区建设形态，积极推动城区向宜业宜居生态型新城区的新形态转变，着力打造60平方公里的萝岗中心城区和中新广州知识城起步区。推动一批现代化的体育、文化、医疗基础设施建设，大力推进"三旧"

改造和园区产业转移工程，公共服务、商业服务、金融服务和生活配套设施不断完善。东部山水新城的中新镇和朱村街，也已具有一定的居住、生活、教育和娱乐等城区功能。南沙新区自从"十一五"时期以来，加快建设宜业宜居的现代化滨海新城区，以交通枢纽网络为骨架，加快形成文化、体育、医疗、休闲等民生功能设施合理分布的格局，宜居宜业的现代化滨海新城区渐具雏形。

（五）生态文明建设取得一定成效

两个新城区一直秉持生态优先、绿色发展的理念，生态文明建设一直是两区的优势发展基础与条件。2012 年萝岗区森林覆盖率已经达到 51%，成为国家循环经济试点园区和华南地区首个国家生态工业示范园区。东部山水新城的中新镇和朱村街尚处于开发初期，生态环境整体保持良好，适宜建设山水田园的科技生活区。南沙新区致力打造岭南特色的"钻石水乡"，自然条件优美是其重要优势。2011 年全区绿地覆盖率达 41%，2011 年底获得联合国"全球最适宜居住城区奖"金奖。同时，南沙新区已经提出了要实现经济发展与生态保护双赢的发展目标。

二 广州两个新城区发展面临的问题

总体上，广州两个新城区正处于发展的重要孕育期。与国际国内新城区发展相比，广州东部山水新城和南沙海滨新城发展还存在一定的差距。

（一）产业发展规模及高级化不足

一是产业经济总量不足。萝岗、南沙，无论是与市内的越秀、天河等区相比，还是与国内发达的天津滨海新区、上海浦东新区相比，经济总量还存在较大差距。2012 年，萝岗地区生产总值达到 1684 亿元，不足天津滨海新区的 1/4、上海浦东新区的 1/3；南沙新区地区生产总值 813.6 亿元（含三镇），不足天津滨海新区的 1/8、上海浦东新区的 1/7。固定资产投资额、商品出口总值、规模以上工业总产值、公共财政收入等主要经济指标也都远落后于天津滨海新区、上海浦东新区。（见表2）二是服务业总量小。2012年底，南沙、萝岗第三产业产值分别为180.5亿元和389亿元，分别占GDP的22.2%和23.1%，规模偏小，比重偏低，与中心城区天河、越秀相比差距比较大。此外，两个新城区产业链延伸不足，对现代制造业上下游相关产业的拓展不够深入，对第二、第三产业的交叉融合发展推进力度不强，产业高端化需要加强。

表2　2012年两个新城区与天津滨海新区、上海浦东新区经济实力比较

单位：亿元，%

指　　标		GDP	固定资产投资	商品出口总额	规模以上工业总产值	公共财政收入
萝　岗	总量	1684	440	161	4501	110
	占全市比	12.4	11.7	27.3	29.5	10.0
南沙新区	总量	814	191.4	137.9	2070	44.8
	占全市比	4.5	4.1	6.7	10.7	3.4
天津滨海新区	总量	7205	4453	308.64	14416	731.8
	占全市比	55.9	50.2	63.9	62.0	41.6
上海浦东新区	总量	5930	1455	939.83	9226	550
	占全市比	29.5	27.7	45.4	29.2	14.7

说明：鉴于广州均未统计各区县的商品进口总额，这里仅比较出口总值及占全市出口总值的比重。

（二）产业集聚基础相对较弱

一是产业整体实力较弱。虽然萝岗东部山水新城区核心区已有电子信息产业一个千亿级产业集群，但与国内发达地区相比，两个新城区千亿级产业集群的数量偏少。如天津滨海新区的航空航天、电子信息、石化、装备制造、现代冶金、生物医药、新能源新材料、高新纺织等八大优势产业在2012年已经实现工业总产值达12670亿元，平均每个产业超千亿元；浦东新区作为上海"四个中心"的核心功能区，2012年，全区实现金融业增加值1069亿元，累计完成货物吞吐量超过2.7亿吨，实现进出口总额约2400亿美元，产业规模遥遥领先于广州两个新区。二是生产性服务业发展不足。

2012年，萝岗区第三产业占比23.1%，南沙第三产业占比为22.2%，而其中金融、贸易、航运等生产性服务业发展比重更低。相比之下，天津滨海新区服务业比重接近35%，且主要以生产性服务业为主导；上海浦东新区在金融、航运、贸易等核心功能推动下第三产业增加值占地区生产总值的比重达到60%。萝岗、南沙与其相比，在产业整体竞争力与结构上都还存在较大差距（见表3）。

表3 2012年广州市两个新城区与天津滨海新区、上海浦东新区产业集群对比

单位：亿元，%

区 域	主导产业类型	规模产值	服务业增加值占GDP比
南沙新区	装备制造、船舶制造、石化等	1357	22
萝岗区	精细化工、电子信息、生物医药、食品饮料、金属冶炼及加工、汽车及零部件	3600	23
天津滨海新区	汽车及装备制造业、石油化工、电子信息、粮油食品、航空航天、新能源新材料、生物医药等八大优势产业	12670	35
上海浦东新区	金融、航运、贸易	—	60

资料来源：2013年各市、区政府工作报告。

（三）新城区基础设施和公共服务建设不完善

一是现有市政基础设施相对不足。路网密度不够，主、次、支路结构失衡。污水处理能力不足，中水管网建设处于空白。垃圾分类刚刚起步，减量化、资源化、无害化水平仍需提高。二是公共服务设施配套还存在较大差距。表现为总量不足，缺乏具有较高品位、体现区域特色的文体设施，没有高等级的医疗卫生机构。缺乏对高端人群具有较强吸引力的大型、高端业态的综合性商业设施，配套设施齐全的中高档社区不足。三是两个新城区与中心城区（母城）的连接程度较低。基础设施配套衔接还不够通畅，轨道交通、公共交通衔接还不完善。从两个新城区中心区到广州中心城区均需要1个小时以上，与中心城区联络的时间成本、资金成本还较高，也影响了人口向两个新城区的迁移和居住（见表4）。

193

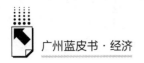

表4　广州市两个新城区与天津滨海新区、上海浦东新区基础设施建设比较

区　域	常住人口（万人）	空港	航运	轨道交通	到中心城区平均用时
萝岗区	30	无	无	1条线,在建	40分钟
南沙新区	62	无	2012年港口完成货物吞吐量1.56亿吨;集装箱吞吐量961万标箱	1条线	1小时
滨海新区	254	2012年旅客吞吐量超过810万人次,货邮吞吐量19.2万吨	2012年货物吞吐量4.7亿吨,集装箱吞吐量1200万标箱	2015年建成4条	40分钟
浦东新区	517	2012年国际货运航班数量已突破3.6万架次,全球第三位	2012年货物吞吐量2.72亿吨;集装箱吞吐量2951万标箱	9条	10分钟

资料来源：相关市、区统计网。

（四）土地资源制约日趋明显

两个新城区土地面积较大,但可用于开发建设用地瓶颈正在凸显。一是建设用地总量缩减。萝岗区全区土地利用强度日趋饱和,土地利用强度达到29%,高于珠三角城市的平均水平,已接近国家规定的30%。根据新一轮土地利用总体规划,2011～2020年萝岗区全区可使用建设用地仅为38平方公里,年均仅为3.8平方公里,而2009～2011年每年用地分别为2.7、3.5和7.4平方公里（均含知识城专项指标）。随着知识城建设的深入推进,新增建设用地的缺口很大。南沙新区土地面积803平方公里,但农用地、建设用地、其他土地的结构比为54.17∶24.49∶21.34,农用地超过一半面积。受到自然条件限制,南沙大部分土地为围海造田形成,不适用于建设重型及高层建筑。二是土地开发与管理政策相对不够灵活。萝岗区是广州的行政区之一,区级土地管理权限低。南沙新区大部分土地多为农用地、集体所有土地、耕地与基本农田,保护难度高,土地利用历史遗留问题较为复杂,征收为国有建设用地成本高昂。《南沙新区发展规划》虽明确提出支持开展土地管理综合改革,但尚未探索出行之有效的土地开发管理政策,土地交易的体制机制还不够灵活,束缚了土地资源开发。相比之下,天津滨海新区土地面积广阔,达2270平方公里,

土地开发与管理政策更加灵活高效，也从政策上得到国家层面大力支持，创新了土地管理开发机制，土地瓶颈得到有效解决。

表5 两个新城区与天津滨海新区、上海浦东新区建设用地比较

单位：平方公里，%

区 域	总面积	至2020年规划建设用地面积	建设用地占比
南沙新区	803	245	30.5
萝 岗 区	393	144	36.6
天津滨海新区	2270	1465	64.5
上海浦东新区	1405	831	59.1

资料来源：a. 萝岗区土地数据来源《萝岗区土地利用总体规划（2010～2020年）》http：//ghj. luogang. gov. cn/htmlauto/GTGG/TDLYGH/2011/06/30/1452311399. shtml；

b. 南沙新区数据来源《广州市南沙区土地利用总体规划（2012～2020年）》征求意见稿；

c. 天津滨海新区土地数据来源《天津市滨海新区土地利用总体规划（2006～2020年）》http：// zfxxgk. bh. gov. cn/ConInfoParticular. jsp？id＝6694；

d. 上海浦东新区土地面积数据来源《浦东新区土地利用总体规划（2010～2020年）》http：// planning. pudong. gov. cn/WebSite/detail. aspx？id＝16076。

（五）社会建设与管理亟须创新

一是在社会管理上，随着城市化进程加快和城乡一体化的推进，一些社会矛盾开始显现，社会秩序整治亟待强化，社会服务管理需要精细化。二是在社会运行机制上，存在部门各自为战、条块衔接不紧的现象，社会组织、非公经济等社会力量尚未充分参与到社会建设中来，需要建立社会建设的长效机制。三是社会民生事业投入不足。2012年，萝岗区本级民生和社会公共事业投入145.18亿元，南沙新区本级投入民生支出17.64亿元，与天津滨海新区投入民生领域支出766亿元、民生投入累计249.43亿元的规模相比差距较大。

（六）新城区体制机制亟待理顺

新城区的体制机制当前还不够通畅，诸多关系尚未理顺，直接影响了新城区招商引资、项目安排、土地开发等经济发展的各个环节，政府的积极干预主

导作用未能充分发挥效率。在行政管理体制方面，两个新城区内不同行政级别的载体众多，如"两城一岛"在许多权限上属于省级权限、市级权限，南沙新区的诸多平台属于粤港澳两种制度与规则的结合，广州教育城的地域范围又属于增城市，而两个新城区的主体仅仅是广州下属的两个行政区。萝岗区与新加坡合作、南沙新区与粤港澳合作的经济体制、管理体制、新区开发体制、法律体制、营商环境对接等方面都还没有探索出合适的创新性制度安排，如没有相当于计划单列市产业管理权限和省一级的项目审批权限，行政运行成本将很高。广州市人民政府是南沙新区建设的主体，但其具体实施方案、专职机构等还未形成。另外，如何从省级乃至国家层面协调南沙新区与周边区域的前海、横琴以及珠三角三大都市圈的制度合作、经济合作等也需要体制机制的再创新。

三 创新发展广州两个新城区的主要路径与对策建议

从新城建设的一般规律出发，借鉴国内外新城建设的经验和教训，系统思考新城发展所涉及的主要方面，我们认为可从以下路径入手，采取有针对性的策略和措施，加快广州两个新城区创新发展。

（一）创新新城区发展体制机制，增强新城区发展的活力

1. 建立市级新城区建设统筹协调机制

建立广州新城区建设的市、区两级统筹制度，设立市推进新城区建设协调领导小组，负责新城区规划、用地、项目等方面的统筹协调。建立新城区建设的部门包干和对口帮扶体制，将重点精力投入到平台和项目建设中来。谋划建立两个新城区建设决策咨询专家委员会，发挥社会专家作用，加强对新城区规划和经济社会发展的监督、指导和评估。

2. 建立新城区内部统筹机制

要重视两个新城区内部建设统筹发展。按照人性化新城区、时代性新城区、低碳节约型新城区的发展理念，统筹两个新城区三次产业及各产业内部资源配置，统筹当前建设与长远发展。通过发展经济，不断解决两个新城区居民

在衣食住行等方面的突出问题，设置加强科教文卫有关比率指标、财政民生投入的增速与比重指标，强化推进民生事业发展的激励约束机制，强化娱乐、文化、艺术、体育等方面配套服务建设，使新城区居民享有比广州都会区更优良的民生条件。

（二）创新新城区用地政策，增强资源配置的牵引力

1. 创新新城区用地制度和政策

一是要进一步创新和健全土地征购补偿制度。征拆补偿中要明晰征地补偿条件、权属界定、补偿标准和程序、协商机制、法律责任等问题。重视失地农民安置问题，探索长期的就业补偿和社会保障补偿模式。二是要创新新城区土地储备制度。编制土地储备实施细则，探索设立土地基金，联合金融部门发行土地储备债券与股票、推行土地权益书等融资杠杆。建立土地协调机制，成立由土地、房屋、城建、计划、财政、金融等多部门组成的统筹机构——土地资产经营管理委员会，提高开发效率。三是探索制定土地出让收入专项支持政策。市级层面加大资金支持力度，可以重点制定新城区土地出让专项支持政策。两个新城区计提上级后，以项目支出或其他形式对两个新城区基础设施和公共服务设施建设优先支持。

2. 争取赋予新城区省级土地管理权限和灵活管理机制

南沙新区可以利用国家支持开展土地管理改革综合试点和建设用地审批改革试点的契机，争取被授权享有土地征用、划拨、出让等省一级的土地管理权限。就萝岗而言，要积极争取将中新知识城纳入国家战略，进而享受省一级的土地管理权限。另外，可以探索采用政府划拨或给予特许开发权的方式，引进港澳地区或新加坡的优质大型开发投资企业直接参与开发；对新区以土地作价入股参与具体项目建设的，不视为土地使用权转让。探索对新区内的重点项目予以土地利用指标等政策倾斜。

（三）创新新城区开发建设营运模式，增强新城区发展的可持续力

1. 创新投融资体制和模式

要不断完善建设新城区的体制机制。重点促进投资主体多元化的市场机制

建设，创新引入社会资本。优先保障民生发展，以市、区两级政府为主，积极引导企业参与投资、建设、管理和运营等环节。要创新投融资模式，重视拓宽国际融资的渠道，积极引入外资银行等融资主体，提升信贷支持力度。重视推进信贷转让市场建设和信贷资产证券化，鼓励企业开展 IPO、定向增发、兼并重组等资本融资行为。重视运用新型融资工具，探索开展收费受益权信托计划，对经营性排污截污收费、垃圾处理收费等收费项目，尝试采用收费受益权信托计划等。

2. 优化基础设施建设新标准、新规范和运营方式

一是优化基础设施建设新标准和新规范。探索制定新的市政基础设施和公共服务设施容量及定额标准，努力做到同步建设、同步交付使用市政基础设施和公共服务设施与居住区、工业区厂房。对生活生产类的市政基础设施和公共服务设施项目的建设制定明确的标准和规范，强化项目进驻的审批、出让、预售、验收等各环节的管理标准。二是优化基础设施运营方式。建立市政基础设施运营绩效评价机制。探索对市政基础设施中能够产生按期支付的、可预见的、稳定的资产组合打包，设立特殊目的公司（SPV），由平台公司将资产出售给 SPV，并进行信用评级（增级），通过证券市场进行融资。建立稳定的管理维护经费来源，可考虑遵循受益者付费或自新建工程资金中提取维修基金的办法。制定明确的管理维护运营制度体系。

（四）创新新城区产业发展新模式，强化新城区产业的支撑力

1. 加快南沙新区高端产业集群发展，构筑现代产业新高地

全力推动南沙新区高端商务及商贸服务、航运物流服务、科技智慧产业、汽车产业、高端装备制造产业等五大主导产业集群发展。瞄准第三次工业革命新技术，推进信息化与工业化深度融合，跨越发展新一代信息技术、新能源汽车、生物技术等战略性新兴产业，大力发展国际贸易、电子商务、科技创新、教育培训、医疗健康和影视产业等商贸服务业。创新与港澳合作模式，争取先行先试自主探索和配套相关政策，聚集优质资源，合作建设国际自由贸易园区、邮轮游艇基地、优质生活圈和国际科技创新中心等，打造连接港澳、服务内地、面向世界的现代商业服务中心和科技创新中心。

2. 加快东部山水新城萝岗核心区现代服务业与先进制造业协同发展，构筑创新型经济高地

一是要提升制造业能级和水平。实施产业链提升、产业链配套、产业整体提升工程，推动汽车制造、精细化工、食品饮料、钢铁工业等"6+3"优势产业发展，争取国家、省、市技改项目专项支持和银企合作等支持方式。二是大力发展战略性新兴产业。加快推进广州科学城、中新（广州）知识城、广州国际生物岛"两城一岛"三大战略性新兴产业载体建设，吸引新一代信息技术、节能环保、生物医药、新材料、新能源、高端装备制造等项目投资布局，重点推动信息产业、平板显示、新材料等千亿级新兴产业集群发展。三是大力发展现代服务业。立足制造业发展基础，充分发挥世界500强企业集聚的优势，利用广州科学城30万平方米总部经济区等核心载体，建设一批国家级重点实验室、工程技术研究中心、博士后工作站等科技公共服务平台，加强发展总部经济、科技创新服务、金融服务、现代物流等生产性服务业，促进服务业与制造业协同发展。四是优化发展生态农业。要围绕建设山水新城区，促进传统农业向都市农业转型，发展农业新兴业态，打造农业高端服务平台，加快生态农业发展步伐。

（五）创新新城区社会管理模式，增强新城区环境的吸引力

1. 重点提高新城区公共服务保障能力

一是合理配置优质公共服务资源，重点吸引广州老城区内优质的教育、医疗和文化资源，建制布局至新城区，并配合以住房、编制、工资待遇等方面优惠政策保障。加快新城区社会事业导引性、标志性项目建设，重点建设若干三甲医院、国家省级名校等。二是在一般竞争性公共服务项目建设上，要结合新城区的生产生活设施配套及人口分布，合理布局商业网点，强化中心区域CBD和标志性的城市综合体建设，带动各类配套设施建设。结合老城区的"三旧"改造，加快建设一批商业住宅和保障性住房，适当发展高端住宅，促进人气集聚。

2. 推动新城区社会管理服务创新

清晰判断两个新城区在人口构成、空间扩展（征地拆迁）、产业布局和公

共服务配套等方面与中心城区的显著区别，借鉴国内外新城区的相关发展经验，形成有自身特色的社会管理（治理）模式。萝岗社会管理服务创新要适应其人口构成中外来务工人员集中、高层次人才相对集聚和国外境外人员较多的特点，重点推进外来务工人员本地化融合（市民化）的创新服务和管理，创新高层次人才的管理服务方式方法，推进国际社区建设创新，开展"邻里中心"建设试点。南沙新区是粤港澳全面合作的发展平台，社会管理服务的现代化、精细化要求高，而且个别地方具有鲜明的企业社区特点，因此有条件借鉴国内外经验，开展适应粤港澳全面合作、网格化社区建设、推动政企联动、创建实体社区与网络社区一体化的管理模式等方面的社会管理服务创新。

参考文献

广州市人民政府：《广州市城市空间发展战略——城市功能布局规划》，2012。

中共广州市委政策研究室：《广州新型城市化发展政策读本》，广州出版社，2012。

沈奎主编《广州新型城市化发展的实践与探索（二）》，广州出版社，2012。

沈奎主编《广州新型城市化发展的实践与探索（一）》，广州出版社，2012。

中共广州市委、广州市人民政府：《广州新型城市化发展1+15系列政策文件》，2013年9月。

中共广州市委、广州市人民政府：《广州市"2+3+9"重大发展平台控制性规划》，2013年9月。

谌利民：《世界新城区发展的趋势和最新理念》，《经济与管理研究》2009年第10期。

邢海峰：《新城区有机生长规划论》，新华出版社，2004。

傅崇兰：《新城区论》，新华出版社，2005。

《简明不列颠百科全书》，中国大百科全书出版社，1989。

张捷、赵民：《新城区运动的演进及现实意义》，《国外城市规划》2002年第5期。

陈劲松编《新城区模式——国际大都市发展实证案例》，机械工业出版社，2006。

张玉鑫：《对汉城新城区规划建设的认识与思考》，《上海城市规划》2001年第2期。

姚竞、郭霞：《东京新城区规划建设对上海的启示》，《国际城市规划》2007年第6期。

王金军、陈华：《国内外新城区开发模式及机制比较研究》，《山东社会科学》2006年第9期。

张军、田心：《新城区建设模式研究》，《低温建筑技术》2005年第5期。

萝岗区人民政府：《2013年萝岗区建设方案》，2013年5月。

南沙区人民政府：《实施广州市"123"功能布局规划建设方案（2012—2016）暨2013年实施计划》，2013年4月。

广州市规划局、增城市人民政府：《2013年增城副中心建设方案》，2013年4月。

巴曙松、任杰：《PPPs：基础设施运营新路径》，《新财经》2007年第7期。

王新哲：《城市化演进中的中国城市用地制度创新研究》，《理论探讨》2009年第6期。

王丽英、尹丹丽、刘炳胜：《城市基础设施可持续运营的管理维护策略探析》，《现代财经》2009年第11期。

汪大海、刘金发：《社会管理创新研究的新视角：地方试点及经验研究》，《中国行政管理》2013年第4期。

李凤安：《网络社区建设的实践与探索》，《辽宁工学院学报》2007年第6期。

黄如宝、王挺：《我国城市基础设施建设投融资模式现状及创新研究》，《建筑经济》2006年第10期。

B.12

进一步发挥广州国家级
开发区功能优势的对策研究

B BLUE BOOK appears as decorative text in the B logo

胡彩屏 *

摘　要：

本文主要分析广州获批的国家级开发区的发展情况、现阶段出
现的问题，并与近几年国内新设立的特殊区域、自由贸易试验
区进行政策比较，提出加快广州国家级开发区发展的对策建议。

关键词：

国家级开发区　特殊区域　政策比较

国家级开发区是指由国务院批准在城市规划区内设立的经济技术开发区、
保税区、高新技术产业开发区、国家旅游度假区等实行国家特定优惠政策的各
类开发区。国家级开发区是广州开放型经济的重要载体，也是全市经济和社会
发展最具活力的组成部分和重要增长极。加快开发区的发展建设对于增强广州
经济发展动力、全面建设国家中心城市和创新型城市发挥重要的引擎作用。

一　广州国家级开发区发展情况

目前，广州市共有三个国家级经济技术开发区，分别是广州经济技术开发
区、南沙经济技术开发区和增城经济技术开发区（以下简称广州、南沙和增
城开发区），总面积 71.18 平方公里，其中广州开发区面积 38.58 平方公里、

---

* 胡彩屏，广州市对外贸易经济合作局开发区管理处处长、经济学助理研究员，主要研究区域经
济、对外贸易、开发区管理、自由贸易区理论与实践等。

南沙开发区面积 27.6 平方公里、增城开发区面积 5 平方公里。自 1984 年广州开发区作为首批国家级开发区之一设立以来，广州国家级开发区在引领区域经济发展、推动改革开放、促进转型升级等方面取得了令人瞩目的成绩，表现为以下特点。

（一）经济总量贡献大，规模和集约效应强

2013 年，广州开发区、南沙开发区和增城开发区共实现地区生产总值 3233.54 亿元，同比增长 15.84%，占全市的 20.97%；工业总产值 8316.36 亿元，同比增长 15.98%，占全市的 48.04%；实现财政收入 635.63 亿元，同比下降 18.52%，占全市的 14.34%；税收收入 777.72 亿元，同比增长 10.23%，占全市的 19.83%。广州市国家级开发区推行节约集约用地，投资密度大、单位产出高。以广州开发区为例，2013 年，该区每平方米地区生产总值 4154 元、财政收入 1069 元、税收收入 837 元，每平方米工业用地工业总产值 16077 元、工业增加值 4392 元，广州开发区以不到广州市 0.8% 的土地面积，实现了全市 1/4 的工业总产值、1/7 的地区生产总值。在商务部 2011 年度国家级经济技术开发区综合发展水平评价中，广州开发区总指数排名全国第三位，是全国首批国土资源节约集约模范区之一（见表）。

表　广州国家级开发区综合发展水平评价

类　　别	总排名	经济发展指标排名	科技创新指标排名	生态环境指标排名	社会发展指标排名	体制创新指标排名
广州经济技术开发区	3	2	6	5	6	32
南沙经济技术开发区	27	13	74	28	19	32
增城经济技术开发区	76	41	79	71	44	83

资料来源：商务部 2011 年度 131 家国家级经济技术开发区综合发展水平评价。

（二）对扩大开放、发展外向型经济发挥重要的龙头带动作用

国家级开发区是广州吸引高新技术、资金，承接国际产业转移的最主要基地，在外向型经济发展中占有重要地位。根据 2013 年外商投资企业年检的统

计，三个国家级开发区的外商直接投资企业达 2298 家，累计投资总额 512.0
亿美元，合同外资 202.4 亿美元，实际外资 169.9 亿美元，分别占全市外商直
接投资企业数、投资总额、合同外资总额、实际外资总额的 25.1%、45.4%、
41.6%、39.0%。2012 年，三大开发区以全市 1/4 的外资企业数贡献了全市
近一半的合同外资，实现合同外资金额 38.69 亿美元，实际外资金额 25.16 亿
美元，占当年全市合同外资金额和实际外资金额的 54.42% 和 52.41%。大项
目也集中在三个国家级开发区，投资总额超 1000 万美元以上企业占全市总数
的 45%。2013 年，萝岗（广州开发区）、南沙（南沙开发区）、增城（增城开
发区）累计实现外贸进出口总额 557.5 亿美元，占全市的 46.89%；合同外资
40.52 亿美元，实际使用外资 25.78 亿美元，分别占全市的 56.96% 和
53.66%。

（三）国家级开发区是培育产业集群、推进创新发展的主要载体

多年来，国家级开发区着力推动高端产业集聚发展，打造开放型经济发展
平台，对优化广州产业结构、提升产业竞争力起到了较大推动作用。

广州开发区是国务院批准设立的首批国家级经济技术开发区之一，是全市
经济发展的重要引擎。广州开发区大力推进先进制造业与高新技术产业、现代
服务业协调发展，推动产业结构从工艺性产业链条向价值性产业链条集聚转
变，实现了从单一工业园区向综合经济园区的转变。经过二十多年的发展，已
形成电子信息、环保新材料、电器及机械制造、精细化工、食品饮料、生物医
药、汽车制造特种钢等主导产业集群，是全国综合经济实力最强、最具影响力
的国家级开发区之一。近年来，广州开发区主动把握世界科技创新和产业转移
规律，高标准规划建设中新广州知识城、广州科学城和广州国际生物岛等战略
性发展平台，是国家循环经济示范园区、国家首批创新性科技园区和国家知识
产权试点园区。广州开发区内有设立较早的广州保税区、出口加工区和保税物
流园区。广州保税区经过 20 多年的发展，已形成了有色金属、塑胶原料、电
子零配件及产品、食用油、化工原料、进口葡萄酒等六大进口贸易平台，其中
酒类交易中心是目前广东省唯一的进口红酒基地。出口加工区是广州轿车出口
重要区域之一，引进本田汽车（中国）有限公司项目并拓展开展保税物流等

功能，在本田中国全球零部件供应新业务发展的拉动下，出口加工区成功实现了物流功能新突破。保税区依托区内丰富的海、空港口资源和发达的铁路、公路等基础设施条件，建立了通达世界各地的全方位、立体化的保税业务网络，对区域的开放发展发挥了重要的辐射带动作用。根据国务院批复的广州市行政区域调整方案，广州开发区所属的行政区萝岗区将与黄埔区合并，设立新的黄埔区，通过优势组合促进区域更好地协调发展。

南沙开发区是国家汽车及零部件出口基地、全国三大造船基地之一、珠三角装备制造业和核电装备制造业基地、中国服务外包示范城市广州示范区和广东省实施 CEPA 先行先试综合示范区。2012 年，国务院批复《广州南沙新区发展规划》，将南沙新区的开发建设上升到国家战略，从国家层面将南沙新区定位为"粤港澳优质生活圈、新型城市化典范、以生产性服务业为主导的现代产业新高地、具有世界先进水平的综合服务枢纽、社会管理服务创新试验区，打造粤港澳全面合作示范区"。目前区内已建成全国规模最大的烟酰胺生产基地、国内唯一的 LED 电视薄膜生产基地和珠三角规模最大的专业大功率、高亮度 LED 芯片生产线，形成汽车、钢铁、造船、装备工业和航运物流等产业基地，构建以先进生产性服务业为主导的现代产业体系。作为国内一类对外开放口岸，南沙新区设立了保税港区，现有 10 个 5 万～10 万吨的集装箱船舶泊位，拥有国际国内航线 50 多条，航线覆盖欧洲、美洲、非洲、东南亚等地区。保税港区作为目前对外开放程度最高、综合功能最强的海关特殊监管区域，叠加了保税区、出口加工区、保税物流中心的优惠政策和功能优势，重点发展物流仓储、国际采购、分销、配送、检测和售后维修服务、商品展示、研发、加工、制造等业务。近期，南沙新区已纳入广东省向国家申报设立自贸园区范围，进一步深化粤港澳合作，将为南沙带来新的发展机遇。

增城开发区于 2010 年升级为国家级经济技术开发区，围绕建设广州城市副中心的产业要求，通过打造"一区多园"产业平台，大力引进和培育战略性主导产业，鼓励企业自主创新，推动产业转型升级，目前已形成汽车、摩托车、高端装备制造业、节能环保、光伏、电子商务与物联网、现代信息服务、创意产业等八大产业集群。完善的基础设施，良好的投资环境，吸引本田、日立、电装、晶元光电、北汽集团、珠江钢琴、中电投、南方电网、中金数据、阿里巴巴、普洛斯等国内外著名品牌企业集团落户区内。增城开发区成功申报为广州市战略性新兴产业综合基地、先进制造业基地和"广州光谷"光能量光照明产业集聚区，将成为广州光产业重要孵化基地、战略性基础公共技术平台及技术成果转化平台。现正加快建设的汽车及新能源汽车和装备制造产业园、光伏产业园、光电产业园、电子商务及物联网产业园、总部经济及生产性服务业产业园等五大产业发展平台，将进一步促进开发区的产业转型升级，实现跨越式发展。增城开发区不断加快先进制造业为主导产业的集聚发展步伐，广汽本田汽车增城工厂发展迅速，第三工厂及发动机项目于2013年5月动工建设，汽车整车及零部件制造产业集群发展和规模优势逐步显现。高端装备制造业集聚发展，博创机械、福耀玻璃、江河幕墙等企业实现增资扩产，广州江铜铜材、珠江钢琴、日立汽车系统、广州电装、中益机械、科利亚农业机械等一批项目于2013年竣工投产，成为增城开发区新的经济增长点。高新技术企业加快发展，阿里巴巴电子商务华南运营中心、南方电网特高压国家工程试验室等项目加快建设，并计划于2014年投产运营。根据国务院批复广州市行政区域调整方案，增城开发区所属的增城市撤县设区，增城作为"城市副中心"的重要地位进一步强化。

（四）国家级开发区是探索新型管理体制机制的试验田

广州市国家级开发区通过设立开发区管委会作为市政府的派出机构实行统一管理，其中广州经济技术开发区与广州高新技术产业开发区、广州保税区、广州出口加工区在全国首创实行"四区合一"管理模式，即将四区管委会整合为一个管委会（广州开发区管委会），在"四区合一"的基础上，统筹开发区与行政区的资源，整合设置了开发区与行政区工作机构，形成目前广州开发区的管理架构和管理模式；广州南沙经济技术开发区管委会与广州南沙保税港区管委会实行合署办公（简称广州南沙开发区管委会）；增城经济技术开发区独立设置管委会（简称"增城开发区管委会"）。三个国家级开发区管理机构均为广州市人民政府的派出机构，代表市人民政府对所辖区域实行统一领导和管理，行使市一级管理权限。近年来，在加快国家级开发区建设的过程中，广州也同步开展了行政区域建设和调整，探索出开发区与行政区"两区统筹"

的新模式,如依托广州开发区设立萝岗区并形成国家级经济功能区和行政区"四区合一"的独特行政机制。南沙开发区部分机构与南沙区部分机构合署办公,依托南沙开发区申报南沙新区,通过实行"统一领导、各有侧重、优势互补、协调发展"的管理模式,进一步理顺职能关系,提高行政管理服务效率。

二 发展中存在的制约性问题

(一)原有的政策优势逐步弱化

长期以来,国家级开发区依赖税收优惠、廉价劳力、便宜地价等优势吸引发达国家技术、产业和资金转移。随着我国改革开放的深入和经济快速发展,开发区原有的特殊政策优势逐步弱化。2008 年,内外资企业所得税"两税合一"后,国家级开发区对外资企业在税收方面的优势已经弱化。尤其是近年来,在上海浦东新区、天津滨海新区、珠海横琴新区、重庆两江新区等国家级新区强势发展的局面下,国家级开发区原有要素优势不断消失。

(二)投资环境有待进一步改善

从对全市营商环境调研情况看,企业对三大开发区的基础设施、公共环境总体满意度较高,但对治安、诚信、政府审批效率、外汇管理、人才供给、市场秩序、环保强度等方面持保留性评价,并认为三大开发区在税收、人才、融资及对现代服务业扶持等政策支持方面与国内先进城市的开发区有差距,主要表现为广州堤围防护费、教育附加费、印花税等税费负担较重以及财政扶持偏少等。在财税政策优势丧失的形势下,相对过重的税费负担,不仅导致现有企业外迁,也难以吸引跨国公司地区总部和国内总部型企业落户。

(三)产业结构不尽合理,新兴产业培育比较缓慢

广州三个国家级开发区的经济结构均偏重于制造业等第二产业,且产业结构趋同,对汽车等单一行业的依赖度较高。偏高的依赖度不利于区域经济的长

期稳定和可持续发展。目前，三大国家级开发区均存在工业缺乏大项目支撑的问题，工业增长主要依靠原有企业技术改进和潜能深挖实现，增长后劲不足。与此同时，现代物流、生物医药、信息服务、金融等新兴行业仍处于起步阶段，对地方经济贡献尚未形成规模，远落后于区域经济的整体发展。

（四）项目引进与土地资源缺乏矛盾突出

据了解，三个国家级开发区均存在土地紧缺制约大项目落户的问题。广州开发区基本上延续了以空间快速扩张为特征的外延式发展模式，土地资源大量消耗，多数区域目前土地资源已基本开发完毕，存量建设用地供给明显不足，用地紧缺的矛盾愈加凸显。增城开发区近年来招商引资形势良好，但受制于年度土地利用计划指标不足，即便在坚持土地集约利用的前提下，土地仍不能满足所有优质项目建设的需要。由于用地持续紧张，以及部分公用事业领域未能充分向外资开放等原因，不少对产业链有较大拉动作用的大项目、好项目难以落地，直接影响了引进项目的质量和经济发展后劲。

三　国家新设特殊功能区域对开发区发展的借鉴

在早期设立开发区作为我国对外开放的经济区域基础上，从 1992 年开始国务院陆续批复设立了国家级新区（上海浦东新区、天津滨海新区、重庆两江新区、浙江舟山群岛新区、甘肃兰州新区、广州南沙新区、郑州郑东新区等），作为新一轮开放发展和体制创新的重要区域。所谓国家级新区，是指新区的成立乃至于开发建设都上升到国家战略，总体发展目标、发展定位等由国务院统一进行规划和审核，相关特殊优惠政策和权限等由国务院直接批复，在辖区内实行更加开放和优惠的特殊政策，鼓励新区进行各项制度改革与创新的探索工作。这些新区是国家重点支持开发的区域。

（一）上海市浦东新区

1992 年 10 月 11 日，国务院（国函［1992］145 号）批复设立上海市浦东新区；2005 年 6 月，国务院正式批准浦东新区进行综合配套改革试点。围绕建设成为上海国际金融中心和国际航运中心核心功能区的战略定位，浦东新区在强化国际金融中心、国际航运中心的环境优势、创新优势和枢纽功能、服务功能方面积极探索、大胆实践，努力建设成为科学发展的先行区、"四个中心"（国际经济中心、国际金融中心、国际贸易中心、国际航运中心）的核心区、综合改革的试验区、开放和谐的生态区。在浦东新区内，集聚了陆家嘴金融贸易区、张江高科技园区、外高桥保税区、金桥出口加工区、洋山保税港区等5个国家级开发区以及国家级的临港装备产业基地，集聚了先进制造业、临港工业、高新技术产业、生产性服务业等现代产业要素。

（二）中国（上海）自由贸易试验区

中国（上海）自由贸易试验区于2013年8月经国务院批准设立，9月29日正式挂牌。试验区范围涵盖上海市外高桥保税区、外高桥保税物流园区、洋山保税港区和上海浦东机场综合保税区等4个海关特殊监管区域，总面积为28.78平方公里。建设中国（上海）自由贸易试验区，是顺应全球经贸发展新趋势、实行更加积极主动开放战略的一项重大举措。主要任务是探索我国对外开放的新路径和新模式，推动加快转变政府职能和行政体制改革，促进转变经济增长方式和优化经济结构，实现以开放促发展、促改革、促创新，形成可复制、可推广的经验，服务全国的发展。建设中国（上海）自由贸易试验区有利于培育我国面向全球的竞争新优势，构建与各国合作发展的新平台，拓展经济增长的新空间，打造中国经济"升级版"。2014年上海市《政府工作报告》提出全力推动自贸试验区建设，其核心是加强制度创新，形成与国际投资贸易通行规则相衔接的基本制度框架。推进投资管理制度改革，及时修订负面清单。创新贸易监管制度，建立货物状态分类监管模式，促进内外贸一体化。深化金融开放创新，在风险可控前提下，落实人民币跨境使用、人民币资本项目可兑换、利率市场化和外汇管理等领域改革试点，促进实体经济发展。推进服务业扩大开放，力争总体方案确定的开放措施全部落地，促进自贸试验区和"四个中心"联动发展。构建事中事后监管的基本制度，建立安全审查机制、反垄断审查机制、企业年度报告公示制度、信用管理体系、综合执法体系和部门监管信息共享机制，提高政府服务管理透明度。建立专

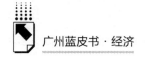

利、商标、版权管理合一的知识产权保护机制。完善法制保障，推动制定自贸试验区条例。

（三）天津滨海新区

1994年3月，天津市委、市政府决定在天津经济技术开发区、保税区的基础上，把塘沽区、汉沽区、大港区、天津港和高新技术产业园区这几个区域的资源整合起来发展，组建天津滨海新区。天津滨海新区是北方对外开放的门户、北方国际航运中心和国际物流中心，形成了电子通信、石油开采与加工、海洋化工、现代冶金、机械制造、生物制药、食品加工等七大主导产业。这里聚集了国家级开发、保税区、高新区、出口加工区、保税物流园区和中国面积最大、开放度最高的保税港区，是全国综合配套改革试验区。丰富的石油、天然气、海盐和1214平方公里可供开发的土地，使得滨海新区蕴藏着巨大的发展潜力。

（四）珠海横琴新区

珠海横琴新区是"一国两制"下探索粤港澳合作新模式的示范区。珠海横琴新区实行比经济特区更加特殊的政策。横琴与澳门之间的口岸设定为"一线管理"，横琴与内地之间设定为"二线管理"，按照"一线"放宽、"二线"管住、人货分离、分类管理的原则实施分线管理，允许横琴居住人员；允许横琴建设商业性生活消费设施和开展商业零售等业务，发展旅游休闲、商务服务、金融服务、文化创意、中医保健、科教研发和高技术等产业；横琴环岛不设置隔离围网，代之以设置环岛巡查及监控设施，确保有效监管。

（五）深圳前海深港现代服务区

深圳前海深港现代服务业合作区是深港合作的国家战略区域，实行比经济特区更加特殊的先行先试政策，涉及金融、财税、法制、人才、教育、医疗、电信等方面，具体包括：探索试点跨境贷款，构建跨境人民币业务创新试验区，对符合条件的企业减按15%的税率征收企业所得税，对在前海工作、符合前海规划产业发展需要的境外高端人才和紧缺人才的个人所得税给予相应补贴等 22 条优惠政策。同时，为支持前海现代服务业创新发展，财政部、商务部设立了前海现代服务业发展综合试点，对符合条件的产业项目给予一定额度的资金支持。

国家级新区及中国（上海）自由贸易试验区的设立给早期的国家级开发区带来了新的驱动力和巨大的挑战。广州要学习借鉴先进地区的发展经验，争取业务创新和功能再造，加快转型升级，谋求新一轮的开放发展。

四　进一步发挥国家级开发区作用的对策建议

（一）更加注重以改革创新促发展

从党的十八届三中全会决定和国务院公布的中国（上海）自由贸易试验区总体方案可以看出，前一轮改革开放采用的财税优惠政策已经被摒弃，国家本轮改革开放的核心不是赋予特殊的优惠政策，而是转变政府职能、创新投资管理模式和监管制度，以对外开放倒逼对内改革，并以对内改革促进对外开放新优势，制度创新是上海自由贸易试验区开放的关键点和突破口。因此，要更加注重体制机制创新和政府职能转变，加快构建符合国际惯例的投资营商环境，以先进、便捷、高效、安全的软要素增强新的竞争力。

（二）加快产业结构向多元化、高端化发展

围绕全市战略性主导产业发展布局和重大平台建设，结合各开发区的功能定位，形成资源共享、错位竞争、联动发展的产业格局。重点突出大项目招商，集中优势资源和力量，坚持优中选优，重点瞄准十亿美元级项目，以大项目推动大发展。瞄准国家级的"高精尖"重大科技专项项目以及重点企业的新型技术项目，促进科技产业集聚发展。大力引进总部企业，引导制造业和金融、物流、商贸、会展、创意、健康等产业的总部企业向开发区的功能平台集聚发展。加快推动服务外包产业发展，发挥好"中国服务外包示范城市广州示范区"的优势，加快金融后台服务、数据分析、生物医药研发等新业态，拓展云服务、移动互联网、大数据等前沿业态。发展科技金融，促进科技与金

融融合发展,打造服务实体经济和中小微企业的综合性金融服务平台,实现产业与金融有效对接。

(三)增强国家级开发区吸引外资的核心竞争力

加快各项鼓励政策措施的出台,继续围绕贯彻落实市政府《关于进一步促进利用外资工作的实施意见》,尽快出台统筹外资生产力骨干项目招商、向外资开放城市交通社会服务基础设施建设投资领域等工作方案和鼓励外商设立研发中心、投资商业保理业试点等办法,并赋予有条件的国家级开发区先行先试权。进一步细化《关于加快总部经济发展的实施意见》等政策文件,强化广州政策措施对外资的吸引力和竞争力。

(四)创造性地开展招商引资工作

切实发挥市外资工作领导小组的作用,统筹协调好全市,特别是三大国家级开发区招商工作,避免三大国家级开发区同质竞争和发展。加强对小分队招商、上门招商等工作的研究、探索和经验总结,形成有效的招商模式。充分调动和发挥各部门、社会各机构力量,围绕广州十大重点产业形成招商合力,抓好大项目招商工作。如南沙开发区大力发展海洋经济和智慧经济,重点发展航运物流服务业、高端商务及商贸服务业、科技智慧产业、高端装备技术产业、旅游及健康休闲产业等五大主导产业;广州开发区重点发展新一代信息技术、物联网、生物医药、新能源、新材料、节能环保、高端装备制造等战略性新兴产业和金融保险、商贸会展、现代物流、服务外包等现代服务业;增城开发区可利用生态优势重点发展汽车及新能源汽车、节能环保新材料、高端装备及高端生产性服务业。

(五)做好营商环境优化服务

推进全市商事登记制度改革,着力推进投资贸易便利化。认真梳理、修改与国民待遇不符的地方性法规、规章和规范性文件。优化审批服务,完善"一站式"服务流程,建立重大项目绿色通道,加快外资项目特别是重大项目的审批效率。积极、主动与中央和省驻穗有关单位密切配合,争取在办理财税、出口退税、融资、出口收费核销、检验检疫、口岸通关等方面为外资企业提供更加便捷的服务。着力减轻企业负担，全面清理涉企经营性和行政性收费项目，切实减轻企业在劳动用工、地方税费等方面的负担。着力完善生活配套服务，加大开发区基础设施建设力度，大力引进和建设国际教育、医疗、文化体育设施，为投资者营造宜居宜业的生活投资环境。优化通关软环境，推动海关特殊监管区域与口岸联动发展。深入推进关检合作"三个一"（一次申报、一次查验、一次放行）通关模式，深化实施海关特殊监管区域先行先试政策。落实国务院、海关出台的促进外经贸发展政策，联合口岸查验单位，为企业提供便利化、高效率和低成本的通关服务。

（六）全力打造以国家级开发区为主的高端招商载体

按照"高起点规划、高标准建设、高速度发展"的原则，创新管理体制，理顺管理关系，强化招商引资职能，把三个国家级开发区打造成为承接招商引资项目的最重要平台，在土地资源配置、财政收入分成、审批管理权限上给予倾斜。鼓励现有楼宇升级改造为5A级或甲级商务写字楼，打造高端服务业载体。积极争取国家有关部委和省级支持，在广州三个国家级开发区规划布点龙头大项目，利用高端产业链的带动、集聚和辐射功能，培育利用外资的增长点。

（七）加快推动南沙新区的发展

南沙新区作为国家级新区，具有扩大开放的区位优势和政策优势，是国家战略层面深化粤港澳合作的主要载体，也是粤港、粤澳合作框架协议下的重点合作区域。在南沙新区规划中，国家赋予了更加全面的开放政策，这些都为南沙的发展提供了良好的条件。南沙要尽快争取国家批复的各项政策落地，以深化与港澳全面合作为主线，以生态、宜居、可持续为导向，努力建设以生产性服务业为主导的现代产业新高地、具有世界先进水平的综合服务枢纽和社会管理服务创新试验区。重点推动战略性发展平台建设取得新突破，全力推进明珠湾起步区开发建设，并加快建设蕉门河城市中心区、龙穴岛航运物流服务集聚区、万顷沙高端新型电子信息产业园等功能片区，迅速提升新区城市功能。加快战略性基础设施建设，按照打造具有世界先进水平的综合服务枢纽要求，高标准建设和完善一批重大交通、信息、市政、公共服务基础设施，增强城市服务功能。大力发展战略性主导产业，围绕航运物流、装备制造、科技智慧、商业服务、旅游健康等五大主导产业，着力引进重大功能性、平台性、龙头性产业项目，迅速壮大产业规模。

（八）充分发挥特殊监管区域的政策功能和辐射带动作用

上海、天津等地通过国家级新区与海关特殊监管区域的互动融合，推动政策创新和功能延伸，有力地带动了地区经济的发展。广州的海关特殊监管区域主要分布在国家级开发区，而且与国家级开发区管理机构合署办公。可以充分利用好这些特殊功能区域的政策优势，提高贸易、投资便利化水平，加快产业转型升级，形成高端入区、周边配套、辐射带动的良性发展新格局。加强区域优化整合，推动现有海关特殊监管区域业务创新。一是调整优化广州保税区、出口加工区和保税物流园区功能布局，拓展出口加工区保税物流功能以及研发、检测、维修业务。同时，重新将广州保税区、保税物流园区内可用土地、物业进行功能布局调整，重点发展国际商贸、物流业。二是依托海关特殊监管区域打造南沙塑料粒、有色金属等大宗商品交易中心以及广州保税区国家进口贸易促进创新示范区等重要平台。三是推进白云机场综保区一期工程建设和发展步伐，积极申报航空经济示范区，推动航空产业、国际中转、物流配送、融资租赁等临空型现代服务业发展。四是继续完善广州市保税物流体系，积极向海关总署申报在增城开发区建设保税物流中心，推进增城开发区开展"区港联动"和"港仓联动"。积极申报设立自贸园区，争取将南沙新区、白云机场综合保税区、广州保税区、中新知识城等特殊经济区域纳入申报范围或政策拓展区域，获得国家政策支持，推动外资市场准入体制、服务贸易、口岸通关模式、外汇金融管理措施等一系列制度改革，带动国家级开发区新一轮的开放发展。

加快广州"智慧港口"
发展的对策研究

周亦兵 胡 敏 郭凌峰*

摘 要：

智慧化是当今的浪潮和趋势，是继工业化、电气化、信息化之后，世界科技革命又一次新的突破。港口作为城市综合物流环节的一个重要组成部分，在经济社会发展中起着重要作用；新技术的广泛应用，为智慧港口发展创造了先机。本文以互联网、物联网等技术为依托，分析在以数据平台和电子商务为代表的物流组织信息化飞跃发展的时代背景下，广州港口利用新一代信息技术提升港口管理和公共服务水平的现状和问题，提出加快广州智慧港口建设发展的对策建议。

关键词：

智慧港口 信息化 转型升级 发展

当前，港口面临着转型升级和可持续发展，港口信息化建设正处于重要结构调整期，随着物联网、三网融合、云计算等新一代信息技术的迅速发展和推广应用，利用现代信息技术手段改变港口传统作业方式、促进港口转型升级发展将成为现实。近年来，广州港口通过信息基础设施的建设和新技术使用，打造智慧港口，全面提升港口经营管理和公共服务水平，实施现代化、网络化、国际化经营策略，增强港口在国际业界的影响力和竞争力，实现港口经济跨越

---

* 周亦兵，广州港务局内港分局，主要从事港航管理行政工作；胡敏，广州港务局科技信息处，主要从事港航信息化管理工作；郭凌峰，广州港务局内港分局，主要从事港航行政工作。

式发展，为推进广州新型城市化发展作出了一定贡献。

围绕国家中心城市的建设，广州市委、市政府作出全面推进新型城市化发展的战略决策，明确"低碳经济、智慧城市、幸福生活"三位一体的城市发展理念①，提出《关于建设智慧广州的实施意见》，全面打造国家智慧城市建设先行示范市。港口作为城市的一部分，有其独特的战略地位，在推进智慧城市建设中具有基础性作用。通过建设港口物联网体系、港区智能管理系统、港口数据交换系统、港口物流综合信息平台、港口公共信息平台，推进电子票、手机票和行李货物电子标签识别系统的广泛应用，着力打造智慧港口，对推动广州智慧产业区集聚、促进港口产业结构转型升级、加快经济增长方式转变、推进广州新型城市化发展具有重要意义。

一 加快广州智慧港口建设的战略意义

（一）智慧港口的基本概念及内涵

从世界港口发展历程来看，根据联合国贸易与发展委员会 20 世纪 90 年代陆续提出的标准，可将港口划分为四代。第一代港口主要是指 50 年代以前的港口，以为船舶提供靠泊和货物装卸为主要功能；第二代港口定位于"运输中心和服务中心"，增加了商贸和专业化功能；第三代港口除了第一、第二代港口具有的功能外，增加了运输、贸易的信息服务和货物配送等综合物流主要功能，使港口成为贸易物流中心，除了继续保持有形商品的强大集散功能并提高集散效率之外，还具有集有形商品、技术、资本、信息于一体的物流功能。② 进入 21 世纪后，随着经济全球化以及现代供应链管理思维和技术的推行，港口作为供应链中的一个重要环节，强调港口与相关物流活动之间的互动、港口与港口之间的互动、港口与区域经济之间的互动，强调以港航联盟为发展策略，以港口为终点整合铁路、公路、空运形成一体化的物流体系，能真

① 《低碳经济、智慧城市、幸福生活》，《广州日报》（第 A4 版）2011 年 12 月 25 日。
② 刘阳阳、张婕妹、真虹：《港口代际划分影响因素》，《水运管理》2009 年第 12 期。

正实现现代物流的一单到底、多式联运和高效率运转，满足运输市场对港口差异化服务要求，提供精细的作业和敏捷的服务，促进与港口相关的供应链各环节之间的无缝连接，实行"全程、全方位、个性化"服务，发展理念更为环保、安全、科学，涉及物联网、服务、技术等各个方面的创新，专家称之为第四代港口。[①]

实现这样一种趋于高度整合的"大物流"港口，其庞大的规模和复杂的系统，必须采用现代智能化技术才能实现。它不仅包括了智能化的技术装备，还包括了智能化的物流信息系统，并通过管控一体化技术实现管理层与生产层信息实时互通、信息资源和生产资源实时互动、港口运营与安全环保相协调，从而实现港口运输的高效、安全和绿色运行。于是出现"智慧港口"的概念并力求打造，目前业内普遍认为智慧港口是第四代港口基础上的产物。[②]

所谓智慧港口，笔者综合相关研究认为，是在第四代港口的基础上，利用云计算、智慧感知、移动互联网等现代信息技术手段，将"物联网"和"互联网"全面融合，形成与现代化港口相匹配的科学规范、高效安全的监管、经营、决策与信息服务柔性化运作的管理体系，从而提高港口运作效率和核心竞争力。

（二）智慧港口是新型城市化发展的重要组成部分

在港口城市的规划上，"城以港兴、港为城用"，港城相辅相成，发展关系日益密切。广州新型城市化要求尽快实现战略性基础设施、战略性主导产业、战略性发展平台的"三个重大突破"。广州港作为我国沿海主要港口和综合运输体系的重要枢纽，是广州市发挥带动辐射作用和强化国家中心城市、综合性门户城市地位的核心战略资源，是实现"三个重大突破"的战略性基础设施，在智慧城市建设同样具有基础性作用。面对广州加快转型升级、推动新型城市化发展的新形势，建设与之相匹配的智慧港口体系，占领现代港口发展

---

① 贺琳、陈燕、胡松筠、孙辉：《第四代港口概念及特点》，《水运工程》2011年第6期。
② 杨莉：《专家论道"智慧港口"》，重庆晨网，2011年11月14日。

的制高点，也是广州港口未来发展战略的必然选择。

一方面，以现代物联网技术为依托的智慧港口建设必将带动港口装卸、仓储、物流、贸易、金融、信息、口岸等相关行业的全面升级，提升港航综合信息服务水平，进一步强化港口对城区生活服务功能。另一方面，发展港口高端服务业，加快旧城区港口功能的转型升级，空出沿江黄金地块用于发展城市商业、邮轮游艇产业，将为新型城市化建设腾出更多的土地和资源。

（三）智慧港口是广州打造国际航运中心的引擎

国际航运中心是指在一定的国际航运活动区域内，某些航运要素的集聚度、国际影响力和市场占有率最突出的港口城市。[①] 从香港、上海、新加坡、伦敦等地国际航运中心建设的经验来看，国际航运中心需具备三大要素：国际航运的中心市场、航运要素集聚地、综合资源配置中心。从本质而言，智慧港口同国际航运中心建设目标是一致的。智慧港口建设推动港口设备设施和管理软件体系升级，这是国际航运中心建设的基础；同时，国际航运中心所获得的政策环境将更有利于智慧港口建设。打造智慧港口是国际航运中心建设的重要载体，又将带动港航行政管理与公共服务水平进一步提高，加速港口的转型升级，为广州现代港口发展奠定坚实的基础。

二　广州智慧港口发展现状及存在问题

（一）广州智慧港口发展背景

1. 千年商都为智慧港口培育了土壤

广州，素有"千年商都"的美誉，这个有着 2200 多年历史的江海交汇城市，是古代海上丝绸之路的发源地之一，千百年来，世界各地的货物在广州源源不断地汇聚和疏散。早在秦汉时期，广州古港就是中国对外贸易的重要港

---

① 茅伯科：《关于国际航运中心定义的思考》，《水运管理》2009 年第 4 期。

口；唐宋时期，广州"通海夷道"是世界上最长的远洋航线；至清朝，广州成为中国唯一的对外通商口岸和对外贸易的最大港口①。鸦片战争让广州港在硝烟中逐渐沉寂；直到改革开放之后，随着广州国际商贸中心城市地位的日趋突出，港口地位重新得到了认可，广州港发展突飞猛进，港口综合排名迅速攀升。2013 年，广州进出口贸易额突破 1189 亿美元，约占全国 2.86% 的水平②。而广州港实现货物吞吐量 4.72 亿吨，集装箱吞吐量 1550 万 TEU，两项指标分别位居世界第五、第八，进入世界港口前列。

同时，广州是华南地区信息中心、全国互联网三个核心节点、交换中心和国际出口之一，拥有比较完善的信息基础设施。发达的网络和信息服务技术，为广州发展智慧港口提供了良好的支撑。

2. 以广州港为核心的物流链正逐步形成

广州港地处珠江出海口、珠三角几何中心，濒临南海、毗邻港澳，东、西、北三江在此汇流入海。通过珠江水网，广州港与珠三角城市以及与香港、澳门相通，由西江直通我国西南地区，经伶仃洋出海航道与我国沿海及世界港口相连。广州具有良好的海河联运优势。内河运输方面，珠江水系规划了"三纵三横"的通航航道，2000 吨级船舶可顺流而上直达广西贵港，千吨级船队可达云贵边境；铁路运输方面，广州是京广、南广、广梅汕、广茂、广珠、广深等货运铁路的交会点；航空运输方面，广州白云国际机场是中国大陆三大国际航空枢纽机场之一，也是国内规模最大、功能最先进、现代化程度最高的国家级枢纽机场之一；高速公路方面，京港澳高速、广深、广贺、广佛等 16 条高速路与广州紧密相连；四通八达的交通为广州港发展注入了活力。

广州南沙港扼珠江之咽喉，犹如巨龙头上一颗耀眼的明珠，具有良好的水深、开阔的航道。2013 年，南沙港集装箱吞吐量已达 1020 万 TEU，先后有中海、中远、马士基、长荣、地中海等国际著名船舶公司挂靠，开通了欧洲、南北美、非洲、澳洲、红海、东南亚等外贸航线 33 条；普洛斯等国际知名物流企业直接入驻南沙港，南沙保税港区、保税物流园区功能不断完善。2011 年

---

① 《广州港》百度百科资料。
② 数据来源于广州市对外贸易经济合作局网站公布数据。

12 月，南沙港疏港铁路正式立项，有望于 2015 年前贯通；南沙修建广州第二机场的计划也正在论证之中。届时，南沙港将成为拥有海河联运、铁路、公路、航空、管道多位一体的物流枢纽，沿着水陆空物流通道延伸，以广州南沙港为中心，辐射南中国的港口物流体系正逐渐形成。

3. 良好的政策环境为智慧港建设提供了保障

2009 年，广州市政府出台了《关于加快"信息广州"建设的意见》，提出力争用 5 年时间基本建成高度信息化、全面网络化的"信息智慧广州"。2011 年，广州市正式提出建设"智慧广州"的思路。2012 年，广州市委、市政府出台《关于建设智慧广州的实施意见》，为建设广州智慧城市进行全面布局。宏观层面上，交通部在《全国沿海港口布局规划》和《广州港总体规划》中，对广州港功能发展都进行了准确的定位；广州市在《贯彻落实〈珠江三角洲地区改革发展规划纲要（2008—2020 年）〉实施细则》中明确提出：以港口、航空、铁路和公路运输枢纽为依托，以信息化为手段，以大型物流企业为龙头，打造亚洲物流中心，建设与港澳地区错位发展的国际航运中心。

2009 年，广州市政府《关于加快广州港发展的意见》提出要将广州港建设成为：全国综合性主枢纽港、集装箱运输枢纽港，以及在国际上有较大影响力的现代化强港。广州港务局也先后制定了《广州港口发展战略研究》《广州港口现代物流发展规划》《广州港信息化总体规划（2011—2020 年）》，这些政策的出台为广州智慧港口建设提供了良好的保障。

（二）广州智慧港口发展现状

1. 港航行政业务管理信息化平台已初步建立

广州港务局以"深化服务、促进发展"为指导。"十一五"期间，在行业管理、安全监管、内部管理、公共服务等方面，先后建设了港航基础业务支撑平台和港航综合信息管理平台；完成了港航行政管理、危险货物申报、安全监控、引航调度、视频监控等系统建设，初步建立了港航数据中心；基本形成了"一个中心、两个平台、三大保障体系、九个业务应用系统"的信息化格局。大幅提升了港口、航道、运政、公共服务等业务的行政效率，为智慧港口建设打下了基础。

2. 港航信息化技术支撑体系初具规模

近年来，广州港加强了信息化基础支撑体系的建设，网络通信基础设施趋于完善，建立了港航信息化中心机房，设立了集甚高频、AIS 于一体的通信基站及其通信网络，完成了覆盖全局的专用网络建设，建成了 VHF、港航视频监控系统（CCTV）、微波通信、AIS、引航调度等应用支撑系统。在港口信息交换方面，一些大型港航企业均不同程度建立了电子数据交换（EDI）平台，初步实现了口岸、海关和港口码头企业之间相关单证的数据传输。一系列信息化基础支撑体系建设，为广州智慧港口的发展提供了保障。

3. 港航企业信息化总体水平得到了较大提升

在政府引导和市场推动下，广州辖区内港航企业、物流企业在信息化方面取得较大提升。在经营管理、内部管理等方面信息化工作取得实效，产生了一定的规模效益，部分企业信息化系统成为生产调度和经营管理的中枢，一些公共信息服务平台、物流电子商务平台不仅为客户提供港航政策、船货动态、业务咨询等信息服务，也为企业和客户的交流提供了方便的渠道，进一步提升了物流运作效率、服务质量和服务能力。"十一五"期间，广州港务局还会同南沙保税港区相关口岸部门先后组织推广应用了南沙保税港区系统、大通关信息发布与服务系统、电子查验系统等 7 个系统；南沙保税港区斥资千万元建设了网络交易平台。港航企业信息化不仅丰富了广州智慧港口的内涵，也为港口健康、可持续发展奠定了良好的基础。

4. 智慧港区试验项目取得初步成效

2013 年，广州港务局在黄埔港区试点智慧港城项目，开展了"港口集疏运系统应用 RFID 的关键技术研究"，为港口集疏运 RFID 技术应用的整体框架方案和基于 RFID 的不停车智慧闸口规范制定打下了基础；同时，还以"小型船舶智慧监管和服务系统"建设为切入点，通过船舶智慧终端的研发和推广应用，采集船舶航行静态、动态信息和货运信息，完善对 3000 吨级以下船舶的监管，为小型船舶经营者和港航物流链的相关企业提供信息服务，为实现水—港—陆物流的透明化、全程跟踪和信息服务奠定了基础。

（三）广州智慧港口发展面临问题

经过多年的建设与发展，广州智慧港口建设有了一定的基础，但与国内外现代化国际强港相比,与广州"智慧城市"建设、实现"港城一体化"发展的要求仍有较大差距。

1. 智慧港口建设缺乏全面系统的规划

智慧港口建设是一个复杂的系统工程,涉及政府、企业、社会方方面面,政府政策引导、企业社会支持参与是关键。目前,广州智慧港口建设还处于初期阶段,智慧港口建设缺乏行业整体系统的规划与协调,智慧港口建设规范标准及主要功能还在不断探索,建设发展的总体框架方案还在不断完善,行业之间、政企之间数据整合资源共建共享的协调工作有待进一步加强。

2. 港航综合信息平台建设有待完善

广州港现有的港航各业务系统相对独立分散,主要以行业管理信息化为主,公共服务方面涉及较少,航运信息发布、船舶交易、货物交易、金融保险服务和航运衍生服务信息资源共享的手段和能力较弱。港务、海关、海事、商检等口岸部门以及企业之间没有形成完整统一的数据交换机制,"信息孤岛"现象比较严重。

3. 港区智慧化总体水平有待提高

广州港辖区现有港航企业 1000 多家,"散、杂、小"是其典型特征。企业信息化水平参差不齐,中小港航企业信息化发展严重滞后,有些业务应用仍主要采用人工操作方式。中小型港航企业信息化发展存在的"数字鸿沟",已成为未来智慧港口建设的瓶颈。

4. 资金投入和人才队伍建设有待加强

智慧港口建设和综合信息平台的运营需要有稳定、持续的资金投入和高素质的技术、业务团队支持。目前,广州港航信息化建设尚未形成多渠道融资模式,主要依靠政府投资,未能充分发挥"政府引导、市场驱动"的优势,制约了智慧港口建设的可持续发展。

三 加快广州智慧港口发展的对策建议

广州智慧港口的建设,要以科技创新为手段,以绿色可持续发展为原则,从港口生产运营管理、客户服务、电子商务、口岸管理、港口资源以及综合运输等多方面进行优化，全面打造新一代的智慧港口，实现广州港城深度互动和良性发展。

（一）广州智慧港口建设总体框架

广州智慧港口建设坚持"以应用为导向、以数据为基础、以网络建设为中心"的原则，以实现"信息采集感知化、信息资源数字化、信息传输广泛化、业务流程协同化、信息服务个性化、决策支持智慧化"为目标，全面推进信息技术在港口各领域的应用，不断增强港口信息化支撑服务能力，逐步实现港口物流信息系统的智能化、港口作业控制系统的智能化、大型装备的自动化和智能化。结合广州智慧港口发展需求及前景，加强顶层设计理念，完善优化广州智慧港口顶层架构体系如图 1 所示。

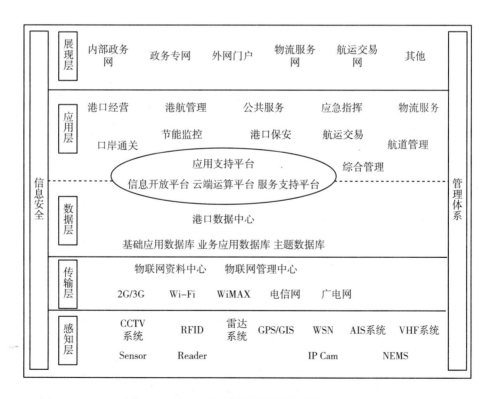

图 1　广州智慧港口总体框架

智慧港口总体框架由基础网络、资源平台、支撑平台、应用平台、综合门户和支撑保障体系组成。基本内容包括"统一平台、五大体系、七类应用"，即依托统一的区域智慧港口信息服务平台，建设技术体系、信息体系、应用体系、安全体系和管理体系五大体系，七类业务应用包括港口管理、航道管理、水路运输管理、安全监控、公共服务、电子商务和生产经营。

（二）智慧港口建设的主要内容

1. 智慧港口技术体系

智慧港口技术体系是支撑和实现智慧应用和高效便捷服务的技术基础架构。技术体系以现代信息技术、传感技术和新一代通信技术为基础，通过智慧 IC 卡、RFID、移动终端、船载终端等设备，实现信息感知，并通过移动互联、智慧宽带、VPN 等实现信息承载和传输，实现各类应用与服务。主要包括：网络基础设施、信息感知、数据中心基础设施及网络基础设施、信息通信等内容。

2. 智慧港口信息体系

智慧港口信息体系主要包括：信息资源体系、港航数据中心、数据交换平台、信息资源管理体系等内容。其中，信息资源体系主要由基础数据库、业务数据库和主题数据库等构成；港航数据中心要逐步实现港航业务数据综合应用和集约化管理；数据交换平台主要实现信息交换、业务协同和资源共享；信息资源管理体系，主要是确定统一编码体系的应用范围，建立统一信息管理机制（见图2）。

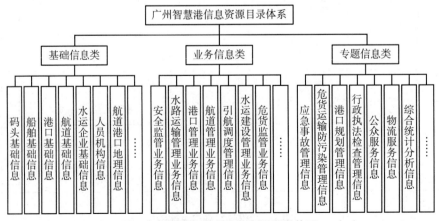

图 2　广州智慧港口信息资源目录体系

3. 智慧港口应用体系

智慧港口应用体系主要由应用层和展现层构成。应用层包括：电子口岸、港航行政业务管理、港航公共服务、安全监管与应急、港口经营管理和港口物流服务等。展现层主要包括：港航公共信息网、航运交易网、物流信息网等。

4. 智慧港口标准体系

智慧港口标准体系包含：数据标准规范、技术标准规范、管理标准规范、信息安全标准规范等四部分。广州智慧港标准体系需要在遵循国家标准、行业标准和应用标准的基础上，确定符合本地特定需求的标准规范，以指导今后的标准应用工作（如图3所示）。

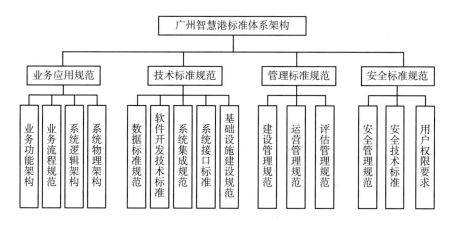

图3　广州智慧港口标准体系框架

5. 智慧港口安全体系

智慧港安全体系主要从优化信息安全运行维护流程、规范信息安全管理制度、加强信息安全技术应用等方面，提高信息安全防护能力。主要包括：安全管理、网络安全、应用软件安全、信息资源安全等方面的安全策略和具体保护机制，是一个有机的整体（见图4）。

6. 智慧港口管理体系

智慧港口管理体系主要是制定推进集约建设和实现业务协同所需要的规章制度和工作机制，是广州智慧港口顺利实施的保障。管理体系需要从组织机构、制度规范、IT资产、安全、运行维护资金等方面进行管理，有效地融

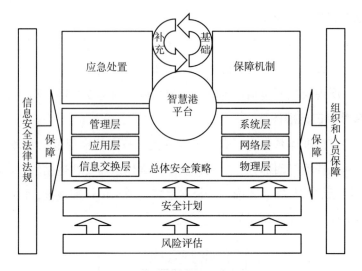

图4 广州智慧港口安全体系架构

合组织、制度、流程和技术，制定和完善相应的管理制度，实施规范和专业化管理，落实运行维护费用，使运行维护管理体系成为日常工作的重要组成部分。

（三）智慧港口发展的战略路线图

结合广州智慧港口行业监管、生产经营与公共服务的迫切需求，提出战略路线如图5所示。

根据指导思想和发展目标，可按四个阶段进行分步实施。

第一阶段：夯实基础阶段。

重点搭建智慧港口基础平台。以网络通信平台、港航数据中心管理平台、港航综合业务应用平台等建设为重点，积极推进智慧港口基础设施建设。同时，完善相应的保障体系建设，为后续应用与工作夯实发展的基础。

第二阶段：重点突破阶段。

在基础平台建设的基础上，重点以港航数据中心、智慧引航调度系统、智慧闸口工程、船舶智慧监控与综合服务系统、港航公共信息服务平台等建设为突破口，启动一批综合应用重点工程前期工作，如数字航道建设工程、港航现代物流综合信息服务平台、水路运输综合应急指挥系统，逐步清晰完善广州智

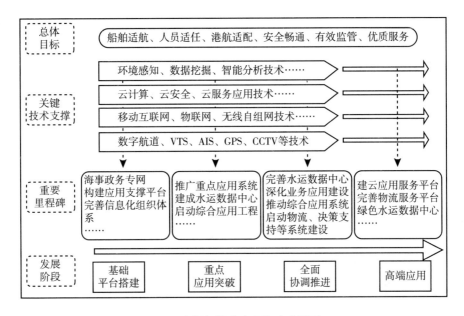

图5 广州智慧港建设战略路线图

慧港口体系架构。

第三阶段：全面推进阶段。

在前两个阶段工作的基础上，以港航信息枢纽为重点，以港航智慧信息服务为抓手，建设航道维护管理系统、港口集疏运系统、航运支持保障系统、应急救助系统、现代物流服务系统。

第四阶段：高端融合阶段。

在前三个阶段工作的基础上，完善广州智慧港口体系，推动港航信息枢纽和港航智慧信息服务产生规模经济与社会效益。各项政策完善、保障有力，港城实现深度融合与智慧互动。广州智慧港成为"智慧广州"建设发展的重要引擎和广州创新型城市建设的新驱动力。

（四）加快广州智慧港口建设的具体措施

1. 加强顶层设计，营造良好的政策环境

广州智慧港口建设是一项综合性工作，涉及面广，需要相关政府部门和企业通力合作。建议成立以分管副市长为组长的智慧港口建设领导小组，办公室

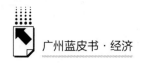

设在广州港务局，加大不同部门间的协调力度，促进形成配合紧密、沟通顺畅、高效运转的组织管理体系。

重点推动以下工作：一是制定完善智慧港口建设的政策法规，授权港航主管部门会同相关职能部门制定港航数据交换标准体系。二是加大智慧港口建设的资金投入，政府在保证财政扶持专项资金投入的同时，拓宽资金筹集渠道，努力实现投资渠道多元化，支持港航企业加大自身信息化资金投入，鼓励社会资金投向港航信息专业平台建设和运营。三是做好智慧港口发展规划，从战略和全局的高度，着眼长远、未雨绸缪，整合各方面的资源，统筹处理好管理与服务之间的关系，保障广州智慧港口的建设与发展顺利进行。四是协调进一步优化口岸通关环境，出台具体方案、措施，整合口岸数据信息资源，提高数据信息交换共享水平，构建完善、良好的港口口岸环境。

2. 以航运交易所为载体，构建港口综合信息服务平台

随着信息技术的迅猛发展，信息化的引领和支撑作用日益突出，信息综合平台是提高决策水平、管理效能和公共服务能力的有效手段，是加强市场监管和提升应急处置能力的重要途径。2011年9月8日，中国第三、华南唯一的一家航运交易所——广州航运交易所正式挂牌成立。航运交易所是广州建设国际航运中心的主要载体，未来智慧港口建设不能缺少广州航运交易所的参与。一方面要充分发挥广州航运交易所功能，延长航运服务产业链，发展航运咨询、信用评级、运价指数衍生品交易等服务业务，加快航运信息交换和增值服务系统建设。另一方面成立专门运行机构，推动智慧港口综合信息平台运行。

港口综合信息平台应实现以下功能：一是突出物联网和云计算，以新一代RFID技术、智能卡口、GPS系统、AIS系统为载体，通过搭建云平台来整合各大模块和海量数据。二是提高港口管理和决策水平，整合各职能部门业务管理系统，实现远程调度、引航、港口管理和应急处置，优化港口物流流程和生产组织。三是实现港口公共信息资源的整合，实现信息自动化采集、储存和加工，提升公共信息服务能力。

3. 提升港口软硬件的智能化水平

港口软、硬件是智慧港口建设的基础，也是提升港口作业和物流效率的根本途径。要通过政策指引、企业投入、政府给予税收优惠等做法，积极引导中小型企业对港口装卸机械、物流设备设施进行优化改造，提升港口硬件的智能化水平。软件方面，一是加快港口企业自身信息综合平台的建设，提高信息流通和服务水平；二是协调和促进口岸单位创新通关模式，简化广州港承接珠三角及周边地区货物的通关流程；三是建立便捷的数据交换体系（EDI）、港口空间地理信息系统，共享 IC 卡管理，实现口岸物流信息、作业信息与查验单位信息的全面对接互动。通过港口软硬件的优化，促进物联网技术在港口的全面运用，提高港口的智能化水平。

4. 整合港口物流链资源、建立畅通的物流通道体系

港口现代物流更倾向于管理智能化和服务柔性化，物流链资源整合是智慧港口发展的必由之路。一是要加快港口集疏运体系建设，加快推进港口与物流园区、保税港区、无水港等单元的智能对接和联动发展，完善集疏运网络，加快喂给港、支线港的资源整合，促进海铁联运、江海联运的发展。加快与云南、贵州、广西、湖南、江西等内陆腹地合作建设"无水港"的步伐，打造"无水港"网络体系，拓展港口经济腹地，提升港口在物流链中的集聚和辐射效应。二是要实现港口与船舶、车辆、铁路、公路、场站、货代、仓储、无水港等相关物流服务单元信息的无缝连接，提升港口"物联网"水平，优化物流供应链管理，提高物流服务效率。三是要做好港口物流规划与智慧港口规划的衔接，从港口装卸、口岸通关、航运物流等多角度进行规划。同时，积极引导港航企业延伸服务产业链，拓展经营网络，加快由单一的运输承运人向综合物流服务商转变。

5. 以南沙智慧岛建设为核心，推动智慧港口建设步伐

近年来，广州市政府对南沙港的发展给予了高度的重视。南沙港位于龙穴岛上，具有天然岛形结构、基础设施好、信息化程度高、控股股东实力强等特点，建设智慧港口具备先天优势。目前，南沙港已先后推广应用了南沙保税港区系统、大通关信息发布与服务系统、电子查验系统等7个系统，可率先在南沙港发展基于物联网的船—港、车—港信息交换、集装箱和危险货物运输监控的技术研究和示范应用，推进铁水联运、公水联运，发展内陆无水港，逐步完善与现代物流业相匹配的基础设施，实现物流在线跟踪查询、在线监控和智能化管理，使开放的港口生产作业、监管服务达到智能化水平。根据"先易后难、重点突破、示范导向"原则，将基础条件较好的南沙港率先纳入智慧港口建设范围，是推动广州智慧港口建设的捷径。

6. 推动智慧港口建设重点项目开展

以重点项目为支撑，引领广州智慧港口发展方向。一是加快黄埔"智慧港城"试点工程建设，应用 RFID、视频识别等技术，建设港区车辆预约和智慧调度平台，缓解港区周边交通拥堵等问题。二是加快推进"港船智慧"系统工程，加快建设广州港船舶综合信息服务系统，利用 RFID、GPS、CCTV 以及无线传输等技术，实现各类型船舶的可测、可视和可控。三是推进"智慧闸口及一卡通"系统工程，建立智慧化车辆调度系统和电子闸口货物信息交换系统，将"船—港"和"车—港"信息有效串联，动态跟踪车辆、货物（集装箱）在港状态和位置，实现与口岸部门和相关企业的信息交换。四是智慧引航、调度指挥及服务平台建设工程，完善现有的 VHF、CCTV、AIS、船舶进出港调度计划、引航调度信息服务等系统，整合 GPS、CCTV、VTS、AIS、VHF 及无线移动数据通信网络，全面获取广州港辖区内的船舶动态信息，构建完整的"一体化"船舶智慧监管体系。

7. 加快培养建设"智慧港口"复合型人才

"智慧港口"不仅是物联网全面应用于港口行业技术的总成，还包括管理理念、管理手段的创新。这就要求管理者不仅要精通行业知识，还要具备交叉性多学科知识，具有较强的综合能力。目前，广州智慧港口建设还处于起步阶段，未建立专门的运作机构，缺乏智慧港口建设管理的高层次人才。因此，应采取同高校合作、引进专业技术人员、培养港口管理体系内人才等方式，加快培养建设智慧港口复合型人才。

天河区产业用地集约化评价
与优化配置对策研究[*]

叶昌东　郑延敏[**]

摘　要：

天河自设区以来先后经历了从农业型经济模式到工业型经济模式、商业型经济模式、现代服务型经济模式的转变，其产业经济模式的快速转变是我国快速城市化进程中城市产业用地发展的典型缩影。本文从天河区现阶段产业发展特征入手，分析了产业用地的现状特征，并以地均产值、地均资产总值、地均从业人员和人均资产总值为评价指标对天河区分行业、分街道的产业用地集约化水平进行了分析。最后针对天河区产业用地集约化利用和空间布局中存在的问题，提出了产业用地优化策略，并对主要产业类型的空间布局进行了展望。

关键词：

产业用地　集约化利用评价　优化配置

一　引言

改革开放30多年来我国工业化、城市化水平不断提高，2013年全国城镇化水平已经达到53%，超过世界平均水平，基本达到中等发达国家水平。然

---

[*] 本研究为国家科技支撑计划子课题（编号2013BAJ13B03）资助。

[**] 叶昌东，华南农业大学风景园林与城市规划系讲师、博士、注册城市规划师，研究方向为城市地理学、城乡规划管理、土地利用规划、城市空间结构与形态；郑延敏，广州市土地利用规划编制中心副主任、高级经济师，主要从事土地利用规划、土地经济、房地产开发等研究工作。

而我国工业化、城镇化所取得的成绩是以大量土地和劳动力的粗放式投入为代价建立起来的,与新型城镇化的发展战略目标不相符。新形势下提高土地利用的集约化水平、优化土地资源配置势在必行,而产业用地的优化配置是土地资源优化配置的关键所在(产业用地中的资源浪费在所有用地类型中是最大的)。广州市天河区是改革开放后最早形成的城市新区之一,目前已经成为一个发展成熟的城市地区,与广州老城区密不可分;其产业发展经历了由小到大、由单一到综合、由工业到服务业的完整过程,是我国城市产业及产业用地演变的一个典型缩影。"十二五"期间国家大力发展战略性新兴产业的战略目标为天河区产业经济转型指明了方向,2013年广州市提出的"12338"战略思想明确了广州未来产业的发展方向是生产服务业和高新产业。天河区位于广州市城市"内圈"和新城市中轴线上,是东进轴与南拓轴的交会点,将着力打造国际商贸中心核心区、世界文化名城中心区、智慧广州先行区、花园城市样板区、幸福广州示范区,未来产业将以总部经济、高新产业和现代服务业为三大主要转型升级的方向。研究天河区产业用地集约化利用和优化配置对策在全国具有示范作用,能为破解我国城市产业发展用地资源紧缺问题提供参考。

二 天河区产业发展整体分析

(一)天河区产业发展历程

天河区自1985年设区以来实现了由农业区向工业区,再向现代城区的转变,产业结构由37.7:26.7:35.7的"一三二"型转变为0.1:13.1:86.8的"三二一"型(见图1)。总的来说,天河区产业发展经历了三个主要的阶段。

1. 第一阶段(1985~1990年):从农业型经济向工业型经济转变

天河区于1985年5月24日经国务院批准正式设立,辖区面积为102.5平方公里,人口20.04万人,建成区的面积约20平方公里,属广州市城乡接合部地区。天河区的第一次跨越发展是由1987年"六运会"带来的,当时对天河区的定位是广州市的教育、科技、文化、体育中心,在此期间建设了一大批大型基础设施,如广州大桥、广州火车东站以及中山一路、天河路、天河北

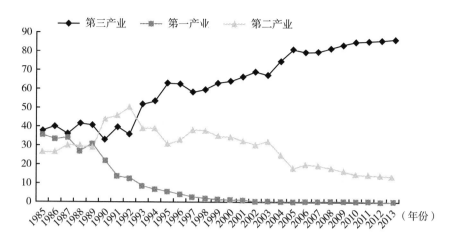

图1 1985~2013年天河区三次产业结构变化

路、体育东路和体育西路等，极大地推动了天河城市化的进程。

至1990年，天河区的GDP达3.98亿元，比1985年增加2.48倍，年均增长28.36%。产业结构变为33.20∶44.54∶22.46，第一产业所占比例大幅下降，第二、第三产业迅速发展，表明天河逐渐从农业型经济向工业型经济转变。

2. 第二阶段（1991~2000年）：从工业型经济向商业型经济转变

20世纪90年代天河区的城市化进程加快，重点扩建了中山大道、黄埔大道、广汕公路，新建了广园东快速干道、华南快速干线和广州市外环路等道路设施，这些基础设施带动了城区的快速发展。至2000年天河区累计建成20层以上的新建大厦达87座，其中高达40层以上的7座；区内中信广场成为广州市的地标性建筑物；天河体育中心一带面积5.2平方公里范围内，集中分布着广州火车东站、地铁天河总站、天河体育中心、天河城、广州购书中心及一批高级酒店，平均日客流量达20万人次，成为"广州新商都"。

经济发展方面：1991~2000年天河区的GDP从6.12亿元增加到89.17亿元，年均增长34.67%；产业结构由1991年的14.16∶45.80∶40.03演变为1.32∶34.53∶64.15，成功转型为以商业服务业为主导的"三二一"产业结构。

3. 第三阶段（2001年以来）：从传统型经济向现代服务型经济转变

进入21世纪以来天河区的发展方向转变为以建设现代化大都市中心区为目标。2001年举办的"九运会"主会场再次落户天河区，又一次推动了天河

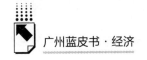

区的发展，形成了以奥林匹克体育中心为核心的"九运康城"板块，带动了天河区东部的城市建设。

到 2013 年天河区人口由 20.04 万激增到 148.43 万。珠江新城的建设为天河产业结构的进一步提升创造了条件，成为广州的信息中心、金融中心、文化中心，产业结构上实现了从传统经济模式向信息、金融、文化等现代服务型经济模式的转变。城区空间结构上也从设区之初的单中心结构发展到多中心组团式格局，初步形成了六运商都、珠江新城、九运康城三大组团。2013 年天河区实现 GDP 2781.61 亿元，位居全市首位，占全市 GDP 比重为 17.5%；人均GDP 达 18.98 万元（3.07 万美元），达到中等发达国家水平。

（二）天河区现阶段产业发展特征

在天河区建设国际大都市中心区的职能转变中，产业结构不断升级。2013年人均地区生产总值达到 3.07 万美元，进入工业化后期阶段，并逐步向后工业化阶段演进。总的来说，天河区现阶段产业发展的主要特征有以下几方面。

1. 经济发展呈现稳定高速增长

天河区设区以来经济发展呈现高速增长的基本态势，并从周期性增长波动转向持续、稳定、高速的增长态势。20 世纪 80 年代中后期，年均增长速度超过 20%，1988 年增长率甚至达 35% 左右，其后逐步回落到 10% 左右；90 年代进入新的增长周期，1993 年增长率一度高达 65.46%，其后逐步回落到 2000 年的 13.53%。21 世纪以来经济发展日趋成熟，经济增长也逐步稳定在 12% 以上，呈现出稳定、持续增长的态势。目前天河区经济总量位居全市首位。

2. 产业结构向现代服务型转变

建区初期天河区经济明显呈现出农村经济的特征，第一产业比重远超过第二产业。其后到 20 世纪 90 年代初期，第二产业超过第一产业成为经济发展的主导产业，逐步实现了以工业化推动城市化的发展。1990 年代中期天河区的产业结构进一步演进，现出第三产业 > 第二产业 > 第一产业的特点，进入产业结构高级化阶段。这一时期由于建设用地控制收紧、土地权属复杂、土地征储等问题导致的土地供应紧张、土地成本高等因素促进了天河区的"退二进三"，经济发生了"断层"和"分岔"现象，从工业化中期阶段跳升至后工业化时代，进入服务经济时代（见图2）。

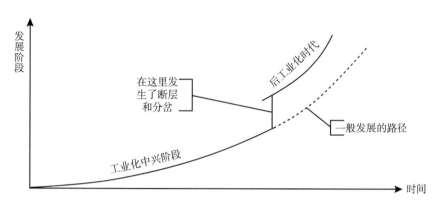

图2 天河区经济发展发生的"分岔"现象

进入21世纪后，天河区第三产业（其中金融服务业、信息服务业、文化产业占主要组成）持续、高速增长，占GDP的比重一直维持在60%以上，到2013年甚至高达86.55%，第三产业成为天河国民经济增长的主要动力。

3. 内源型经济增长动力突出

与广州市总体依靠吸引外资、发展外向型经济所走的道路不同，天河区外向型经济的发展程度一直较低。2013年天河区出口总值27.47亿美元，占广州市出口总额的比重仅为2.4%，对广州出口的影响十分微小；实际利用外资6.22亿元，占固定资产投资总额的比重不超过12%；外贸依存度仅为20%左右，仅为广州市外贸依存度60%的1/3。可见天河区经济增长主要来源于内部需求和国内投资。

4. 产业发展"二元结构"特征明显

从天河区产业结构来看，在二次产业中，占主导地位的高新技术产业，在广州乃至全国高新技术产业发展中占有重要地位，成为提高区域科技产业竞争力的重要力量。然而与此同时，区内分布着大量的规模小、层次低的加工装配型企业。在三次产业中，一方面现代化生产性服务业、高业态型的商贸业逐渐成为主导行业，大都市中心区产业特征初显；另一方面还存在大量的传统服务业。从城市建设上来看，天河区是广州市的中心城区、国际化的大都市中心区，但同时也存在大量"城中村"，形成鲜明的反差。天河区社会经济发展中这种"二元结构"的特征，带有强烈的快速城市化、工业化特征。

三 天河区产业用地现状分析①

2010年天河区产业用地占全区土地面积的64.3%，其中第一产业用地占21.7%、第二产业用地占8.4%、第三产业用地占34.2%。在第三产业用地中教育科研用地、城市公共交通业用地、批发零售业用地、交通运输业用地占的比例较高（见图3）。工业用地主要分布在天河区科技产业园和员村、前进、车陂街道，教育科研用地主要分布在五山街、石牌街，商务金融业用地主要分布在珠江新城一带（见图4）。

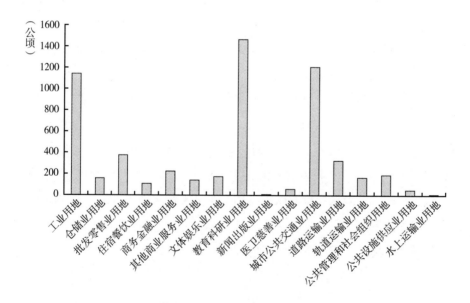

图3 2010年天河区分行业用地比较

---

① 数据来源于国土资源部公益性行业科研项目（编号：200911014-6）建立的天河区2010年产业用地综合数据库，是目前天河区最新的产业用地数据来源。

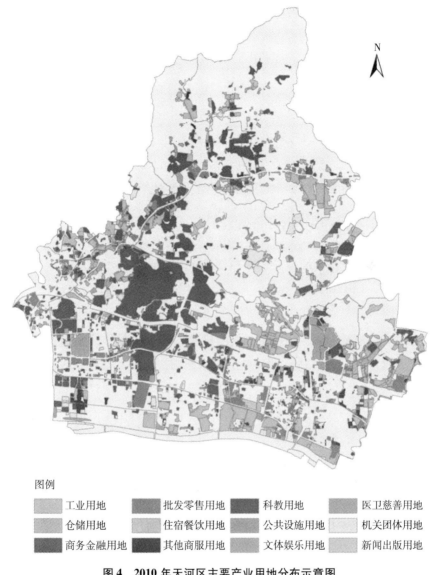

图例

工业用地	批发零售用地	科教用地	医卫慈善用地
仓储用地	住宿餐饮用地	公共设施用地	机关团体用地
商务金融用地	其他商服用地	文体娱乐用地	新闻出版用地

图4　2010年天河区主要产业用地分布示意图

（一）第二产业用地分布特点

2010年天河区第二产业用地（主要为工业用地）面积占城市建设用地比例为14.74%，其中占大部分的是高新技术产业用地，主要分布在天河区科技产业园和员村、前进、车陂街道。各行业用地分布特点如下。

食品制造业分布在员村街道、兴华街道；木材加工及木、竹、藤、棕草制品业分布在前进街道、珠吉街道；纺织和皮革制造分布在员村街道；化学原料及化学制品制造业、化学纤维制造业分布在员村街道、天园街道、车陂和前进街道；设备制造业（专用设备制造业、电气机械及器材制造业、通信设备、计算机及其他电子设备制造业）分布在棠下、员村和前进街道；高新技术产业主要是电子信息业、环保和新能源、生物医药海洋业、新材料，这些产业用地主要集中在天河区科技产业园/软件园，该园已形成"一区多园"的格局，包括石牌、六运商圈、高唐、天园和华景五大板块。

（二）第三产业用地分布特点

天河区的第三产业主要集中在西部地区的建成区，形成了"以体育中心周边为核心，以石牌、棠下软件园区为边缘，以珠江新城为增长极"的格局，比较集中在林和街道、猎德街道、天河南街道、石牌街道、天园街道、五山街道。其中林和街、天河南街、石牌街限额以上批发零售贸易业的商品零售总额占全区零售总额的59%左右；天河南街、林和街现代服务业企业完成的营业收入占全区的72.09%，单位土地面积产出的现代服务业营业收入为192.42亿元/平方公里，是全区平均水平的16.84倍；天河南街、林和街、猎德街、石牌街、天园街和棠下街6个街道现代服务业的营业收入占全区的92.5%。

四 天河区产业用地集约化评价

（一）分行业用地集约化评价

天河区产业用地从规模上呈"梯队性"：第一梯队的产业用地是科教用地、工业用地，第二梯队的是批发零售用地及农村宅基用地，第三梯队的是商务、金融用地、其他商服用地等。

以地均产值来反映分行业产业用地的集约化利用水平，较高的产业是批发零售用地、公共设施用地及商务金融用地（见图5）。高于5000元/平方米的制造业企业 12 家，占天河区的主要制造业类型的 60%。地均产值由高至低排列依次为电气机械及器材制造业，通信设备，计算机及其他电子设备制造业，食品制造业，交通运输设备制造业，仪器仪表及文化、办公用机械制造业，造纸及纸制品业，专用设备制造业，工艺品及其他制造业，化学塑料制品业，化学原料及化学制品制造业，软件业等；其中地均产值高于 10000 元/平方米的制造业企业 7 家，占天河区的主要制造业数量的 35%。天河区制造业未来发展的主导方向倾向于土地利用集约化程度高的类别。地均产值较低的制造业类型主要有纺织业，皮革、毛皮、羽毛（绒）及制品业，木材加工及木、竹、藤、棕、革制品业，家具制造业，印刷业和记录媒介的复制业，文教体育用品制造业，橡胶制品业，非金属矿物制品业等；其中纺织业、皮革、毛皮、羽毛（绒）及其制品业、木材加工及木、藤、棕、革制品业和家具制造业为天河区制造业中地均产值最低的类别，在未来的升级调整中将逐渐被淘汰以实现土地利用集约化发展。

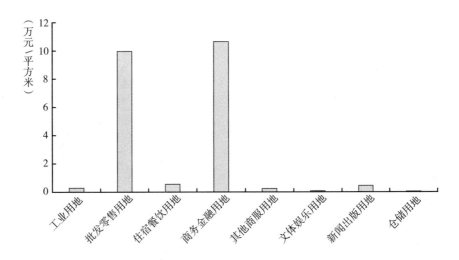

图 5　天河区主要产业地均产值

（二）分街道集约化评价

以地均产值、地均资产总值、地均从业人员数量、人均资产总值对分街道产业用地集约化水平进行评价，地均产值和地均资产总值的评价结果分布具有相似性，呈"西高东低"的态势，而人均资产总值则呈相反的分布状况（见图6）。

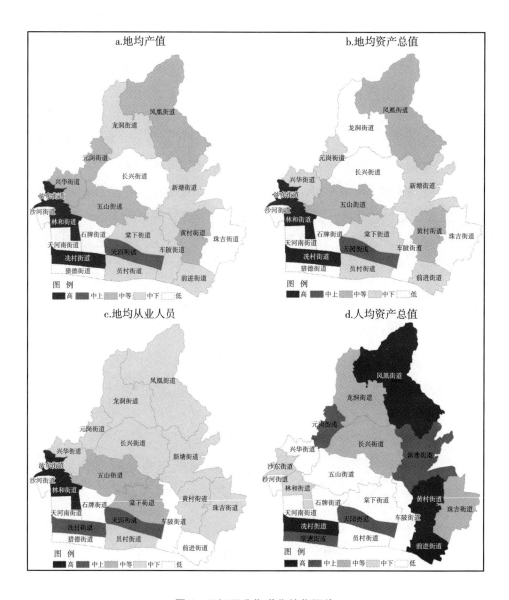

图6 天河区分街道集约化评价

1. 地均产值

从天河区产业整体地均产值评价看，较高的产业主要集中在批发和零售业、金融业、其他服务业，分别为 9.95 万元/平方米、4.60 万元/平方米和 20.56 万元/平方米。各街道的批发零售业土地利用集约程度呈现普遍较高的特点，其地均产值均大于 5000 元/平方米。金融业呈现较大的差异化发展，大部分街道地均产值大于 40000 元/平方米，但存在部分街道金融业地均产值小于 1000 元/平方米的情况。制造业中，林和街道、冼村街道和沙东街道的地均产值较高，其余街道地均产值有待进一步提升。其他产业中土地利用集约程度较高的包括五山街道、石牌街道、林和街道、天园街道、猎德街道的其他服务业，五山街道的文化体育和娱乐业，员村街道、天河南街道的住宿与餐饮业等。

2. 地均资产总值

地均资产总值中以商务金融用地为最高，其次为批发零售业用地，其他类型产业用地水平相对较低。其中冼村街道和沙东街道的工业用地地均总值较高，五山街道、石牌街道和林和街道的批发零售用地地均产值在各街道中居于前列，商务金融用地地均资产总值主要集中于五山街道、沙东街道、天河南街道、林和街道及兴华街道，其他类别用地地均资产总值分布相对较平均。

3. 地均从业人员数量

整体上服务业的地均从业人员数量最高，特别是林和街道的批发零售业有较高的地均产值；而制造业、仓储、科教、卫生、社会保障和社会福利业、文化、体育和娱乐业、交通运输等行业的地均产值较低。分街道来看，制造业的地均从业人员普遍并不高；而服务行业地均从业人员有较大差异性，其中石牌街道和林和街道的地均从业人员数量较多，分别为 77.5 人/平方米和12.5 人/平方米。

4. 人均资产总值

各行业人均资产总值中公共设施用地、商服用地较高，其次为科教用地及新闻出版用地，而其余如工业用地、住宿餐饮用地、文体娱乐用地等人均资产总值较低。各街道人均资产总值呈现出差异性较大的特征，尤其是工业用地、批发零售用地和商务金融用地，差异性更为显著。

（三）评价结果

第二产业用地集约化评价结果显示，食品制造业、交通运输设备制造业、

电器机械及器材制造业、通信设备、计算机及其他电子设备制造业、仪器仪表及文化、办公机械制造业都是土地较为集约利用的产业，主要分布在员村、棠下和兴华街道；而纺织业、皮革、毛皮、羽毛（绒）及其制品业、木材加工及木、竹、藤、棕、草制品业、家具制造业都是土地集约利用化水平较低的产业，主要分布在前进街道和珠吉街道。

现代服务业用地集约化评价结果呈现明显的区域不平衡、圈层结构特征，但不同类型的用地圈层中心不一，层级递减的特征有所差异。总体上以珠江新城为中心，呈圈层式向外递减，这在商务金融用地表现最为明显；商务金融用地集约化程度最高的是林和街道、猎德街道、天河南街道，其次是石牌街道和五山街道，东部和北部的街道地均产值都很低。批发零售用集约化程度总体上呈"南高北低"格局，最高的是林和街道，其次是五山街道、石牌街道、天河南和天园街道。住宿餐饮用地集约化水平与商务金融业、批发零售业相比明显降低，总体以天河南、林和街道为中心，向四周逐渐递减，最高的是天河南街道、员村街道、五山街道、石牌街道、林和街道。其他商服用地集约化水平最高的是石牌街道，而其他街道地价产值都很小，空间分布规律性不明显。

五　天河区产业用地优化配置对策

（一）存在问题

天河区产业用地集约化利用主要存在以下问题。

1. 产业分布不均衡

就目前产业分布来看，总体布局分散，并未形成有机的整体，尚未与整个城市产业布局发展的方向、发展的重点融为一体。表现在产业园区分散、园区空间规模较小，大中型企业的营运空间受限，园区内产业链条和配套设施不完整，缺乏国际大型生产企业落户发展的空间载体。产业园区中的大部分高新技术企业、软件企业仍属中小型的民营科技企业，创新能力和竞争能力仍然较低。而第三产业则主要集中在西部建成区，其中林和街、天河南街、石牌街占

60%以上。

2. 土地利用效率有待进一步提高

天河区目前仍存在大量产业土地利用效率低、结构不合理、闲置粗放等问题，土地利用效率还有进一步提高的空间。如存在大量工业用地性质的老厂房、老仓库等，需要建立合理合法的土地用途变更机制，通过"三旧改造"的旧厂房改造、"腾笼换鸟"、"退二进三"等方式提高其利用效率。

3. 土地产权复杂，不易利用

天河区土地产权归属分散复杂，土地资源的重新整合和置换再度开发的难度大、成本高。尤其是东部有一些土地属于农村集体所有制，这些土地的开发利用由村民或集体进行，商业网点布局和发展受到"城中村"土地产权转移、开发权限控制、项目管理以及向现代公司管理制度转变等诸多问题的限制，协调难度大。天河区是"城中村"较多的城区，尤其是一些"城中村"还处于城市核心地区，"城中村"改造的高成本，不利于土地的重新整合利用和现代化都市中心区的建设。

4. 城市产业功能升级加剧了产业用地与空间布局的矛盾

近年来天河区以建设国际性大都市中心区为目标，在产业结构上往现代高端服务业方向发展，新的产业功能升级给产业布局带来了较大困难。其中最为突出的是"城中村"问题，天河城市区的土地资源和土地储备有限，未开发的可利用土地已经很少，严重制约大型投资项目的引进；同时由于土地产权复杂，以及土地资源的重新整合和置换再度开发的难度大、成本高等原因，第二产业在天河区的发展空间越来越小，迫使第二产业纷纷退出天河区。

（二）优化策略

1. 逐步淘汰用地集约水平低的产业

地均产值较低的制造业类型如纺织业，皮革，毛皮，羽毛（绒）及制品业，木材加工及木、竹、藤、棕、革制品业，家具制造业，印刷业和记录媒介的复制业，文教体育用品制造业，橡胶制品业，非金属矿物制品业等，在未来

的发展中将逐渐被淘汰以实现土地利用集约化发展。

2. 积极引导发展高新技术产业和现代服务业等重点行业

在天河区建设"总部天河、智慧天河、幸福天河"的三大发展路径下，发展总部经济、高新产业以及服务业已成为天河区实现经济持续增长和产业转型的重要途径，产业用地集约化评价结果表明，天河区应以高新技术产业和现代服务业为重点发展行业。

3. 建立行业用地准入机制

对天河区现有的土地产出较低的行业进行产业准入限制。对于集约化利用水平较高的行业如食品制造业、造纸及纸制品业、专用设备制造业、交通运输设备制造业、电气机械及器材制造业、仪器仪表及文化、办公用机械制造业、批发业、零售业等，应该提高其土地集约利用水平，通过对容积率和投资强度的限制，使得这些行业中的低效企业难以进入天河区，以保证天河区的产业用地得到有效利用。

（三）主要产业空间布局

1. 高新技术产业

天河区高新技术产业位于区东北部的天河软件园，采用"一区多园"的格局，主要分布在新塘街道、长兴街道、凤凰街道，重点整合天河软件园区资源，加快高唐产业基地的开发建设。这些街道第二产业用地比例较大，重点提高用地的集约利用程度，在保证用地规模有所增长的同时，对容积率、投资强度有所控制。

2. 金融业

空间布局形成五大区域。①珠江新城金融商务区：东起冼村路，西至华穗路，北接黄埔大道，南临珠江，总占地面积约1.2平方公里，商务大楼总数量超过50栋，总建筑面积超过500万平方米，总就业岗位超过18万个。②天河北—体育东周边金融街：重点分布于天河北路、体育东路上，其次是体育西路、林和西和天河路上，集中于天河北的中信广场、大都会广场、太平洋保险大厦，体育东的金利来大厦、平安大厦、财富广场，林和西的中泰国际广场和国贸大厦等20多个商务写字楼内。③员村金融配套服务区：位于员村街辖区内，占地45万平方米，现状以国有工业为主，按照广州市"中调"和"退二进三"发展战略，该地区的工业企业都将外迁进行功能置换，拟建成金融配套服务区和创意、商务发展区。④金融研发与人才培训区：位于石牌街、五山街和龙洞街，以暨南大学金融研究所和金融系、华南理工大学省金融工程研究中心和金融系、广东省金融学院及属下的华南金融研究所、中国金融转型与发展研究中心、保险研究所、华南农业大学金融系和华南师范大学金融系等高校金融资源为依托，打造金融研发与人才培训区。⑤金融服务外包区：位于天园街科韵路天河软件园和新塘街高唐新建区内，以天河软件园和高唐新建区为依托，以金融后台服务企业、金融电子设备制造企业为载体，打造金融服务外包区。

3. 信息服务业

信息服务业的功能布局要体现高科技产业的特征，体现"功能空间"的基本内涵，空间布局以高唐综合园区为重点，形成"一带四区"的发展格局。其中"一带"是水荫路的天溢园区—天河北路（体育东路）—天河东路—中山大道（电脑城系列）—科贸中心—五山路—中山大道—科韵路（广州信息港等），"四区"分别是：①中心区，依托广州信息港，营造国内外IT巨子集聚南中国的"洼地"效应，提供通信和协同工作的基础平台；②支撑服务区、中央商务区，集科技、生态、商务为一体；③产业发展核心区，以高唐新建区为核心基地，以IT产业为龙头，带动其他高新技术产业共同发展的技术密集、人才密集、生态、环保园区；④研发中心区，依托天河区高校技术资源，提供技术贸易、技术中介、融资中介和企业技术与高级管理人才培训等业务。

4. 商贸业

形成"一轴集聚、两圈协同、三带辐射"的空间格局。"一轴"是广州新城市中轴线，北起燕岭公园，经天河体育中心、珠江新城至海心沙市民广场，是带动天河区现代商贸业网络化发展、强化现代新城区城市形象的发展轴和景观轴，体现"一轴集聚"效应。"两圈"是核心商圈和东部新商圈，核心商圈由火车东站到珠江新城、天河立交至岗顶地区围合的区域，是引领天河区现代商贸业发展的核心区域，通过核心商圈的发展提升，成为广州市新城市中轴线最有力的组成部分；东部新商圈由车陂路到珠吉路、黄埔大道至奥体中心所围合的区域组成，通过加快建设成为天河区东部地区经济增长核心区域。"三带"指天河路—中山大道商贸发展带、广汕路商贸发展带和珠江滨水休闲商业带，形成"三带辐射"效应。

5. 文化创意产业

形成"一核、两极、三园"的产业布局。"一核"是指以五山文化科教集聚区为核心，筹建天河创意港，重点发展培训教育、文化消费、软件和工业设计、创意社区等，发挥暨南大学、华南理工大学、华南农业大学等高校艺术和设计专业的人才资源优势。"两极"包括环天河体育中心区发展极和珠江新城文化区带动极，其中环天河体育中心区发展极整合该地区的高端要素、高层楼宇，利用休闲场所，引进大规模创意企业、策划文化演出、壮大产业规模，成为稳定增长基础；珠江新城文化区带动极，利用省、市政府建设广东省博物馆、广州图书馆、广州歌剧院、第二少年宫的良好契机，结合中轴线核心和观光塔建设，成立文化消费载体，培育休闲消费群体和市场，带动珠江新城的整体文化创意产业，成为产业快速增长源。"三园"包括高唐软件园、羊城创意产业园、科韵信息园，其中高唐软件园发展以数字为基础的软件信息文化产业；羊城创意产业园培育以平面文化创作和展示为特征的特色园区；科韵信息园以软件、信息、网游为主要发展领域，培育文化创意群体，孵化大规模企业。

参考文献

庄红卫、李红：《湖南省不同区域开发区工业用地利用效率评价研究》，《经济地理》2011 年第 12 期。

王梅、刘琼、曲福田：《工业土地利用与行业结构调整研究——基于昆山 1400 多家工业企业有效问卷的调查》，《中国土地科学》2006 年第 6 期。

赵小风、黄贤金、李衡等：《基于 RAGA-AHP 的工业行业土地集约利用评价——以江苏省为例》，《自然资源学报》2011 年第 8 期。

马学广、王爱民、闾小培：《城市空间重构进程中的土地利用冲突研究——以广州市为例》，《人文地理》2010 年第 3 期。

叶昌东：《1990s 以来广州工业结构演变及其形成机制》，《岭南学刊》2009 年第 6 期。

吕卫国、陈雯：《制造业企业区位选择与南京城市空间重构》，《地理学报》2009 年第 2 期。

郑延敏、叶昌东：《广东省新兴产业园区的土地集约化利用比较研究——基于增城汽车产业核心区与河源高新区的调查分析》，《城市观察》2012 年第 4 期。

其他专题研究

Other Special Reports

B.15

关于加强人大对政府全口径预算
决算审查监督的调查研究

广州市人大常委会专题调研组 *

摘　要:

　　近年,随着民主法治建设的不断推进,迫切要求人大加强对政府预算的实质性审查监督。结合广州市人大的实践探索,本文针对当前人大预算审查监督存在的主要问题,提出加强对政府全口径预算决算审查监督的思路和建议。

关键词:

　　预算　审查　监督

　　财政是国家治理的基础和重要支柱,预算反映政府活动的范围和方向。审

---

* 调研组成员:谢宝怀、张嘉极、汤抗美、陈小清、欧阳知、苏佩、王少强、沈莹、黄美银、周慧、江雪凌、甘伟均、胡秀珍、曹白、陈碧莲、沈超、郑重、朱伟寰、李娟。

查和批准政府预算决算、监督预算的执行，是宪法和法律赋予各级人大及其常委会的一项重要职权。党的十八大以来，党中央对加强人大预算决算审查监督提出了新的、更高的要求，人民群众对预算审查监督也越来越关注。2013年3~8月，结合全国人大常委会"加强对政府全口径预算决算审查和监督"的委托调研，广州市人大常委会"加强对政府全口径预算决算的审查和监督"重点课题调研组到省内外进行了广泛、深入的调研。

一　各地人大常委会的主要经验和做法

按照加强对政府全口径预算决算的审查和监督的要求，各地人大常委会结合本地实际，积极探索创新，并在实践中形成了一些好的经验和做法。

（一）完善预算决算审查监督基础

各地人大都逐步将国有资本经营预算、社会保险基金预算提交代表大会审查批准，并不断促进完善政府预算体系。如武汉市将市本级财政支出预算分为四类：部门自身预算（部门人员公用经费预算）、部门专项预算（由市本级列报支出的专项资金）、财政专项资金预算（细化到项目）、下区支出指标预算（不列作市本级支出的下区指标，细化到项目），前两类预算由各部门编报，后两类预算分别由有预算分配职能的部门和财政部门编报。杭州市的政府预算按照部门和专项资金预算两个序列分别编制。上海市从2009年起提交代表大会审查的预算增加转移支付执行情况表、地方政府债券资金使用情况表、新增机动车额度拍卖收入使用情况表，2010年起再增加市级财政专项资金使用情况表、全部部门预算提交代表大会审查，2012年所有部门决算提交市人大常委会审议。

（二）细化预算决算编报内容

武汉市人大常委会要求政府提交代表大会审查批准的部门预算要提供每个部门近两年预算安排表及对比说明。杭州市从2012年起教育、科技、农林水、节能环保等方面的预算支出科目细化至"款"，政府性基金预算收支表也要按

"款"级科目列示。上海市人大常委会自 2010 年起要求每个部门增加部门预算说明,2011 年起提交"三公"经费预算,2012 年起提交"三公"经费决算,2012 年起重点支出项目由"类"级科目细化到"款"级科目。

(三)加强预算草案的预先审查

武汉市人大常委会坚持提前介入部门预算、专项资金预算编制工作。每年11 月,主要从财政、审计部门抽调专业人员组成工作专班,重点对提交代表大会审查的专项资金预算、部门预算以及法定支出和民生支出安排进行预先审查,提出审查情况报告。厦门市人大常委会通常于每年 10 月成立以财经委为主的部门预算审查工作组,重点审查几个部门预算草案。工作组集中 2~3 个月(一般在每年 10~12 月)的时间对部门预算草案进行初步审查,财经委形成书面意见正式反馈给财政部门,并形成综合审查报告作为财经委预算草案初审报告的附件提交代表大会。

(四)强化预算执行情况跟踪监督

武汉市人大常委会通过与财政国库收付中心联网,实现对预算执行情况的及时查询和动态跟踪。每年联合财政、审计部门对市直部门预算、专项资金预算执行情况以及政府债券资金使用情况进行检查。杭州市人大常委会 2012 年起恢复部门决算批复制度,并在决算批复前用 2 个月的时间开展数据核查,财政决算草案经人大常委会审议批准后批复部门决算。

(五)加强政府投资项目监督

上海市建立市级建设财力项目贮备库,制定财务监理、工程监理和审计监督等规章制度。1997 年深圳市人大常委会为规范政府投资在国内率先制定《深圳市政府投资项目管理条例》,2004 年出台《深圳经济特区政府投资项目审计监督条例》,2011 年审议通过《深圳市人大常委会主任会议监督政府投资项目规则》,并联合市投资审计专业局全过程监督项目的审查批准、实施建设以及竣工结算等环节,形成报告转市政府研究处理。

（六）推行财政支出绩效监督

杭州市人大常委会从 2010 年开始绩效目标的细化论证试点；2011 年引入第三方评价工作模式，并根据评价结果以正式文件向项目责任人印发《绩效评价结果反馈书》，对存在的问题限期整改；2012 年出台绩效目标申报管理规程，要求凡申请市财政资金规模在 300 万元（含 300 万元）以上的项目支出和连续 2 年（含 2 年）以上申请市财政资金的项目支出都必须按照"二上二下"预算编制程序同步申报绩效目标，并对部分项目进行绩效运行跟踪监控，主要是了解资金使用进度、绩效目标完成情况以及项目进展情况。上海市人大常委会在 2011 年全程跟踪财政部门确定的 35 个绩效评价试点项目；2012 年已有 43 个部门、68 个项目开展了绩效评价工作，规模总量达 134 亿元。

（七）注重发挥审计监督作用

武汉市人大常委会制定出台了《武汉市政府投资项目审计条例》《武汉市人大常委会关于实施审计查出问题整改报告制度的决定》，支持审计部门依法履职。专题听取审计部门关于市本级预算执行和其他财政收支审计情况汇报，充分利用审计成果，督促审计查出问题的整改落实。厦门市人大常委会要求审计部门对财经委重点审查的部门预算进行年度决算审签，审计部门向人大常委会报告预算执行情况和其他收支情况审计工作报告的同时，一并报告部门决算审签意见。

（八）大力推进预算决算公开

杭州市人大常委会在代表大会召开前就把预算草案在网站公示，征求市民意见，并且 108 个部门预算及所有基层预算单位的部门预算全部提交代表大会审核。上海市人大常委会也逐步扩大向社会公开的部门预算、"三公经费"预算范围。

二 近年来广州市人大常委会的实践探索

近年来，广州市人大常委会主动适应社会主义民主政治改革的新要求、主动适应人民群众的新期待，突出"全覆盖、全过程、全方位"，不断创新监督方式，切实增强监督实效，着力推进对政府全口径预算决算的实质性审查和监督。

（一）突出"全覆盖"，扩大预算决算审查监督的范围

全覆盖，即监督范围"广度"和"深度"的全覆盖。"广度"，就是逐步把政府全部收支都纳入人大审查监督的范围。2001年起，市人大常委会每年专题听取和审议财政专户管理资金（预算外资金）和社会保险基金收支情况报告；2007年起，土地出让金纳入基金预算草案提交代表大会审查；2008年起，所有部门预算提交代表大会审查，并每年选择两个部门预算在代表大会期间进行公开专题审议；2010年起，进一步将基本建设统筹资金、城市维护建设资金和科技资金列入公共专项支出预算草案提交代表大会审查；2011年，《广州市政府投资管理条例》经省人大常委会批准施行，这是广州市第一个由人大专门委员会自主起草制定的地方性法规。根据该条例规定，政府投资的重大项目计划草案要提交代表大会审查批准，并从当年起，每年选择一个政府投资重点项目预算在代表大会期间进行公开专题审议；2013年起，国有资本经营预算提交代表大会审查，市人大常委会首次审批地方政府性债务的举借、偿还计划；2014年起，社会保险基金预算和财政专户管理资金预算也将一并提交代表大会审查，地方政府性债务情况每年要向市人大常委会报告。这样，政府财政收支就已全部提交代表大会审查批准。"深度"，就是大力推进预算决算的细化和公开。经过多年不懈努力，目前部分重点预算支出科目已细化到项。预算决算公开也不断向纵深发展。主要通过市人大常委会信息网、预算工委专门网页及"广州财政"专栏向社会公布经人大及其常委会审查批准的预算决算、常委会审议意见、财政专题调研报告等。2009年起，政府部门预算向社会公开；2011年起，政府部门决算向社会公开；2012年结合审查市本级决算草案，首次将市教育局等四个法定支出部门的决算分析报告和审计报告作为参阅材料供常委会组成人员参阅，并要求决算报告中必须专门反映"三公"经费的支出情况。当年起，政府部门"三公"经费决算向社会公开；2013年，"三公"经费公开范围率先扩大到党委系统、人大、政协，并首次深入到市、区（县级市）、镇三级政府。

（二）突出"全过程"，深化预算决算审查监督的内容

全过程，即监督工作贯穿于完整的预算周期，实现预算编制、执行、调整、决算与绩效评价的全过程监督。主要是突出四个重点：一是加强地方政府性债务监督。为规范地方政府性债务管理，防范财政金融风险，根据市人大常委会预算工委建议，2012 年地方政府性债务问题首次被列入市人大常委会监督计划。2013 年市人大常委会首次审查批准地方政府性债务的举借、偿还计划。根据市人大常委会有关决议要求，市财政局制定印发《关于编报市本级政府性债务举借和偿还计划的意见》及《广州市本级政府性债务投资项目绩效管理工作方案（试行）》，进一步规范了市本级地方政府性债务的举借、偿还。二是加强财政转移支付资金监督。2012 年 4 月，市人大常委会预算工委首次组织开展广州市财政转移支付资金分配和使用情况专题调研，并形成专题调研报告提交市人大常委会审议。相关审议意见印送市政府研究处理，促进了财政转移支付工作制度的完善。三是加强政府投资项目监督。为确保《广州市政府投资管理条例》贯彻落实，2013 年广州市人大常委会组织开展执法检查，并要求政府尽快制定出台实施细则，严格执行政府投资项目建设程序，完善政府投资项目储备库制度，加强政府投资项目监管，建立和完善政府投资项目绩效考核评价机制，加大政府投资项目公众参与力度。四是加强财政暂付资金监督。2012 年市人大常委会预算工委建议市财政局向市人大常委会主任会议专题报告，并提出完善财政暂付资金管理制度的意见和建议。人大的监督促使市政府逐步清理和减少财政暂付资金，推动市财政局研究制定《广州市本级财政暂付资金管理办法》，有效地控制了财政预算资金风险。

抓住两个关键环节：一是严格规范预算调整。过去预算调整方案年底才报市人大常委会审查批准，新增财力只能集中在短时间支出。2013 年市人大常委会预算工委经过与市财政局积极沟通，由市财政局提前至 9 月就先报一次预算调整方案，将省批复 2012 年决算和历年结余资金及时安排必需支出，尽量避免年底"突击花钱"。年底如有预算超收收入需要动用追加支出的，就再报一次预算调整方案。同时要求市审计局每年对预算调整方案的执行情况进行审计，并将审计结果报告市人大常委会。二是强化财政支出绩效监督。2011 年，

首次对预算执行率低的问题组织开展专题询问并进行跟踪监督，有力地促进了预算执行率提高；2012 年，市人大常委会首次专题审查市教育局、市科技和信息化局、市卫生局、市农业局的部门决算；2013 年，在市人大常委会预算工委的积极推动下，市财政局对政府六个项目的专项资金委托第三方开展绩效评价；2013 年底市人大常委会还听取和审议了 2012 年市本级财政支出绩效情况的报告。

（三）突出"全方位"，增强预算决算审查监督的实效

全方位，即监督主体的全方位，形成内、外监督合力。充分发挥代表主体作用，建立人大内部协同监督机制，注重人大监督与审计监督、媒体监督的有机结合，尤其是重视发挥审计监督作用。一是注重发挥市人大财经委员会的引导作用。按照平均每个代表团 3 名的原则，增设市人大财经委员会委员，即 11 个区共计 33 名财经委员（现有 21 名），保证代表大会分组审议时基本上每个小组都有 1 名财经委员，并要求他们在审查预算时率先发言、提出问题。要求各区、县级市人大常委会分别推荐 5 名市人大代表与其常委会分管领导、财经工委主任，共同作为市人大财经委员会全体（扩大）会议的列席代表，参与闭会期间市人大常委会的预决算审查监督工作。二是进一步扩大代表大会专题审查范围。实践证明，在代表大会期间公开专题审查效果显著，实现了"三个提高"：部门领导对预算工作重视程度提高、部门预算编制水平提高、预算执行率明显提高。2014 年起，市人大进一步扩大专题审查范围，按照"1 + 1"的模式，每个代表团增加专题审查 1 个部门预算和 1 个政府投资项目预算。2013 年 10 ~ 11 月，由市人大常委会预算工委牵头，组织各工委会、代表专业小组，会同各区、县级市人大，在预算编制期间共同开展视察调研，进行预先审查。2013 年 12 月，市人大财经委员会初步审查，并分别对专题审议的 12 个部门预算和 12 个项目预算提出初审意见，供代表大会期间各代表团审查参考。三是加强市人大常委会审议意见的跟踪落实。按照规定，市政府应当在一定期限内向市人大常委会书面报告审议意见的研究处理情况。针对以往书面审阅报告易被忽略、审议易流于形式的问题，市人大财经委员会率先实行常委会会议前专门委员会审核制度。2013 年上半年，市人大财经委员会全体会

议分别对 3 份市政府研究处理意见的报告进行审核，并提交相关审核意见供市人大常委会审议参考，有效提高了市人大常委会审议质量，强化了审议意见的跟踪落实。四是强化审计查出问题的整改监督。针对以往审计报告反映的有些问题"年年审，年年有"的情况，2014 年起要求审计部门要专门将关于人大审议意见的研究处理情况向市人大常委会再报告一次，重点是审计问题的整改落实情况，审计查出问题的相关部门必须同时列席。若在规定期限，审计查出的问题整改不彻底的，市人大常委会还会进一步提出询问。

（四）全面修订《广州市人民代表大会审查批准监督预算办法》

为加强全口径预算决算审查监督提供制度保障，2013 年市人大常委会决定修订《广州市人民代表大会审查批准监督预算办法》。2014 年 2 月 22 日市人代会表决通过新修订的审查批准监督预算办法，并于 3 月 1 日起施行。办法总结吸收了市人大近年来预算审查监督工作实践中比较成熟的做法和经验，突出加强对政府全口径预算决算的实质性审查和监督。

一是实行预算审查监督范围全覆盖。按照政府的全部收入和支出都应当纳入预算管理的原则，把公共财政预算、政府性基金预算、国有资本经营预算、社会保险基金预算和财政专户管理资金预算全部纳入人大的审查监督范围。二是建立预算决算"三审"制。坚持提前介入，发挥代表主体作用，形成监督合力。建立市人大常委会预算工委预先审查—市人大财经委初步审查—市人民代表大会或市人大常委会审查批准的新模式。三是建立代表大会期间代表团专题审查制度。创新代表大会预算审查方式，进一步扩大专题审查范围，建立代表大会期间各代表团专题审查部门预算和政府投资项目预算制度。四是切实加强决算审查。完善决算审查程序，进一步明确决算审查的重点内容，并要求部门决算草案按照经济分类编报支出。五是进一步规范和细化预算决算编制。对报送人大的各类预算决算提出更加具体的要求，主要是报告报表内容的完整、收支科目的细化、数据口径的可比。六是强化支出预算执行刚性约束。政府负有偿还责任债务的当年举借、偿还计划必须报市人大常委会审批。加强对政府固定资产投资项目、经营性国有资产、社保基金、财政专项资金的预算执行监督，严格规范预算调整，加强审计查出问题的整改落实。七是加强全过程预算绩效管理监督。把绩效要求贯穿于预算编制审查、预算执行监督、决算审查的全过程，促进提高预算执行率和财政资金使用效益。八是大力推进预算决算公开。经市人民代表大会或者市人大常委会批准的预算、调整预算、决算，都必须在批准后 20 个工作日内向社会公开。

三　加强人大预算实质性审查监督的建议

市人大常委会经过多年积极的探索实践，预算决算的审查监督工作不断创新发展，取得了显著成效，但在工作实践和调研中也发现一些突出问题和薄弱环节亟待研究解决。一是报送人大的预算决算报告报表尤其是决算过于简单，各类预算决算缺乏统一、科学、规范的编报格式、报表体系、数据口径和收支分类科目；二是代表大会对部门预算的审查工作比较薄弱；三是人大审查预算决算时间仓促、审查程序不够完善、审查力量不足；四是政府投资项目、法定支出的预算执行率及支出绩效监督有待加强；五是部门决算尚未全部提交人大常委会审议；六是人大审查监督工作缺乏强有力的保障手段。

（一）试行全口径预算决算分类分项审查监督

一是代表大会分类审查批准财政总预算。政府公共预算、政府性基金预算、国有资本经营预算、社会保险基金预算、财政专户管理资金预算等财政总预算由代表大会分别进行审查批准。二是代表大会分代表团专题审查部门预算和项目预算。进一步扩大代表大会专题审查预算的范围，按照“1＋1”的模式，代表大会期间每个代表团专题审查 1 个部门预算和 1 个政府投资项目预算（条件成熟时还可考虑单独编制政府投资项目预算），提出的意见建议由人大财经委员会综合汇总，向代表大会主席团报告，并进行跟踪监督，以加强对预算的实质性审查。三是加强对地方政府性债务监督。地方政府性债务每年的举借、偿还计划应事前报人大常委会审批，人大常委会每年专项听取和审议地方政府性债务情况报告，待条件成熟时再编入公共财政预算提交代表大会审批。四是加强财政总决算和部门决算监督。规范报送人大的各类财政决算报告报表编报，对应提交代表大会审查的部门预算，逐步将全部部门决算与决算报告一并提交人大常委会审议。

（二）进一步推进预算决算细化公开

规范和细化报送人大的各类预算决算报告报表的具体编报内容，包括报告格式和内容以及报表体系、数据口径，并逐步实现各类财政总预算决算支出功能分类细化到项，部门预算决算按支出经济分类细化到款。各类决算应与预算内容对应、口径可比，决算与预算对比有较大变动的收支科目要加以分析说明。加大预算决算公开力度，督促财政部门及有关政府职能部门进一步细化完善预算决算公开的内容，代表大会期间各代表团公开专题审查部门预算和政府投资项目预算。试行代表大会前公开各类财政总预算及部门预算草案，主动听取社会各界的意见和建议。

（三）加强预算决算审查监督基础工作

一是健全基本工作信息报送制度。政府相关部门应定期向人大常委会预算工委报送财政收支报表、收支情况分析，及时提供有关文件资料等。二是加强人大在线预算审查监督。组织开发适应人大审查监督需求的软件，进一步完善人大与政府各相关部门的信息联网功能。运用现代信息技术，切实增强人大预算审查监督的能力和水平。三是加强预算工委与对口联系部门的日常工作联系。健全人大常委会预算工委对口联系工作制度，采取走访、视察、调研等多种形式，密切与对口单位及各部门预算单位的沟通联系。

（四）完善预算决算审查监督程序

一是优化预算决算报送审核流程。各类预算决算经政府审核后先报人大常委会预算工委，由预算工委牵头，会同各工委预审提出初步意见和建议，再送人大财经委进行初步审查提出修改意见，然后报党委常委会讨论确定，最后报人大常委会提交代表大会审查批准。二是建立人大各专门委员会协同监督机制。参照立法审查，依托人大常委会各工委会，组织人大各专门委员会、各代表专业小组提前介入，分别对对口单位的部门预决算、政府投资项目预算开展视察调研和预审，并将发现的问题及意见和建议书面反馈给人大财经委，再由人大财经委综合汇总后以正式文件通知财政部门，财政部门要及时报告采纳情况及有关说明。三是充分发挥人大财经委作用。各代表团每个小组应保证至少有一名代表是人大财经委委员，参与人大财经委审查监督预算决算工作，并在代表大会分组审议期间发挥骨干带头作用。四是保障代表大会分组审议预算报告时间。适当增加代表大会分组审议预算报告的时间，确保审议质量。

（五）加强财政重点支出绩效监督

督促财政部门完善财政支出绩效评价制度，完善各类财政支出绩效评价指标体系。推动开展绩效预算，项目预算必须填报绩效目标，对应绩效目标有计划地定期组织开展项目支出绩效评价，并作为下一年度预算安排、监督检查的重要依据。要着重加强对民生支出及政府投资项目等财政重点支出的绩效监督，促进提高财政资金使用效益。

（六）推进全口径预算决算审计监督

按照全口径预算决算审查监督工作的要求，同步推进审计部门开展对政府公共预算决算、政府性基金预算决算、国有资本经营预算决算、社会保险基金预算决算、财政专户管理资金预算决算的分类审计监督。加强部门决算监督，要求审计部门向人大常委会报告预算执行情况和其他财政收支审计工作报告的同时，一并报告部门决算审计意见。结合年度预算工委监督工作重点，委托审计部门开展专项审计。

2013 年暨 2014 年春节后广州市
人力资源市场供求信息调查分析报告

张宝颖　李汉章　刘伟贤　李欣茵*

摘　要：

本报告回顾了 2013 年广州市人力资源市场运行态势及主要特点，并结合了 2014 年求职者调查情况，对 2014 年广州市人力资源市场发展趋势进行了分析和展望。主要结论是，2013 年广州市就业形势和人力资源市场发展总体上呈现平稳态势，求人倍率在常态范围内波动。展望 2014 年，在全球经济放缓、区域产业结构调整升级的背景下，如何健全促进就业体制机制，推动实现更充分和更高质量的就业、再创广州改革发展新优势，成为一项新课题。

关键词：

人力资源市场　供需　分析

一　2013 年广州市人力资源市场供需运行特点

2013 年，广州市经济发展呈现出"稳中有进，转型提质成效明显"的良好态势。据统计公布数据，2013 年，广州市实现地区生产总值（GDP）突破 1.5 万亿元关口，比上年增长 11.6%，增速较上年提高 1.1 个百分点，各季累

---

* 张宝颖，广州市人力资源市场服务中心主任；李汉章，广州市人力资源市场服务中心副主任、高级讲师；刘伟贤，广州市人力资源市场服务中心副部长、职业信息分析师、经济师；李欣茵，广州市人力资源市场服务中心职员。

计 GDP 增速均保持在 11.5% 以上的较好水平。经济运行态势良好，为经济与就业良性互动、就业结构优化向好、人力资源市场持续发展赢得更多空间。同时，广州市各级人社部门深入实施就业优先战略和更加积极的就业政策，有序推进就业再就业各项工作的落实，使得全市就业形势总体平稳。据统计，2013年，全市新增就业人数 27.75 万人（其中本市户籍新增就业人数 21.39 万人，外市户籍新增就业人数 6.36 万人），城镇登记失业率为 2.15%。人力资源市场全年登记供需规模为 430.2 万人次，比去年同期增长 4.2%，呈现基本稳定态势，劳动力供求平衡关系在常态范围内。

（一）总体情况

据广州市人力资源市场服务中心统计数据，2013 年，全市 487 家人力资源服务机构①进场登记供需规模为 430.2 万人次，较 2012 年上升 17.4 万人次，增幅为 4.2%。进场规模较去年同期稳中有增，总量规模占全省乃至华南地区首位。其中，登记招聘 240.0 万人次，较 2012 年全年减少 6.4 万人次，跌幅为 2.6%；登记求职 190.2 万人次，同比增加 23.8 万人次，增幅为 14.3%。求人倍率②为 1.26，较 2012 年下跌 0.22，高于全省同期（1.11）水平（见图 1）。

（二）主要特征

1. 招聘总量同比基本持平，求职总量止跌回升，逼近 2011 年同期水平

2013 年，全市人力资源市场进场供需规模保持了稳中有增的态势，但招聘需求和求职需求出现了"背离"趋势。其中登记招聘总量基本持平，略有下跌；而进场求职总量较上年同期增长 14.3%，市场求职活跃，显示本市人力资源市场上求职竞争热度有所加大。

分析认为，广州市人力资源市场进场供需规模保持基本稳定，一方面得益于广州市经济运行态势良好，为经济与就业良性互动、人力资源市场持续发展

---

① 数据来源：全市 487 家人力资源服务机构（原职介机构）《人力资源服务业情况统计表》，暂未含人才机构数据。

② 求人倍率：市场需求人数与求职人数之比。如求人倍率为 0.8，表示 10 个求职者竞争 8 个岗位。

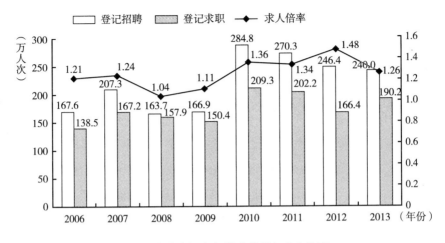

图1 人力资源市场供求总量与求人倍率

赢得更多空间；另一方面得益于广州市各级人社部门深入实施就业优先战略和更加积极的就业政策，有序推进就业再就业各项工作的落实，人力资源服务业不断壮大发展，客观上也使全年现场招聘活动与网络招聘服务较为活跃，市场资源配置效能发挥较为充分。统计显示，487 家单位共举办现场招聘会 3734 场次，其中公益性就业服务机构办 1819 场、民营人力资源服务机构办 1915 场。按服务对象分，面向毕业生专场 1109 场，面向农民工专场 1413 场，综合类专场 1212 场，共计提供 158.3 万个空缺岗位。同时，网络招聘服务共计发布岗位信息 710569 条，发布求职信息 452352 条。公益性就业服务机构与经营性人力资源服务机构相得益彰、互为补充，使"市场双向调节就业"效能更充分。但值得注意的是，本年度求职总量增长是在去年较低基数基础上的回暖，实际上仍未达到 2010 年和 2011 年同期总量水平。

2. 求人倍率在常态范围内小幅波动

求人倍率 1.26，较 2012 年下跌 0.22，高于全省同期（1.11）水平，在近年常态范围（1.0~1.5）内波动。这表明广州市劳动力供不应求的局面仍然长期存在，市场就业机会充分。而与此同时，平均职介成功率较 2012 年大幅提升 17.3 个百分点，表明随着广州市公共就业服务体系的日趋完善、服务手段的不断创新、经营性人力资源服务业态的不断扩大发展，在各项积极的就业政策就业促进作用下，以及全省、全市大力促进现代服务业发展扶持下，人力

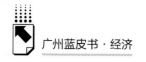

资源市场配置效能大大提高。

3. 第三产业稳占本市劳动用工需求主体地位

两组数据显示第三产业稳占广州市劳动用工主体地位。

一是第三产业发布的招聘需求占比接近六成,稳占产业用工需求首位。据广州市劳动保障信息中心对 2013 年度纳入广州市就业培训信息系统发布的 115.4 万个岗位需求信息统计显示,2013 年度第三产业用工需求占总需求的 57.7%,第二产业紧随其次占 40.8%,第一产业占 1.5%(见图2)。与 2012 年同期相比,第三产业用工需求上升 1.9 个百分点,第二产业用工需求下降 3.2 个百分点,第一产业用工需求上升 1.3 个百分点。

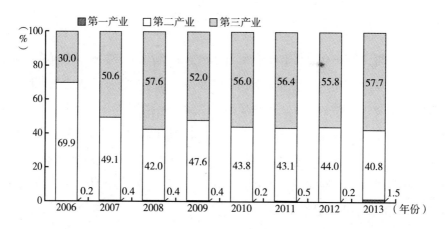

图2 用工需求产业分布

二是第三产业吸纳异地务工人员就业占比超过六成(61.35%)。从异地务工人员就业登记备案数[①]看,在 2013 年末广州市纳入人力资源和社会保障行政部门登记就业的异地务工人员 414.47 万人(不含中央、部队驻粤及省直属用人单位)中,流动就业第一、第二、第三产业分别占总量的 0.18%、38.47%、61.35%,产业分布呈明显的"三二一"格局(见图3)。其中第三产业同比增加 1.12 个百分点,第二产业同比下降 1.09 个百分点,第一产业同比下降 0.02 个百分点。

---

① 资料来源:《广州市 2013 年末异地务工人员入穗就业统计情况分析》。

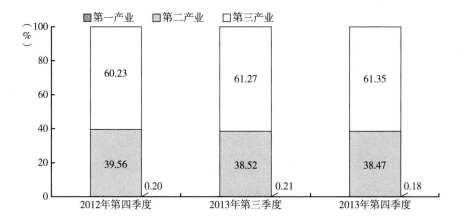

图 3　流动就业分布产业

4. 广州市用工需求前五位行业

按登记招聘占比前五行业观察，广州市用工占比前五行业分别为制造业（39.2%）、批发和零售业（14.1%）、居民服务和其他服务业（9.4%）、住宿和餐饮业（9.0%）、租赁和商务服务业（7.1%），登记招聘前五行业共占登记招聘总量的近八成（78.8%）。

与 2012 年相比，行业需求人数占总需求变化最大的前三位分别是：制造业下降 3.1 个百分点，住宿和餐饮业下降 3.0 个百分点，信息传输、计算机服务和软件业上升 2.2 个百分点（见表 1）。

5. 民营企业在招聘中占主体地位

按服务对象类型划分，在有登记招聘需求的 158203 家用人单位中，民营企业占 64.1%、外资企业占 16.9%、国有事业单位占 6.4%、其他组织占 12.6%。

6. 登记求职群体中大专及以下学历水平占八成

按学历层次划分，在进场求职 190.2 万人次中，大专及以下、本科、研究生学历水平分别占 80.41%、18.6%、1.0%。

7. 2013 年人力资源市场招聘紧缺岗位前十位

据进场数据统计，营业人员、部门经理及管理人员、机械冷加工工、治安保卫人员、行政事务人员、餐厅服务员、机械热加工工、电信业务人员、保管人员、环境卫生人员为人力资源市场上招聘紧缺前十岗位。

表1 2013年度用工需求行业分布及变化

单位：人，%

序号	行 业	2013年度		2012年度		人数变动	比重变动
		需求人数	所占比重	需求人数	所占比重		
1	制造业	451866	39.2	372337	42.3	79529	-3.1
2	批发和零售业	162898	14.1	129606	14.7	33292	-0.6
3	居民服务和其他服务业	107985	9.4	83938	9.5	24047	-0.1
4	住宿和餐饮业	103730	9.0	105514	12.0	-1784	-3.0
5	租赁和商务服务业	81987	7.1	45663	5.2	36324	1.9
6	信息传输、计算机服务和软件业	64095	5.6	29986	3.4	34109	2.2
7	交通运输、仓储及邮电通信业	52378	4.5	33087	3.8	19291	0.7
8	房地产业	26656	2.3	22890	2.6	3766	-0.3
9	农林牧渔业	17377	1.5	1624	0.2	15753	1.3
10	金融业	15090	1.3	8853	1.0	6237	0.3
11	科学研究、技术服务和地质勘查业	14610	1.3	6329	0.7	8281	0.6
12	文化、体育和娱乐业	12950	1.1	11332	1.3	1618	-0.2
13	建筑业	10477	0.9	12367	1.4	-1890	-0.5
14	卫生、社会保障和公共设施管理	8380	0.7	3100	0.4	5280	0.3
15	电力、煤气及水的生产和供应业	7497	0.6	2108	0.2	5389	0.4
16	教育	7434	0.6	7419	0.8	15	-0.2
17	公共管理和社会组织	5740	0.5	1753	0.2	3987	0.3
18	水利、环境和公共设施管理业	1977	0.2	1610	0.2	367	0.0
19	采掘业	523	0.0	338	0.0	185	0.0
20	国际组织	461	0.0	539	0.1	-78	-0.1
	合 计	1154111	100.0	880393	100.0	273718	—

资料来源：广州市就业培训信息系统。

二 2013 年企业用工监测情况

（一）在岗职工规模

1. 第一至第三季度 600 家调查企业在岗职工规模

从定点抽样调查的企业数据来看，截至 2013 年第三季度末，600 家用工监测企业在岗职工规模依次为 26.5 万人，同比增加 0.3 个百分点，环比下降 11.1 个百分点，低于 2010 年一季度以来平均季度在岗职工规模（28.04 万人）5.42 个百分点。

2. 第四季度 1550 家调查企业在岗职工规模

2013 年第四季度，广州市对用工监测企业实施了扩面工作，调查规模由原 600 家扩增至 1550 家。经统计，第四季度末 1550 家企业在岗职工规模为 55.04 万人。

（二）在岗职工结构

年龄结构——企业在岗职工年龄结构 35 岁以下占约六成。2013 年第四季度末，1550 家样本企业中 24 岁及以下年龄段职工占比为 21.7%，25～34 岁占 42.2%，35 岁以上年龄段占 36.1%。总体合计 35 岁以下年龄段职工约占 63.9%（见表 2）。

户籍来源——企业外来劳动力占企业在岗规模超过五成（58.2%），较 2012 年同期下降 6.5 个百分点。2013 年末，样本企业中在岗职工户籍来源排名由高到低依次为：外省（37.1%）、本市城镇（31.7%）、本省外市（21.1%）、本市农村（10.1%）。合计外来劳动力资源占在岗职工比重近六成（58.2%）（见表 2）。

文化素质结构——企业职工文化素质结构有所提升，大专及以上学历劳动者占比较 2012 年同期上升 11.5 个百分点。2013 年第四季度末，样本企业中在岗职工初中及以下学历占 28.6%，高中、中专、技工学历占 37.6%，大专学历占 19.4%，本科及以上学历占 14.4%。合计大专及以上学历占 33.8%（见表 2）。

表 2 抽样调查企业 2013 年度用工情况

单位：人，%

		员工总数	年龄			性别		员工结构情况				来源			员工学历				
			24岁以下	25～34岁	35岁以上	男	女	本市城镇	本省外市	外省	本市农村	初中及以下	高中、中专、技工	大专	本科	研究生
人数	第一季度	276761	73417	115619	87725	161595	115166	69524	56781	124944	25512	102704	111448	39022	21723	1864
	第二季度	268120	70069	110141	87910	154110	114010	70290	50647	120246	26937	98993	108780	37696	20750	1901
	第三季度	265156	69642	108084	87430	153118	112038	70706	49353	117528	27569	95547	109493	37177	21038	1901
	第四季度	550410*	119206	232239	198965	330245	220165	174679	116120	204210	55401	157615	206684	106656	73069	6386
占比	第一季度		26.5	41.8	31.7	58.4	41.6	25.1	20.5	45.1	9.2	37.1	40.3	14.1	7.8	0.7
	第二季度		26.1	41.1	32.8	57.5	42.5	26.2	18.9	44.8	10.0	36.9	40.6	14.1	7.7	0.7
	第三季度		26.3	40.8	33.0	57.7	42.3	26.7	18.6	44.3	10.4	36.0	41.3	14.0	7.9	0.7
	第四季度		21.7	42.2	36.1	60.0	40.0	31.7	21.1	37.1	10.1	28.6	37.6	19.4	13.3	1.1

* 2013 年第四季度由于实施全省企业用工监测扩面工作，数据采集量扩增至 1550 家。

类别结构——普工、技能、专业技术及管理人员在岗规模"两升一降"。2013 年第四季度末,调查企业在岗职工的普工、技工(含初、中、高级、技师、高级技师)、专业技术及管理人员的比例为 67.3∶16.1∶16.6。与 2012 年同期同比,技工占比下降 6.2 个百分点,普工占比上升 5.2 个百分点,专业技术及管理人员占比上升 1.0 个百分点。

(三)在岗职工薪酬水平

从职工薪酬水平看,以较为稳定的持续调查规模(600 家样本量)截至 2013 年第三季度时点数据观察,调查企业在岗职工的加权平均月薪为 2705 元/月,较 2012 年末样本企业在岗职工的加权平均月薪 2500 元/月上升了 8.2%。

同期,不同技能工种的平均月薪水平分别为:普工 2172 元/月,初级工 2480 元/月,中级工 2866 元/月,高级工 3923 元/月,技师 3821 元/月,高级技师 4280 元/月,专业技术及管理人才 4586 元/月。

(四)企业招聘规模与效能

计划招聘规模连续下降,六成(60.3%)企业反映招聘难。从招聘规模看,第一至第四季度的招聘人数依次为 14827 人、13702 人、12896 人和 27684 人。从企业招聘难易程度看,2013 年末反映招聘"比较困难"的企业占调查样本的 42.6%,反映"困难"的企业占调查样本的 11.4%,反映"很困难"甚至"招不到"的企业合计占调查样本的 6.3%,合计反映不同程度招聘难的企业占比六成(60.3%),较去年同期(69.5%)下降 9.2 个百分点;反映招聘"容易"和"很容易"的企业合计占 39.7%(见图 4)。

从招聘难的主要成因看,2013 年末反映"应聘者对薪水要求过高"的企业占 72.7%,反映"缺乏所需工种人才"的企业占 41.3%,随后"工种人数不能满足需求"(37.2%)、"缺乏相应的从业资格"(15.3%)和"招聘信息发布渠道少"(14.3%)也为企业招工难的主要成因。

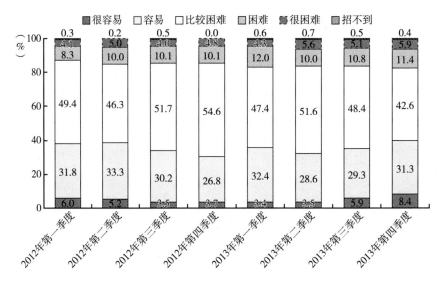

■很容易　□容易　□比较困难　□困难　▨很困难　▨招不到

图4　企业招聘难易程度

三　进场求职者主要情况及就业心态调查

（一）进场求职者主要特征

根据广州市就业培训信息系统统计，2013年，广州市人力资源市场进场求职者特征为：男女性别结构为2∶1，男性占多；从年龄结构看，34岁及以下的求职者占57.7%，35~44岁的求职者占21.5%，45岁及以上的求职者占20.8%；从学历结构看，仍以中等教育水平居多，高中、职高、技校、中专学历的求职者共占45.3%；从技能素质看，96.0%的求职者无技术等级或职称。

（二）主要变化

从求职者结构变化看，2013年外来劳动力进场登记求职占比为79.9%，同比下降3.2个百分点。新成长失业青年占本期求职总量的3.1%，同比下降3.8个百分点；其中，应届高校毕业生登记求职占0.4%，同比下降3.0个百分点。其他失业人员登记求职占9.2%；就业转失业人员、下岗职工、在业人员登记求职占比分别为 6.0%、0.8%、0.5%。

从各职业类别的供求情况看，生产运输工人、商业服务业人员是人力资源市场需求大类，所占比重分别为 34.0%、28.3%，仅此两类用工需求量已占总需求量的 62.3%。从求职者情况看，生产运输工人、商业服务业人员也是求职主体，所占比重分别为 33.2% 和 29.9%（见图 5）。

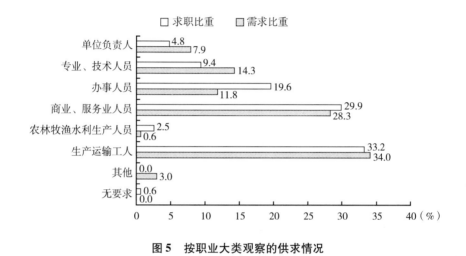

图 5　按职业大类观察的供求情况

（三）求职者就业心态调查

2014 年春节后，广州市人力资源市场服务中心采取随机抽样的方式开展求职者调查活动，向进入"春风行动 2014"系列招聘会的求职者派发了 5000份《2014 年春节后广州市人力资源市场求职者调查问卷》，回收有效问卷3638 份，有效回收率 72.8%。调查结果如下。

1. 对当前就业形势的评价及在穗满意度

逾三成求职者对当前就业形势评价乐观，认同在穗就业。调查显示，25.1% 的求职者对当前就业形势"看好"，仅有 15.4% 的求职者表示"看淡"；评价当前就业形势"跟以前差不多"的求职者占 38.3%；21.2% 的求职者表示"说不清"。同时，11.4% 的求职者对在广州就业表示"满意"，21.9% 的求职者表示"比较满意"，合计逾三成（33.3%）的求职者认同广州就业（见图 6）。

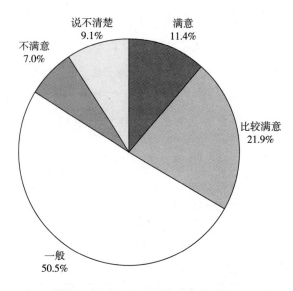

图6 求职者对广州就业的满意度

2. 对影响求职难易的归因

逾四成求职者表示自身素质和可选岗位不足是影响求职难易的主要原因。调查显示，39.8%的求职者认为"自身条件与岗位要求有差距"是影响求职难易的原因，选择"可选岗位不足"的求职者占37.1%，选择"企业用人太挑剔"的求职者占26.6%，随后依次为："供需信息不畅通"（26.2%）、"经济环境变差，就业机会少"（20.9%）、"外来打工者太多了，企业更愿意招外地人"（14.3%）以及"其他"（2.3%）。

3. 求职者择业意愿与择业考虑因素

逾七成具有工作经验的求职者择业意愿强烈。调查显示，在非初次就业（有工作经验）的求职者中，73.6%的求职者表示离开上一份工作的原因是"自己不满意，主动辞职"，而主动辞职的原因有"工资太低"（50.9%）、"工作环境太差"（14.5%）、"工作时间长"（13.6%）、"工作辛苦"（10.9%）、"原单位拖欠工资"（7.5%）、"发生劳动纠纷"（2.6%）等。其他离开上一份工作的原因还有"原单位裁员、倒闭、搬迁"（11.8%）、"原单位合同到期不肯续签"（7.5%）、"其他"（4.5%）、"工作不胜任，被原单位解聘"（2.5%）。

薪酬收入、工作稳定性、工作时间是居前三位择业主要考虑因素。调查发现，薪酬收入（64.3%）、工作稳定性（48.2%）、工作时间（37.0%）为择业考虑的前三位关键因素，是否缴纳社会保险、发展前途、工作环境等其他因素则位列其后（见图7）。

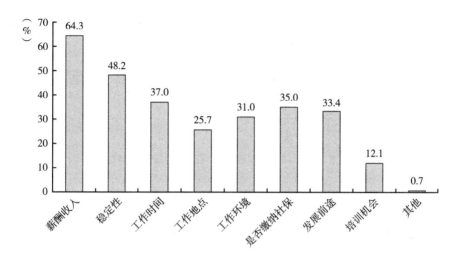

图7 求职者选择岗位的主要考虑因素

4. 求职者薪酬预期

调查发现，随着省、市最低工资标准的上调，愿意接受 2000 元/月以下薪酬水平的求职者仅占 2.3%，较去年同期（5.6%）下降 3.3 个百分点，显示市场上 2000 元/月以下薪酬水平对求职者而言难有吸引力。

按薪酬主要分布区域观察，26.3% 的求职者月薪期望值集中在 2001～3000 元，42.1% 的求职者月薪期望值集中在 3001～4000 元，16.7% 的求职者月薪期望值集中在 4001～5000 元，12.7% 的求职者月薪期望值集中在 5001 元以上。期望薪酬待遇处于 2001～4000 元/月区间的求职者占 68.4%，较 2013 年同期（73.2%）下降了 4.8 个百分点；而期望薪酬待遇在 4001 元/月以上的求职者占 29.3%，较 2013 年同期（21.1%）上升了 8.2 个百分点（见图8）。

5. 留穗就业意愿

愿意留在广州打工的求职者超过五成。当问及 2014 年的就业打算时，53.4% 的求职者表示将"留在广州打工"，17.9% 的求职者表示"暂无打算"，10.7% 的求职者表示考虑"到珠三角其他地市务工"，7.4% 的求职者表示考

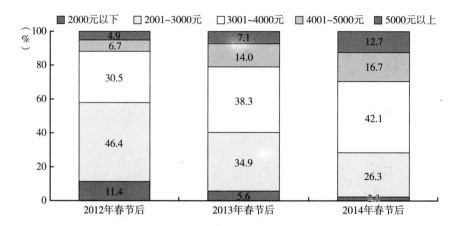

图8 2012～2014年春节后求职者薪酬预期调查

虑"返乡就近务工"，4.6%的求职者打算"到长三角其他地区务工"，4.0%的求职者打算"返乡创业"，2.0%的求职者打算"返乡务农"。

同时，超过四成（43.3%）求职者表示将"找到满意的工作为止"，而39.1%的求职者则理性表示将"先就业再择业"，"未考虑清楚"的占12.0%，选择"自主创业"的占5.6%。60.8%的求职者对第一季度在广州找到工作持乐观态度，其中9.3%的求职者认为有十足把握，51.5%认为机会较大，而31.9%认为有五成机会，只有7.3%的求职者认为机会甚微。调查同时显示，当问及希望政府对促进就业提供哪些帮助时，55.7%的求职者希望政府提供免费职业介绍，46.0%的人希望获得优先推荐就业，41.9%的求职者希望获得免费技能培训。

四 2013年度南方人才市场供需情况

（一）现场招聘会和网络招聘均呈现同比下降态势

2013年度，中国南方人才市场共举办现场招聘会383场，同2012年相比减少5%；进场招聘企业4.9万家次，同比减少16%；提供职位数99.1万个，同比减少23%；求职人数共70.6万人次，同比减少18%。2013年全年求人倍率为 1.40，与 2012 年度的 1.42 相比略有减少，这表明虽然人才整体上处于供不应求的状况，但由于需求职位数量的减少幅度较大，求职竞争激烈程度只略微加大。①

网络招聘方面，通过南方人才网发布招聘信息的企业共 4 万家次，同比减少 18%；发布职位数 275.7 万个，同比减少 12%；上网求职人数 42.5 万人次，同比减少 36%。网络人才市场呈现出整体需求减少、行业冷热不均、专业就业不平衡、薪酬期望值普遍降低等特点。

（二）供需主要特点分析

一是从供求整体情况来看，南方人才市场的现场招聘和网络招聘两大平台与 2012 年相比供需双方都呈现下降趋势。现场招聘会以月为单位的数据分析显示，供需两旺的年后人才市场、金九银十的秋季人才市场旺季较往年提前结束，传统招聘淡旺季之间的界限日渐模糊。

二是从产业需求来看，第二产业是需求大户，制造业招聘及贸易、批发和零售业最为旺盛。从产业招聘需求看，第一、第二、第三产业需求结构为 1.08∶52.33∶46.59。从行业招聘需求看，制造业招聘需求占 46.83%，贸易、批发和零售业招聘需求占 10.56%，信息传输、计算机服务和软件业招聘需求占 8.20%，排名行业需求的前三位。

三是从招聘企业的所有制情况来看，非公有制企业依然是招贤纳才主力军，而外资企业人才招聘更为谨慎。通过南方人才市场现场招聘的企业中，非公有制企业占总数超过 90%，显示出旺盛的用人需求。但相比 2012 年，外资企业和合资企业招聘态度较为保守，要求也进一步提高。

四是从需求的行业情况来看，工商管理类所需专业成为首个热门专业类别，占总需求的 11.03%，工商管理类专业中需求量最大的是市场营销专业。从行业招聘需求看，市场营销/公关/销售、计算机/互联网/电子商务、建筑/机械业、技工进入了行业需求排名的前五位。缺口较大的高技能人才主要集中在汽车、船舶、机械、电气机械、家具、化工等制造业。

---

① 数据来源：《中国南方人才市场 2013 年度供求情况分析及 2014 年供求情况预测》。

　　五是 2013 年广东地区平均月薪排名前三位的是金融业、咨询与调查、广电及文化艺术业。金融业蝉联榜首，平均月薪达 6384 元。从企业性质来看，外商独资企业的平均月薪最高，达 6777 元；其次是中外合资企业，民营企业平均薪酬水平最低。

　　六是广州地区高校毕业生就业情况总体平稳，但结构性失衡的情况仍较为突出。2013 届广州生源高校毕业生就业率为 93.22%，与 2012 年基本持平。从广州市高校毕业生就业指导中心组织的广州市企事业单位赴省外招聘活动提供的数据来看，用人单位对工科、理科、文科的毕业生需求比例分别为 33.82%、38.42%、27.76%，招聘专业方面以医学类、计算机类、机械工程类、金融经济类等为主。纵观整个就业市场，人才需求和供给层次出现结构性的错位，一方面是中高级人才供不应求；而另一方面，应届大学毕业生却相对缺乏吸引力。

五　未来展望

　　展望未来，尽管未来一段时期经济运行的基本面仍将保持稳定发展态势，但受下阶段国内宏观经济运行不确定性因素增多、经济结构调整深入推进等因素影响，预计 2014 年广州市的就业形势既面临严峻挑战，也面临一定的机遇。当前，劳动力供不应求的总量性矛盾仍将长期存在，就业的结构性矛盾不断交织深化；与此同时，反映广州市就业质量仍有待提高的深层次问题也将逐步显露出来，例如：就业困难群体和大学生就业群体结构性就业难问题；异地务工人员社会保障仍不充分问题；劳动纠纷增加导致劳资关系紧张问题；企业岗位流失以及招聘难问题与劳动者就业不稳定相互交织等矛盾问题。

　　从调查数据看，广州市人力资源市场进场登记求职群体学历构成仍以中等教育水平居多，高中、职高、技校、中专学历的求职者共占 45.3%；同时 2013 年末广州市（不含中央、部队驻粤及省直属用人单位）纳入人力资源和社会保障行政部门登记就业的异地务工人员 414.47 万人中，小学、初中、高中、中专四个学历层次合计占比接近八成（78.96%）；在本期及历期求职者调查中，求职者反映"自身素质和可选岗位不足"是影响求职难易的主要原因等种种现象，均印证着广州市劳动力供给素质现状与国家中心城市发展定位、加快实现广州市经济社会转型升级之间的不相适应，严重制约着广州市推动实现更高质量就业的目标要求。

尽管从就业质量上看，2013 年广州市就业质量有所提升，主要体现在：一是城镇登记失业率较低；二是企业在岗职工薪酬待遇水平稳步增长；三是人力资源市场职介成功率大幅提升；四是从求职者在穗就业满意度调查结果看，逾三成的求职者满意广州就业。但是，随着当前劳动者择业就业观念日趋多元化，劳动者对薪资福利待遇、发展前景、社会保障等就业诉求日益增强，区域人工成本日益上升引起新的劳资博弈。

展望未来，十八届三中全会后出台的《中共中央关于全面深化改革若干重大问题的决定》中，关于"要健全促进就业创业体制机制。建立经济发展和扩大就业的联动机制，健全政府促进就业责任制度。完善城乡均等的公共就业创业服务体系，构建劳动者终身职业培训体系。完善就业失业监测统计制度。"等若干问题的表述为我们下一步全面做好就业工作，推动实现充分就业和更高质量就业指明了路径和方向，同时也为我们在新形势下加快提升人力资源市场在资源配置中的决定性作用，推动实现更加充分就业和更高质量的就业，再创广州改革发展新优势带来了新一轮课题。

六　对策与建议

（一）建立就业形势的会审制度，确保全市就业局势持续稳定

一方面，坚持实施就业优先战略和积极的就业政策不动摇，在制定宏观政策和投资项目审批中实行就业评估，将就业政策与我国产业政策、教育政策、进出口政策、金融财税政策等相互配合，形成合力，共同发挥作用。落实鼓励资金、技术密集型产业、非公有制经济和中小企业发展的各项政策，保持就业增长的原动力，努力扩大就业总量。另一方面，要在确保就业局势稳定的基础上，不断提升就业稳定性，推动实现更高质量就业的目标要求。建议建立就业动态监测联席会审制度。加强协调配合，建立会审协商制度，提早研判国际国

内经济、社会环境变化、产业发展等各方面对就业形势的影响。综合各方面情况，客观准确把握就业局势的发展态势，形成统一认识，及早制定应急预案，增强工作的主动性，科学应对日趋复杂的就业形势，确保全市就业局势持续稳定。

（二）大力创新公共服务产品，提升政府公共就业服务水平

首先，进一步健全完善政府公共就业和人才服务平台。发挥南方人才市场和人力资源市场服务中心两个平台的作用，加强各区县级市人力资源市场建设。其次，利用现代信息技术如云计算等，加强人力资源市场信息化建设，强化信息资源整合与共享，建立统一的信息系统和集中的数据中心，加强对就业形势的监测预警分析。再次，大力创新公共服务产品，加强对公共就业服务产品的标准化管理，统一服务理念、统一业务流程、统一服务准则、统一信息网络、统一服务规范和标准、统一服务质量评估等。最后，推行公共就业服务专业化和精细化，推动公共就业服务机构加快转型升级，提升全市公共就业服务水平。

（三）完善统一规范的人力资源市场，充分发挥市场在资源配置中的决定性作用

首先，加强人力资源市场秩序的管理。结合人力资源工作发展的新形势新要求，加快出台《广州市人力资源市场条例》以及配套人才服务政策法规，完善统一规范的人力资源市场。加强人力资源市场监管力度，发展和规范各类人力资源中介，健全人力资源社会保障、工商、公安等部门联合执法机制，强化招聘会现场和网络供求信息管理，保障人力资源市场良好的市场秩序。其次，优化人力资源服务业业态发展的政策环境，先行先试加快地区人力资源服务产业园的落成和投入使用的同时，吸纳国际性的人力资源服务业巨头落户广州，鼓励各专业机构为各类就业群体提供便捷高效的公共服务，不断提高就业服务效率和水平。最后，加强宏观调控，保障市场主体公平竞争、中介组织提供优质服务、劳动力自主择业的人力资源流动配置机制，促进区域性人力资源的有效配置。

（四）构建人力资源监测预警预测体系，为政府部门制定发展战略提供决策依据

首先，加快人力资源市场动态监测指标体系与数据信息采集体系（包括统计信息采集体系和市场信心调查体系）设计，完善人力资源市场动态监测体系的基础工作。通过建立包括人力资源存量、产业就业弹性系数、各类毕业生数量规模等变量指标在内的监测指标体系，研发人力资源的监测预测模型等，对本地区人力资源的存量、供给结构、质量是否与产业调整和升级相匹配进行长期监测，对所收集的信息进行分析并提出监测报告，以其作为制定产业政策和人力资源发展战略调整的重要考虑因素，使得就业结构与经济结构更适应。

其次，建议适时建立重点行业监测机制，重点关注广州市战略性新兴产业集群，如以新一代信息技术、生物与健康、新材料与高端制造、时尚创意、新能源与节能环保、新能源汽车等六大产业为主体的战略性新兴产业集群；密切留意广州市用工前五行业，健全产业行业发展环境变化对就业影响的评估和快速反应机制，及时发布供需指引信息，最大限度减少经济宏观环境变化和行业波动带来的就业风险。

最后，要加大投入，继续巩固做好人力资源市场各项基础性统计分析工作，逐步扩大企业用工监测等数据采集工作覆盖范围，加快推进人力资源市场供求预测预警长效机制建设，尽快发布《广州市人力资源市场监测预测分析报告》，加快前瞻预测预判，为政府部门提供更多的决策参考。

（五）加快构建劳动者终身职业培训体系，通过引导劳动者素质全面提升来支撑体面就业和质量就业目标的实现

首先，紧紧围绕全面建设国家中心城市的目标和"率先转型升级、建设幸福广州"的核心任务，以新型城市化发展为引领，加快构建以就业为导向的现代职业教育体系，积极推进职业技能培训制度，加快推进广州市高技能人才队伍建设，鼓励外来务工人员积极参加职业培训，不断提高自身技能水平，适应产业行业发展转型需求。

其次，坚持市场调节与政府调控相结合，进一步加强与广州市产业发展相适应的异地务工人员需求预测、预警、预报和信息发布工作，有序引导劳动力流向；进一步夯实劳务交流合作平台，积极开展跨地区劳务合作，完善输出输入地劳务对接工作机制，促进劳动力转移与产业转移的良性互动。

最后，完善异地务工人员的服务政策和服务措施，健全异地务工人员综合管理服务体系。积极推进区（县级市）、街镇异地务工人员综合服务中心建设，制定和完善异地务工人员服务管理的相关政策，继续做好优秀异地务工人员表彰、积分入户等工作，依法保障外来务工人员的合法权益，激励异地务工人员共建幸福广州。

B.17
BLUE BOOK

番禺区实施标准化战略的实践与思考

楼旭逵 *

摘 要:

标准化战略是番禺区加快转型升级、提高区域竞争力的核心工作之一。本文对番禺区实施标准化战略取得的成效、存在的问题进行了全面评估，并提出调整战略、改进实施的思路与对策。

关键词:

标准化战略　番禺区　实践与思考

番禺区自 2009 年起开始实施标准化战略，2011 年获评为"广东省实施技术标准战略示范区"。标准化战略实施近 5 年，已成为促进产业转型升级、推进新型城市化发展、建设幸福番禺的重要抓手。

一　大力实施标准化战略具有重要的现实意义

国际标准化组织（ISO）发布的《标准化和有关领域的通用术语及其定义》指出，"标准"是指为了在一定范围内获得最佳秩序，对活动及其结果规定共同和重复使用的规则、指导原则或特性文件。"标准化"就是为了在一定范围内获得最佳秩序，对现实问题或潜在问题制定共同使用和重复使用的技术条款的活动，包括制定、发布及实施标准的过程。标准是国家的基础性制度，是经济社会活动的技术依据。[①] 标准化对加强宏观调控、建立统一市场、优化

---

* 楼旭逵，中共广州市番禺区委副书记、番禺区人民政府区长。

① 《标准化和有关领域的通用术语及其定义》，国际标准化组织（ISO）。

公共服务、促进技术进步、保护生态环境等具有重要意义。

改革开放以来，番禺区依靠土地、劳力、资金等要素驱动实现了多年的快速增长，但近年来这三个要素已走向硬约束的位置。番禺的经济发展已逐步由要素驱动快速向创新驱动转变，而创新驱动必须有自主知识产权和科技成果支撑。在推进科技成果产业化的过程中，标准就是一个重要的桥梁，能使自主知识产权成果固化并转变为现实生产力，提高地区核心竞争力。根据中国标准化研究院发布的《中国技术标准战略报告》，标准对综合国力的贡献率为 1.5%，对经济的贡献率为 1.16%。按此计算，结合番禺区近年地区生产总值，2010~2013 年标准对番禺区经济所创造的效益分别为 12.2 亿元、14.3 亿元、15.9 亿元、15.7 亿元。综上所述，实施标准化战略是番禺区推进新型城市化发展的迫切要求，已成为引领新兴产业发展、促进优势传统产业转型升级、提升产品质量水平的关键性核心要素。

二 番禺区实施标准化战略的评估与分析

（一）主要措施

1. 抓顶层设计，提高番禺标准化战略有效实施的保障力和执行力

区政府成立由 18 个职能部门组成的"番禺区质量强区及标准化战略工作领导小组"，建立联席会议制度，先后出台了《番禺区标准化战略实施方案（2009~2012）》《番禺区建设广东省实施技术标准战略示范区试点工作方案》《番禺区标准化专家库管理办法》等政策文件。设立番禺区"区长质量奖"，对获奖企业给予一次性 50 万元奖励。从 2008 年起，把标准化战略资金纳入《中共广州市番禺区委 广州市番禺区人民政府关于优化产业结构加快经济发展的若干措施》及配套细则，明确提出对实施标准化战略取得成效的单位给予奖励的政策和额度，对国际标准、国家（行业）标准、地方标准、联盟标准制定、修订等 7 大类 17 小类标准化战略项目给予不同奖励。至今共拨付 1979.7 万元对企事业单位开展标准化活动进行奖励资助，为标准化战略实施奠定了良好基础。

2. 抓服务业标准化，提高公共服务标准化水平

着力在电子商务、交通运输、商旅餐饮、公共信息标志等现代服务业领域，落实《广州市现代服务业标准化实施计划（2009—2012年)》。积极推进企业开展国家级、省级服务业标准化示范试点创建，发挥以点带面的示范效应，形成良好的互动局面，推动服务业标准化建设迈上新台阶。出台《番禺区旅游服务标准体系规划（2014—2020年)》，通过区政府统筹、部门牵头、社会协作等方式，建立健全区域服务业标准体系，不断研制具备应用价值的服务业标准，铸造"番禺服务"金字招牌。

3. 抓农业标准化，提高都市型农业和优质农产品发展水平

从特色农业的产业化和规范化发展出发，加快农业标准化建设步伐，为农企和农户提供个性化标准信息服务，全面加大农业企业标准和地方技术规范的制定、修订力度。把农业标准化示范区建设和"一村一品"创建工作有机结合起来，创新"公司＋基地＋标准＋农户"的生产经营新模式，做到"选好项目、制定标准、实施标准、打造品牌"，充分发挥效益辐射和示范带动作用，带动周边农户规范化养殖、标准化种植，培育出一批效益好、价值高、有特色、带动力强、市场认可的名优农产品，提高农户收益率。全面贯彻实施农产品国家、行业和地方标准，积极采用国外先进标准，夯实都市型农业的标准基础，推广有机食品、绿色食品、无公害农产品和通过 GAP 认证的出口农产品，确保农产品安全，增加农产品附加值，打造优质番禺名特农产品的美誉度。

4. 抓标准研制，提高企业自主知识产权向技术标准的转化率

鼓励和帮助番禺企业的技术专家、标准化专家积极参加各级标准化活动，力争在国际、国家和广东省各级专业标准化技术委员会委员中发出更多的番禺声音，在各级标准的技术指标中最大限度地体现出番禺企业的自主知识产权和专利技术，牢牢地将标准话语权转化为市场竞争的主导权。以承担各级专业标准化技术委员会秘书处和标准制定工作组为契机，积极鼓励龙头优势企业将专利技术纳入到各级标准制定（修订）计划中去，引领国内外产业发展。高度关注 ISO、IEC 等国际标准化组织及其活动，积极创造条件组织大型出口企业踊跃参加，扭转以往被动接受的不利局面，不断融入国际标准化组织，并逐步

把握其中的发言权。

5. 抓联盟标准，凝聚优势产业和产业核心竞争力

根据行业特点摸清企业分布状况，发挥产业集聚优势，积极推动龙头企业、规模以上企业组建标准联盟，制定严于国际、国家、行业和地方标准的联盟标准，创造条件建立起具有番禺特色的优势产业集群和区域品牌。发挥特色产业集聚优势，指导机械制造、餐饮服务、珠宝首饰等产业组建企业标准联盟并有效运作，通过强强联手、抱团发展等方式，鼓励企业将自主创新融入联盟标准，提升标准的技术水平和应用价值，助推"番禺制造"向"番禺创造"跨越，打造区域经济发展新优势。

6. 抓采标推广，提高企业跨越国际技术性贸易壁垒的能力

为进一步提升先进标准产业化的应用水平，结合番禺区产业状况，以规模以上企业、高新技术企业和名牌培育企业为重点，制定重点产品采标目录，分行业、分步骤实施计划，推动企业成批、成行业通过采标标志认可，保障产业发展水平与国际技术标准体系无缝对接。紧贴国际标准、国外先进标准，关注国际技术性贸易壁垒协议相关信息以及国内外产业发展新动向，建设标准信息服务平台，满足番禺主导产业、特色产业、优势产业发展的实际需求，帮扶出口企业提高有效应对国外技术性贸易壁垒的处置能力和水平。

7. 抓标准培训，提高专业人才运用标准促进创新的能力

加大新颁布标准和强制性标准的宣传贯彻力度，建立政府、商会、企业和科研院所的联动工作模式。普及标准化，实施监督员等标准化岗位培训，建立标准化人才队伍培养长效机制，做好企业按标准组织生产的自我监督和服务保障。邀请国内外标准化权威专家，以知识讲座或论坛的形式，集中培训企业管理层尤其是核心管理团队，树立企业管理者"带头重视标准、带头使用标准"的标准化意识。挖掘参与国内外标准化活动的机会和平台，帮助企业专业技术人才积极参加并及时掌握产业的国内外最新发展动态，促进"应用促进研发、研发促进创新、创新制定标准、标准推动产业"深深地根植于企业标准化工作者的意识中。

（二）取得成效

1. 标准化规范建设情况

截至 2013 年底，全区共有 98 家企事业单位主导或参与制定（修订）国际、国家、行业和地方标准 290 项，比 2007 年累计数翻了三番多，包括：国际标准 1 项；国家标准 135 项；行业标准 91 项；地方标准 56 项，其中工业 41 项、农业 5 项、服务业 10 项；联盟标准 7 项，其中工业 3 项、服务业 4 项。除此之外，依托广州市标准电子库查询系统，番禺区还推进企业建立了企业标准信息系统，企业标准查询和年度更新标准所需时间由 1 个工作日缩短至 0.5 小时，提速达 93.8%。

2. 工业标准化水平

截至 2013 年底，全区注册登记企业总数 39051 家，其中登记产品标准的生产企业数达到 6687 家，登记执行标准的产品总数达 20460 种，产品标准登记率达 100%。2010～2013 年，全区产品标准备案数分别为 261 项、355 项、398 项和 416 项，分别占全市总数的 13.2%、15.9%、17.6% 和 19.8%，详见图 1。

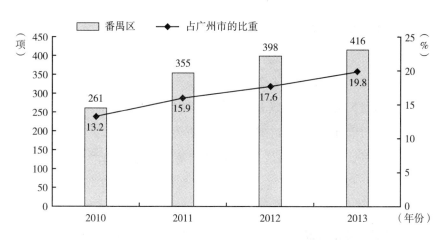

图 1　番禺区产品标准备案数及其占全市的比重

截至 2013 年底，番禺区拥有省名牌企业 32 家，省名牌产品 41 个；采用国际标准或国外先进标准的产品数量达到 583 个；电线电缆、洗染机械、输变

配电、音频设备、演艺灯光等产业实现成批、成行业采标。

3. 农业标准化水平

截至 2013 年底，全区已建成各级农业标准化示范区 6 个（包括国家级 1 个、省级 1 个、市级 4 个），涵盖渔业、养殖、蔬菜、花卉等领域。全区农产品每年单位面积产出率也大幅度提高，从 2010 年的 1.21 万元/亩提高至 2013 年的 1.57 万元/亩，增产 29.8%，详见图 2。

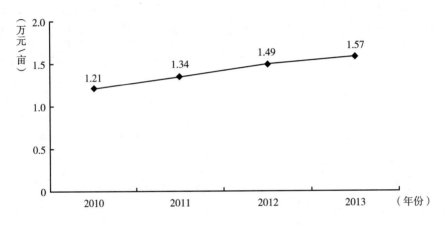

图 2　2010~2013 年番禺区农产品单位面积产出率

4. 服务业标准化水平

截至 2013 年底，全区服务业已获得各级服务业标准化试点 3 个（包括 2 个国家级服务业标准化试点、1 个省级现代服务业标准化试点），全区 4A 级以上旅游景区达到 5 家，3 星级以上宾馆酒店已有 19 家。番禺宾馆等 11 家餐饮企业成立了广州市首个餐饮标准联盟，制定并发布了广州市第一个餐饮服务行业联盟标准《餐饮业计量技术规范》。制定富有番禺特色的"光皮乳猪""莲藕三宝"和"市桥白卖"三个名菜名点的联盟标准，成为广州粤菜首个标准化案例。

5. 推进标委会建设情况

目前，已有 11 个各级专业标准化技术委员会秘书处和国家标准制定工作组落户番禺。其中，省级专业标准化技术委员会（TC）5 个（数字家庭、商用动漫游戏机、轮胎轮辋、音频设备与系统、演艺灯光），国家级标准制定工作组（WG）6个（电梯、缺气保用安全轮胎、汽车轮胎耐撞击性能试验方法、轿车轮胎性能室内试验方法、轮胎术语及其定义、汽车轮胎激光散斑无损检测方法），为番禺的优势行业赢得了更为广阔的发展空间。

6. 企业执行标准情况

截至2013年底，全区共有35家企业获省质监局颁发的AAAA级"标准化良好行为"证书，占全市总数的25%，数量居全市第一。其中，服务业、旅游景区、农业、事业单位的全省首个AAAA级"标准化良好行为"企业（单位）均被番禺获得，这为番禺的区域标准体系建设奠定了坚实的基础。全区累计导入卓越绩效管理模式的企业数20家，获得ISO系列管理标准认证企业数1103家。

（三）存在问题

1. 标准化成果存在"短板"

目前，番禺区内企事业单位主导和参与制定（修订）国际标准、联盟标准数量不多。现代服务业、输配电压、数控机床、珠宝首饰、健康服务等支柱产业在承担标准制定工作组（WG）、专业标准化技术委员会（TC）和制定产业标准发展体系规划等方面尚未实现零的突破。

2. 部分企业标准化意识淡薄

一般而言，相比"无标"生产产品，按标准组织生产的产品成本要高一些，而国内目前仍存在以低价为主要选择的市场需求，导致"无标"生产产品在市场"竞争"中仍有较大生存空间，对其他合法生产的产品造成市场冲击。有些企业和企业管理者错误地认为执行标准是企业发展的负担，是政府戴在企业头上的"紧箍咒"，扭曲了标准及其积极作用，主观上造成对执行标准有抵触心态，客观上造成执行标准不力，执行标准最低要求来应对检验检测，甚至采用了过期标准还浑然不知，无标生产屡禁不止。

3. 企业参与标准制定修订的积极性不高

企业是市场经济体制下标准化活动的主体，由于发展的阶段不同、规模不同，企业拥有者和管理者的意识不同，不同企业之间对自身的角色认识程度也就大相径庭。有的企业过度依赖政府，依然保守地认为标准就是"政府制定、企业执行"，这种错误的认识严重滞后了企业在研制标准上的作为和发展。此外，由于主导或参与标准制定（修订）往往需要耗费大量的人力、物力，成本花费巨大，且研制先进的标准着眼的是企业的长远发展，在短期内拉动企业利润增长的效果不太明显，这与企业追求利润快速增长的本性矛盾。同时，有的企业把制定标准等同于公开专利，存在抵触心理。

4. 标准化人才稀缺

标准化人才是推动标准化战略有效实施的基础，标准化人才不足历来就是制约标准化事业顺利发展的瓶颈之一。目前，番禺区在各级专业标准化技术委员会任职的专家仅有86名，与全区标准化人才需求不相匹配。

三 进一步优化番禺区标准化战略的思路与对策

按照《广州市城市总体规划（2011~2020）》，番禺区全域纳入到广州市都会区范围，使番禺的角色定位实现了从外围城区向中心城区的战略性提升。因应这一重大变化，番禺区委、区政府于2012年9月提出了加快建设宜业宜居、现代文明、价值凸显的广州时尚创意都会区的目标定位，番禺区的标准化战略也需要作相应的优化调整。

（一）强化顶层设计，健全标准化战略工作机制

1. 科学制定标准化战略规划

强化番禺区质量强区及标准化战略工作领导小组的统筹与协调作用。制定并出台《番禺区标准化战略实施纲要（2014—2020年）》，提出实施标准化战略的目标要求、工作内容和保障措施，作为番禺区今后一段时期内实施标准化战略的工作引领。在法规政策方面，围绕标准化战略的实施，对原有政策特别是对标准化项目的奖励资助措施进行调整与充实，最大限度地发挥财政投入的示范和放大作用，进而提高企事业单位参与的积极性。

2. 探索筹建番禺区标准化研究与促进中心

区域经济要实现可持续发展，需要有强有力的技术支撑，因此，可参考国内外先进城市的成功经验，探索在番禺质量技术监督检测所内部设立标准化研究与促进中心，积极发挥中心在政府和企业之间的桥梁纽带和技术支撑作用。该中心由政府扶持启动、区质监局监督管理，负责开展标准化研究，提供标准化咨询服务，培养标准化人才。坚持把"政府引导、技术支撑、企业为主"作为实施区域标准化战略的首要原则，具体工作架构如图 3 所示。

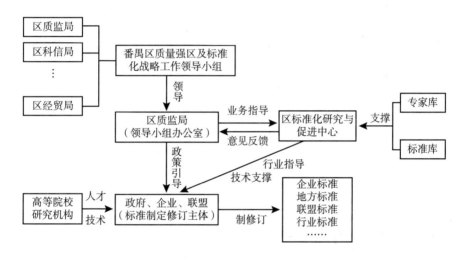

图 3 番禺区实施标准化战略工作架构

（二）强化产业标准化，加快经济转型升级步伐

1. 优先促进战略性新兴产业和特色产业标准化

围绕信息文化、数字家庭、医药健康、新材料、新能源与节能环保等战略性新兴产业，以及演艺设备、珠宝首饰、动漫游戏等都市型特色产业，逐步推进相关产业标准体系及发展规划研究，研制和实施产业标准化路线图。鼓励企业加大对标准化的投入，积极争取更多优势领域的国家、省级专业标准化技术委员会（TC/SC/WG）秘书处落户番禺。积极发挥广州市质量技术检测园的支撑作用，重点为传统优势产业转型升级、有效实施区域标准化发

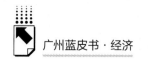

展战略提供优质的质量技术检测服务。以专业镇街、产业集群、工业园区为重点，建立标准孵化基地，研制并推广"联盟标准"，促进专利与标准相互转化，统一区域技术门槛，全面提升战略性新兴产业和特色产业的技术水平和综合竞争力。

2. 大力发展现代服务业标准化

以广州国际创新城、广州南站商务区、万博商务区、广州国际商品展贸城、市桥商贸中心等为载体，结合番禺大道五星商旅带和全国岭南文化休闲旅游产业知名品牌示范区建设工作，将标准化工作纳入现代服务业发展规划。紧贴规划不断拓展番禺服务业标准化工作领域，大力开展标准研制，全面实施服务质量国家标准。着重在现代物流、电子商务、高新技术服务等领域加快完善服务标准体系，开展标准化创新工作。

3. 加快推进先进制造业标准化

加大力度创建"标准化良好行为企业"，引导企业建立和完善企业标准体系并有效实施。着力推进汽车及配件、轨道交通设备、楼宇成套装备、数控机床、输变电及电线电缆等先进制造业标准研制，主导、参与研制的各级标准数量持续增加。推进综合标准化示范（试点）项目，树立行业新标杆。

4. 不断深化都市农业标准化

围绕优势农产品和特色农产品，以花卉、水产等农产品为重点，加快培育具有地方特色的名牌产品，挖掘地理标志保护产品。推动观光农业、休闲农业、生态农业、科技农业等都市型现代农业发展，积极推动农业标准化示范区建设，支持农业与服务业相结合，提升农业品牌价值和附加值。继续推进农产品质量认证工作。大力推进农业综合标准化工作，在农业标准化示范区推行产前、产中、产后全过程标准化。

（三）强化社会管理和公共服务标准化，助力建设宜居城乡

1. 推动企业安全生产标准化

"安全第一、预防为主、综合治理"是推动安全生产标准化的重要目标，要按照"统筹规划、分步实施、突出重点、全面推进"的原则，在工贸、交

通、建筑、港口码头以及发电用电等行业的重点企业全面推进，加大企业安全生产标准化体系建设，强化风险管理和过程控制，促使企业落实安全生产主体责任，有效提高企业安全生产水平。

2. 推动城市建设管理标准化

以建设"智慧番禺"为目标，不断完善和深入推进智能化城市建设管理标准化的顶层设计。对数字大城管系统 14 大类 254 小类城市管理部事件标准进行优化，使城市管理加快从"粗放低效"向"精准高效"转变。推进全区网格化综合服务管理改革，整合党建、社会服务、平安创建、村（社区）自治等事项，实行精细化社区管理。加大大数据、物联网、智能家居、三网融合等有利于提升居住条件的相关标准的研制力度，强化基础设施建设标准的实施，提升智慧家庭综合服务功能。

3. 推动公共信息标志标准化

加大对公共信息标志相关标准的宣传贯彻，定期开展联合检查。推进公共场所的地名、公交站牌、道路指示系统及公共设施信息标志的标准化改造，重点提升旅游景区（点）、宾馆（饭店）、车站、城市道路、体育场馆等场所的公共信息标志标准化水平。

4. 推动社会公共服务标准化

积极开展社会公共领域标准体系建设，着力推进公共服务事项等办事流程的标准化，促进政府部门为社会提供方便、快捷、标准化的行政审批服务，开展电子政务、社区服务、医疗等领域的标准化工作，加强相关基础性标准及技术规范的实施。加强公共服务相关标准的宣传贯彻实施。全面实施社区卫生服务机构和镇医院的标准化建设。

5. 推动民生服务标准化

以"四个民生"工程（民生档案、民生卡、民生积分、民生服务）为抓手，探索社会治理体系和治理能力的现代化建设，努力促进社会服务管理精细化。鼓励社会组织在工作中引入标准化理念。推进酒店、景区等分级评选，加大旅游、餐饮、酒店、商贸等生活性服务业领域各级标准的宣传贯彻实施力度，在旅游等产业形成符合民生需要的管理与服务标准体系。重点在旅游服务等行业开展联盟标准研制与应用，提升整个旅游服务产业的服务质量。

（四）强化资源节约与环境保护标准化，促进绿色低碳发展

1. 大力开展能源高效利用标准化

积极推动节能产品、低碳产品国家标准以及节能产品能效检测标准、评价方法标准的推广应用。严格执行国家能效标准，大力推广可再生能源以及绿色建筑的应用。加大能耗限额、能源效率等重要节能技术标准以及绿色生产理念的宣贯培训。推动节能、降耗、减污，实现能源综合利用的标准化管理。

2. 有序推进资源节约标准化

贯彻落实节水、节材、废旧产品及废弃物等领域相关标准，提高资源节约标准化水平。开展替代技术、清洁生产技术及废物利用技术等方面标准的研制，推进循环经济标准应用。探索标准化分类处理生活垃圾，加强垃圾源头分类和分类运输，提高火烧岗垃圾填埋场管理水平。

3. 加强环境保护标准化

推进"数字环保"三期建设，做好 PM2.5 等污染指标监测的标准化工作。积极参与国家环境保护标准、省地方污染物排放标准的研制，加强大气污染物、水污染物、固体废弃物、噪声和电磁辐射等标准宣贯力度，减少污染排放，改善环境质量。加强环保产品尤其是高效环保设备、新型环保产品的标准研制工作。

（五）强化标准化国际交流与合作，提升城市国际竞争力

1. 引导社会各界参与国际标准化活动

鼓励引导企事业单位、专家积极参与到国际标准化活动中去，为推动中国标准化事业的发展发出我们的声音。争取国际级专业标准化技术委员会（TC/SC/WG）秘书处落户番禺。承担国际标准的制定（修订）工作，参与更多的国际标准化会议和论坛，增强企事业单位在国际标准化活动中的分量和话语权。

2. 推动"番禺标准"国际化

加快实施"走出去"战略，鼓励引导企业开展标准输出，推动拥有自主

知识产权的专利技术转化为国际标准，大力支持番禺企事业单位在国外进行特色标准的推广与应用。加强实施"引进来"战略，支持企业积极采用国际先进标准和技术法规组织生产。不断提高广东省名牌产品采用国际标准或国外先进标准的百分比，增加企事业单位办理"采用国际标准产品标志证书"的数量，提高标准先进性水平。

3. 加强技术性贸易措施应对与防控体系建设

推广华南橡胶轮胎公司建成以"轮胎 TBT 标准信息系统"为主要内容的企业 WTO/TBT 咨询信息电子平台的成功经验，帮助企业及时掌握目标市场技术准入条件，掌握应对国外技术性贸易措施的关键技术，引导行业或企业建立技术贸易措施应对和防控体系。发动企业积极参与世界贸易组织贸易技术壁垒协议（WTO/TBT）的通报评议工作。加强与技术机构的合作，有针对性地开展 WTO/TBT 战略性、前瞻性研究，攻克主要贸易国和地区、重点贸易产品的技术性贸易壁垒。

（六）强化标准化基础建设，打造人才集聚优势城市

1. 建设标准孵化平台

建设标准化促进机构，推动企业、科研机构、高等院校组成技术标准联盟。加大关键技术标准攻关研发投入，促进主导产业开展标准化项目研究，推动科技成果转移孵化。强化科研标准与产业同步、自主创新技术与标准结合、研究专利与标准融合，形成良好的合作机制。充分利用各级标准化服务电子平台，将标准化服务前移，提供个性化的上门服务。

2. 优化标准化人才培养环境

推动标准化工程师培训考评制度，将标准化培训纳入专业技术人员的继续教育必修课程。强化标准化高级、中级、初级专业人才培养，将标准研制和标准科研成果列入中、高级专业技术人员职称评价内容。健全以企业为主体、产学研相结合的标准创新服务体系。

3. 实施"十百千"标准化人才培养工程

出台番禺区标准化人才认定标准、申报方式和扶持政策，分三个层次按"十百千"的目标开展人才培养工程。推动建立高层次人才集聚工作机制，培

养和集聚能熟悉掌握国内、国际标准化规则的高端复合型专业人才。从政策引导和行动支持上，实实在在推动企事业单位制定实施标准化专业人才和创新型科技人才培养计划，造就出一支技术娴熟、对标准化工作流程精通的标准化专家队伍，充实完善番禺标准化专家库。加强标准的宣传贯彻培训，继续加大标准化实施监督员的培育力度，提高专职标准化工作人员的积极性，培养专业优势明显、知识结构合理、实践经验丰富的标准化骨干。

Abstract

Annual Report on Economic Development of Guangzhou (2014), one volume of the Blue Book Series compiled by the Guangzhou Academy of Social Sciences (GZASS), is an authoritative publication on the analysis and prediction of Guangzhou's economy as well as related study of the vital subjects, which embodies the newest achievements of experts and scholars from research institutes, universities and government departments. This research includes four parts, that is, general report, industrial economy, regional economy, other monographic research etc., and contains 17 reports or theses in all.

In 2013, Guangzhou economy grew rapidly. GDP reached 1.54 trillion yuan, an increase of 11.6% over the previous year. The service industry developed rapidly, at the same time industrial and agricultural grew steadily. Domestic demand is the main driver of growth, investment and consumption performed strongly but exports maintained a low growth rate. Prospect 2014, the global economy is expected to increase 3.7% over the previous year, but still facing some risks. China will implement a proactive fiscal policy and prudent monetary policy, carry out reform and innovation in all areas of economic and social development. The economy of China is expected to maintain a steady growth. But there are still some negative factors, such as the foundation for sustaining steady economic growth is not yet firm, risks and hidden dangers still exist in public finance and banking, some industries are heavily burdened by excess production capacity, there are major structural problems constraining employment, etc.. Considering various factors, and estimated by the Research Group's model, Guangzhou's GDP is expected to grow at a rate about 10.1% in 2014.

Contents

B I   General Report

B. 1   Analysis on Guangzhou Economy in 2013

and Forecast for 2014

Research Group of Guangzhou Academy of Social Sciences / 001

Abstract: In 2013, Guangzhou economy grew rapidly. GDP reached 1. 54 trillion RMB, an increase of 11. 6% over the previous year. The service industry developed rapidly, at the same time manufacfure and agriculture industries grew steadily. Domestic demand is the main driver of growth, investment and consumption performed strongly but exports maintained a low growth rate. Prospect 2014, the global economy is expected to increase 3. 7% over the previous year, but still facing some risks. China will implement proactive fiscal policies and prudent monetary policies, and carry out reform and innovation in all areas of economic and social development. The economy of China is expected to maintain a steady growth. But there are still some negative factors, such as the loose foundation for sustaining steady economic growth, risks and hidden dangers in public finance and banking, industries heavily burdened by excess production capacity, major structural problems constraining employment, etc. . Considering various factors, the Research Group's model estimates that Guangzhou's GDP is expected to grow at a rate of 10. 1% in 2014.

Keywords: Economic Growth; City Economy; Guangzhou Economy

B II   Industrial Economy

B. 2   Analysis on Present Situation of Development
of Automobile Industry in Guangzhou

Guo Haibin / 039

Abstract: Automobile industry is an important part of advanced manufacturing. After nearly 15 years of development, Guangzhou automobile industry has become a pillar industry, with the city's biggest car production for many years among the top, and formed a relatively complete industrial chain, as one of the most important economic development engine. In this paper, the development of Guangzhou automobile industry is analyzed, and some countermeasures are put forward.

Keywords: Automobile   Industry;   Transformation   and   Promotion; Countermeasure Research

B. 3   Research on the Development Strategy of Guangzhou
Optical Valley   *Research Group of Guangzhou Optical Valley* / 048

Abstract: In recent years, photoelectron industry of Guangzhou has been developing rapidly, the research ability and talent resource of which has greatly enhanced. According to preliminary estimation the output value of photoelectron industry in 2011 was over RMB 180 billion yuan. Guangzhou is meeting a new historical opportunity to construct Guangzhou Optical Valley. The research analyzes the advantages and disadvantages of Guangzhou's photoelectron industrial development, and proposes Guangzhou Optical Valley's constructing connotation and extension, development goals and tasks, as well as the development strategies in the future.

Keywords: Photoelectron Technology; Photoelectron Industry; Guangzhou Optical Valley; Development Strategy

B. 4   Some Thoughts and Countermeasures on Making

Guangzhou State-owned Financial Industry

Stronger and Larger

Research group of State-owned Assets Supervision and

Administration Commission of Guangzhou Municipal Government / 068

Abstract：With more than 30 years of the reform and opening up, Guangzhou State-owned financial industry has achieved rapid development and laid a good foundation for further growth. Aiming to push Guangzhou state-owned financial industry to grow stronger and larger, this paper first makes a comprehensive summary and analysis of the achievements and experiences in the development of state-owned financial sector, and then reveals profoundly the existing problems and deficiencies, such as the small scale of assets, weak market competitiveness, insufficient innovation capability and few contributions to the economy. At the same time, it actively discusses the necessity and feasibility of making state-owned financial industry stronger and larger, and constructs the guidelines, primary objectives and overall thoughts, i. e. "highlighting four strengthening points and implementing 5433 strategy", of the development. At last, it suggests 10 concrete countermeasures including creation of a state-owned financial "aircraft carrier", pushing two native banks to grow stronger and larger, promoting non-financial state-owned enterprises to be actively involved in the financial industry and etc..

Keywords：State-owned Financial Industry; Stronger and Larger; Study on Countermeasures

B. 5   Analysis of Guangzhou Residential Market in 2013 and

Prospect of 2014

Ou Jiangbo, Fan Baozhu and Zhang Yunxia / 083

Abstract：This report deeply analyzes the operational characteristics of Guangzhou residential market in 2013 and prospects the policy in 2014. Based on analysis of the policy, the paper forecasts the future developments in Guangzhou residential market and puts forward some brief countermeasures and suggestions.

Keywords: GuangZhou Residential Market; Analysis; Prediction

B. 6　Research on Improving the Industrial Transformation
　　　and Promotion in Yuexiu District

Liu Jiyao / 104

Abstract: On the one hand, elements of industrial development in Yuexiu district has preliminary agglomeration, and economic development has entered a relatively stable period. On the other hand, Guangzhou adheres to the development strategy of new-urbanization, and raises higher requirements for Yuexiu District. Transformation and promotion of industrialization in Yuexiu has became top priority. This paper gives several suggestions on accelerating the transformation and promotion of industrial development based on summarized current situation of industrial development in Yuexiu.

Keywords: New-Urbanization; Industrial; Transformation and Promotion

B. 7　Development of Cultural and Creative Industry
　　　in Liwan District

Chen Danfeng / 119

Abstract: Thanks to the favorable geographic environment along the Pearl River and the guidance and support of government, the cultural and creative industry has experienced remarkable development and attained a substantial scale in Liwan District. There exist, however, some difficulties and problems in the development of the cultural and creative industry and we need to learn advanced experience from home and abroad to explore measures in mechanism, planning, policy, human

广州蓝皮书·经济

resources, culture and brand in order to develop faster.

Keywords: Liwan District; Cultural and Creative Industry; Development

ℬ Ⅲ   Regional Economy

B. 8   The Comparative Study on the Development between
Beijing, Shanghai and Guangzhou and the Catching-up
Strategies of Guangzhou

Zhang Qiang, Zhou Xiaojin / 133

Abstract: This study starts from the perspective of Guangzhou, focuses on the comparison among Beijing, Shanghai and Guangzhou, and provides scientific analysis of underlying causes of gap formation, and then proposes countermeasures of Guangzhou. To keep up with the development of Beijing and Shanghai, the report finds that Guangzhou should take five major strategies in future. The first of all is to expand "advantages", including advantages in factors and capital. The second is to stand "high", grabing economic vantage point, and enhencing control force of high-end. The third is to develop "far", focusing on expanded hinterland to grow itself. The fourth is to fill "deficiency", breaking through weaknesses. The fifth is to nurture "the power of source", fostering new sources of economic growth.

Keywords: Beijing, Shanghai and Guangzhou; Catching-up Strategies

B. 9   Research on Regional Economic Relationships
between GuangZhou and Surrounding Cities

Ding Huanfeng, Liu Xinyi / 155

Abstract: On the base of measuring GuangZhou radiation hinterland range and regional economic relationships between GuangZhou and surrounding cities, this article comes up with four types of regional economic relationships: GuangZhou—ShenZhen center interaction; neighborhood penetration such as GuangZhou—

Foshan, Dongguan, HuiZhou and Qianyuan; sub-central transfer between GuangZhou and ShanTou, ZhanJiang and ShaoGuan; core-periphery with others.

Keywords: City's Comprehensive Development Capacity; Central City Radiation Hinterland; Regional Economic Relationship

B. 10　Thoughts about how to Develop the Pearl River-Xijiang River Belt in Guangzhou

Zhang Wangping, Xiao Ling and Liu Xiangxia / 173

Abstract: In order to further promote the development of China's western region, The central government has recently proposed to focus on promoting the Pearl River-XinJiang River Belt to coordinate regional economic development. To develop the Pearl River-XinJiang River Belt, Guangzhou City should play the important role as the state central city in ecological protection, industrial cooperation, science and technology, social services etc.

Keywords: Pearl River-Xijiang River Belt; Development

B. 11　Study on Promoting the Innovative Development of The Two New Urban Areas in Guangzhou

Bai Guoqiang, Chen Laiqing and Ge Zhizhuan / 188

Abstract: New urban area construction is an important measure to improve the spatial structure of metropolitan area. Promoting innovative development of The New Eastern Landscape City Area and Nansha Seashore New Urban Area is an extremely important strategy to strengthen Guangzhou competitiveness as a national central city. However, there are many difficulties in development, including weak industries, inadequate public service, constraint land resource, imperfect institutional mechanisms, etc. This report suggests that the local government should take measures to innovate institutional mechanisms, to issue more attractive policies, to change the mode of development, construction and operation, and to promote

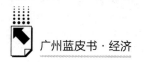

industrial development and social management innovation for the innovative development of Guangzhou's two new urban area.

Keywords: New Urban Area; Innovative Development

B. 12 Study on the Countermeasures to Further Promote the Functional Advantages of the National Economic & Technological Development Districts in Guangzhou

Hu Caiping / 202

Abstract: This paper mainly analyzes the development and recent problems of the National Economic & Technological Development Districts in Guangzhou, makes the policy comparision with the special areas and the free trade experimental zones established in recent years, and proposes the policy suggestions about accelerating development of the National Economic & Technological Development Districts.

Keywords: The National Economic & Technological Development Districts; Special Areas; Policy Comparison

B. 13 Study on Accelerating the Construction of Intelligent Port in Guangzhou

Zhou Yibing, Hu Min and Guo Lingfeng / 215

Abstract: Intelligence has been on the way. It is a new breakthrough in the revolution of science and technology after industrialization, electrification and informatization. As the main part of city integrated logistics, port always plays an important role in the economic and social development. The wide application of new techniques provides advanced opportunity for the development of Intelligent Port. On the basis of discussing the technology of Internet and Internet of Things (IOT), considering the historical background of surging development of Data Platform and E-commerce, this article dedicates to analyze the situation and problems that Port of

Guangzhou encounters in the process of improving the management and public service using the new generation information technology, and then puts forward to countermeasures of GuangZhou Intelligent Port development.

Keywords: Intelligent Port; Informatization; Transformation and Promotion; Development

B. 14　Study on Intense Use and Allocation
　　　　of Industrial Land in Tianhe District

Ye Changdong, Zheng Yanmin / 231

Abstract: Industrial development of TianHe District has experienced from agricultural level to industrial level, to commercial, and to service; this make TianHe District represent a typical pattern of development of Chinese new urban district. This paper first analyzes the features of industries and characters of land use of TianHe District in current stage. And then it evaluates intensity of industrial land use from industrial output value per square meters, total assets per square meters, labor per square meters and total assets per capita. Finally it gives several allocation strategies for main industrial sectors of TianHe district.

Keywords: Industrial Land Use; Intensity Evaluation; Allocation Strategies

B Ⅳ　Other Special Reports

B. 15　Research on Strengthening the Role of the People's
　　　　Congress in Tightening the Examination and Oversight
　　　　of All Government Budgets and Final Accounts

The Reasearch Group of the Guangzhou People's Congress / 248

Abstract: In recent years, with the continuous advancement of democracy and legal system, there is a pressing need for the people's congress to strengthen the substantial examination and oversight of government budgets. Based on the practice and exploration of

Guangzhou Municipal People's Congress, the thesis puts forward suggestions on tightening the examination and oversight of all government budgets and final accounts against the current major problems fand in the actual practice of the people's congress.

Keywords: Budgets; Examination; Oversight

B. 16 Study on Supply and Demand of Guangzhou
Human Resource Market in 2013 and 2014 after
the Spring Festival

Zhang Baoying, Li Hanzhang, Liu WeiXian and Li Xinyin / 259

Abstract: This report reviews the main characteristics of Guangzhou human resource market in 2013, and predicts the development trend in 2014. The main findings of this report include: the employment and Guangzhou human resource market maintain stable in 2013, and the gap of supply and demand of human resource is in normal limit. Looking forward to 2014, as the global economic slows down, the regional industrial structure upgrades, how to promote the realization of the full and high quality employment and to create new advantages of GuangZhou's reform and development, has become a new issue.

Keywords: Human Resources Market; Supply and Demand; Analysis

B. 17 The Practice and Thoughts of Implementation
of the Standardized Strategies in Panyu

Lou Xukui / 279

Abstract: The implementation of the standardized strategies is one of Panyu's important steps to speed up the transformation and promotion and to enhance its competitiveness. This essay elaborates the effectiveness, problems and improvements of the implementation of the standardized strategies in Panyu District.

Keywords: Implementation of the Standardized Strategies; Panyu District; Practice and Thoughts

中国皮书网

www.pishu.cn

发布皮书研创资讯，传播皮书精彩内容
引领皮书出版潮流，打造皮书服务平台

栏目设置：

☐ 资讯：皮书动态、皮书观点、皮书数据、皮书报道、皮书新书发布会、电子期刊

☐ 标准：皮书评价、皮书研究、皮书规范、皮书专家、编撰团队

☐ 服务：最新皮书、皮书书目、重点推荐、在线购书

☐ 链接：皮书数据库、皮书博客、皮书微博、出版社首页、在线书城

☐ 搜索：资讯、图书、研究动态

☐ 互动：皮书论坛

中国皮书网依托皮书系列"权威、前沿、原创"的优质内容资源，通过文字、图片、音频、视频等多种元素，在皮书研创者、使用者之间搭建了一个成果展示、资源共享的互动平台。

自2005年12月正式上线以来，中国皮书网的IP访问量、PV浏览量与日俱增，受到海内外研究者、公务人员、商务人士以及专业读者的广泛关注。

2008年、2011年中国皮书网均在全国新闻出版业网站荣誉评选中获得"最具商业价值网站"称号。

2012年，中国皮书网在全国新闻出版业网站系列荣誉评选中获得"出版业网站百强"称号。

权威报告　热点资讯　海量资源

当代中国与世界发展的高端智库平台

皮书数据库　www.pishu.com.cn

皮书数据库是专业的人文社会科学综合学术资源总库，以大型连续性图书——皮书系列为基础，整合国内外相关资讯构建而成。该数据库包含七大子库，涵盖两百多个主题，囊括了近十几年间中国与世界经济社会发展报告，覆盖经济、社会、政治、文化、教育、国际问题等多个领域。

皮书数据库以篇章为基本单位，方便用户对皮书内容的阅读需求。用户可进行全文检索，也可对文献题目、内容提要、作者名称、作者单位、关键字等基本信息进行检索，还可对检索到的篇章再作二次筛选，进行在线阅读或下载阅读。智能多维度导航，可使用户根据自己熟知的分类标准进行分类导航筛选，使查找和检索更高效、便捷。

权威的研究报告、独特的调研数据、前沿的热点资讯，皮书数据库已发展成为国内最具影响力的关于中国与世界现实问题研究的成果库和资讯库。

皮书俱乐部会员服务指南

1. 谁能成为皮书俱乐部成员？

- 皮书作者自动成为俱乐部会员
- 购买了皮书产品（纸质皮书、电子书）的个人用户

2. 会员可以享受的增值服务

- 加入皮书俱乐部，免费获赠该纸质图书的电子书
- 免费获赠皮书数据库100元充值卡
- 免费定期获赠皮书电子期刊
- 优先参与各类皮书学术活动
- 优先享受皮书产品的最新优惠

社会科学文献出版社　皮书系列
SOCIAL SCIENCES ACADEMIC PRESS (CHINA)
卡号：0720039165831883
密码：

3. 如何享受增值服务？

（1）加入皮书俱乐部，获赠该书的电子书

第1步 登录我社官网（www.ssap.com.cn），注册账号；

第2步 登录并进入"会员中心"—"皮书俱乐部"，提交加入皮书俱乐部申请；

第3步 审核通过后，自动进入俱乐部服务环节，填写相关购书信息即可自动兑换相应电子书。

（2）免费获赠皮书数据库100元充值卡

100元充值卡只能在皮书数据库中充值和使用

第1步 刮开附赠充值的涂层（左下）；

第2步 登录皮书数据库网站（www.pishu.com.cn），注册账号；

第3步 登录并进入"会员中心"—"在线充值"—"充值卡充值"，充值成功后即可使用。

4. 声明

解释权归社会科学文献出版社所有

皮书俱乐部会员可享受社会科学文献出版社其他相关免费增值服务，有任何疑问，均可与我们联系

联系电话：010-59367227　企业QQ：800045692　邮箱：pishuclub@ssap.cn

欢迎登录社会科学文献出版社官网（www.ssap.com.cn）和中国皮书网（www.pishu.cn）了解更多信息

社会科学文献出版社

皮书系列

"皮书"起源于十七、十八世纪的英国，主要指官方或社会组织正式发表的重要文件或报告，多以"白皮书"命名。在中国，"皮书"这一概念被社会广泛接受，并被成功运作、发展成为一种全新的出版形态，则源于中国社会科学院社会科学文献出版社。

皮书是对中国与世界发展状况和热点问题进行年度监测，以专业的角度、专家的视野和实证研究方法，针对某一领域或区域现状与发展态势展开分析和预测，具备权威性、前沿性、原创性、实证性、时效性等特点的连续性公开出版物，由一系列权威研究报告组成。皮书系列是社会科学文献出版社编辑出版的蓝皮书、绿皮书、黄皮书等的统称。

皮书系列的作者以中国社会科学院、著名高校、地方社会科学院的研究人员为主，多为国内一流研究机构的权威专家学者，他们的看法和观点代表了学界对中国与世界的现实和未来最高水平的解读与分析。

自20世纪90年代末推出以《经济蓝皮书》为开端的皮书系列以来，社会科学文献出版社至今已累计出版皮书千余部，内容涵盖经济、社会、政法、文化传媒、行业、地方发展、国际形势等领域。皮书系列已成为社会科学文献出版社的著名图书品牌和中国社会科学院的知名学术品牌。

皮书系列在数字出版和国际出版方面成就斐然。皮书数据库被评为"2008~2009年度数字出版知名品牌"；《经济蓝皮书》《社会蓝皮书》等十几种皮书每年还由国外知名学术出版机构出版英文版、俄文版、韩文版和日文版，面向全球发行。

2011年，皮书系列正式列入"十二五"国家重点出版规划项目；2012年，部分重点皮书列入中国社会科学院承担的国家哲学社会科学创新工程项目；2014年，35种院外皮书使用"中国社会科学院创新工程学术出版项目"标识。

法律声明

　　"皮书系列"（含蓝皮书、绿皮书、黄皮书）由社会科学文献出版社最早使用并对外推广，现已成为中国图书市场上流行的品牌，是社会科学文献出版社的品牌图书。社会科学文献出版社拥有该系列图书的专有出版权和网络传播权，其 LOGO（▨）与"经济蓝皮书"、"社会蓝皮书"等皮书名称已在中华人民共和国工商行政管理总局商标局登记注册，社会科学文献出版社合法拥有其商标专用权。

　　未经社会科学文献出版社的授权和许可，任何复制、模仿或以其他方式侵害"皮书系列"和 LOGO（▨）、"经济蓝皮书"、"社会蓝皮书"等皮书名称商标专用权的行为均属于侵权行为，社会科学文献出版社将采取法律手段追究其法律责任，维护合法权益。

　　欢迎社会各界人士对侵犯社会科学文献出版社上述权利的违法行为进行举报。电话：010-59367121，电子邮箱：fawubu@ssap.cn。

社会科学文献出版社